Ernest Michel

Voyage Autour du Monde

A travers l'Hémisphère Sud

LIMOGES
Marc Barbou & Cie, ÉDITEURS
RUE PUY-VIEILLE-MONNAIE

VOYAGE
AUTOUR DU MONDE

FORMAT IN-QUARTO

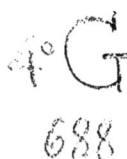

PROPRIÉTÉ DES ÉDITEURS

A TRAVERS L'HÉMISPHÈRE SUD

VOYAGE

Autour du Monde

PAR

ERNEST MICHEL

LIMOGES
MARC BARBOU ET Cie, ÉDITEURS
RUE PUY-VIEILLE-MONNAIE

Oasis des fontaines de Moïse, en face de Suez.

INTRODUCTION

Le Français en général ne voyage pas assez. S'il connaît encore un peu la petite Europe, il ignore trop ce qu'est le monde, et comment s'y comportent les différentes nations. Je fis un jour la rencontre d'un Anglais qui venait de parcourir le globe pour se fixer dans le pays qui lui paraissait préférable ; il me dit que partout où les Français avaient pénétré avec les Anglais, ceux-ci les supplantaient. Froissé dans mon patriotisme, j'ai voulu à mon tour parcourir le monde pour voir s'il disait vrai.

Après avoir constaté la triste réalité, j'ai résolu de ne rien négliger pour pousser la nouvelle génération aux voyages d'étude. J'ai confiance qu'après avoir vu et avoir fait les tristes réflexions que j'ai été amené à faire, dans mon patriotisme, elle arrivera bientôt à remédier au mal.

Jusqu'à présent les quelques voyages à longs cours publiés en français ont été faits par des grands seigneurs, et laissaient l'impression qu'un voyage autour du monde demandait beaucoup de temps et beaucoup d'argent. Il n'en est rien. Mon tour de monde ne m'a pris qu'une dizaine de mois, bien employés, il est vrai, et avec mille francs par mois on peut voyager en première classe dans tous les pays du monde. En Angleterre, l'excursionniste

Cook donne, pour un prix variant de trois à six mille francs, des billets d'excursion autour du monde ; notre Compagnie des Messageries maritimes et la Transatlantique en feraient certainement autant en se concertant avec les Compagnies américaines, si elles recevaient assez de demandes.

L'essentiel est de voyager non en touriste mais en observateur. Pour cela il est nécessaire de se munir de lettres de recommandation. Lorsque dans un pays on a accès auprès de quelques personnes bien placées, celles-ci vous font ouvrir toutes les portes. Il faudra donc que le jeune voyageur ne se contente pas de voir les monuments et d'admirer les beautés de la nature ; il devra surtout étudier le peuple qui est le pays vivant. Son enquête commencera aux gouvernants, pour arriver, à travers toutes les classes de la société, jusqu'à la mansarde du pauvre. Il visitera partout les prisons, les hôpitaux et autres établissements d'assistance publique ; il se rendra compte, par la visite des écoles, des progrès de l'instruction ; il étudiera les diverses institutions de la charité publique et privée ; il ne laissera sans les voir minutieusement aucune mine, aucun établissement important agricole ou industriel, et notera immédiatement sur un carnet le résultat de son enquête pour rédiger plus tard un travail définitif.

Avec ces précautions, le jeune voyageur arrivera en peu de temps à bien connaître un pays, à voir son fort et son faible, et, en comparant avec ce qu'il verra dans d'autres pays, il pourra déduire avec justesse les conséquences pratiques qui serviront à son instruction. Telle est la méthode qui m'a réussi dans mes divers voyages que je suis heureux de refaire en compagnie de mon bienveillant lecteur.

En Nouvelle-Calédonie, il se rendra compte de nos tâtonnements pour résoudre le problème de la répression des crimes, et de l'utilisation de la main-d'œuvre pénale.

A l'île Maurice, qui compte plus de 190,000 hectares, il trouvera

360,000 âmes et une production annuelle de 120,000 tonnes de sucre. A côté, à la Réunion, qui compte 250,000 hectares, il n'y a que 170,000 habitants, produisant 25,000 tonnes de sucre par an. Les deux îles voisines étant habitées par des créoles français, le lecteur pourra juger de l'influence du régime sur la prospérité des colonies.

A Aden, il verra encore comment les Anglais savent tirer parti d'un rocher aride, pour accaparer le commerce de l'intérieur.

En Egypte, il déplorera que, pour une question de parti, des politiciens mal avisés nous aient fait perdre cette belle vallée du Nil, où les Congrégations françaises, en élevant toute une génération, nous avaient conquis la sympathie générale.

En Palestine, il admirera la sagesse divine, qui sait tirer les grandes choses de petits moyens. Il remarquera aussi le prestige qui, chez les populations d'Orient, s'attache encore au nom *Franc*, circonstance que nous pourrions mieux utiliser.

Une des choses qui le frappera le plus, dans ces comparaisons, c'est de voir l'étiolement de nos petites colonies à côté de la prospérité des immenses colonies anglaises ; et, lorsqu'il voudra en mesurer la surface et en compter la population, il trouvera que la France, même avec ses plus récentes colonies, comme Madagascar, comprend deux millions et demi de kilomètres carrés, avec une population de 63 millions d'habitants ; au contraire, l'Angleterre possède 22,418,400 kilomètres carrés, avec une population de 288,100,000 habitants. Il comprendra donc qu'il y a quelque chose à faire pour reconquérir le terrain perdu. C'est à dessein que je me sers de cette expression, car, avant les lois de la Révolution, nous étions, nous aussi, colonisateurs. Nous formions le Canada et la Louisiane, pendant que les Anglais s'étendaient dans les Etats-Unis ; et aux Indes, c'est le Français Dupleix qui leur a enseigné le système qui leur réussit si bien.

Il faut aujourd'hui prendre notre part au mouvement d'expansion qui pousse les autres peuples sur tous les points du globe ; il importe de coloniser ; mais comment coloniser, lorsqu'il y a à peine assez de monde pour la mère-patrie ! Sur ce point, les chiffres ont leur éloquence. En cinquante ans, nous n'avons réussi à mettre qu'un peu plus de 200,000 Français en Algérie, qui est à notre porte, et, dans le même espace de temps, l'Angleterre peuplait l'Australie de 3 millions de colons, la Nouvelle-Zélande de 600,000 ; elle en envoyait de nombreux millions au Canada, aux Etats-Unis, dans les autres colonies et la mère-patrie s'augmentait encore de 10 millions. Or, pour les peuples, les hommes sont la matière première.

La France n'a donc pas assez d'enfants à envoyer au loin, et cela tient à des causes multiples, dont nous allons esquisser rapidement quelques-unes. Nous commençons par nos lois de succession qui imposent le partage forcé, laissant à peine le quart disponible. Elles produisent les conséquences ci-après : Dans la classe aisée, les enfants, propriétaires de par la loi, comptent sur le morceau de bien paternel et maternel, et ne se soucient pas d'aller chercher fortune au loin. Dans la classe populaire, le droit au partage produit d'autres conséquences encore plus funestes. Non seulement dans la plupart des cas la liquidation forcée et la vente aux enchères ruinent les familles au profit des gens de loi, mais, dans plusieurs départements, on ne trouve presque plus d'enfants qui veuillent rester avec les vieux parents, parce que, à la mort de ceux-ci, les frères et les sœurs déjà établis viennent, de par la loi, réclamer leur part des hardes, des instruments de travail, et même de la récolte pendante. Ceci explique comment les hospices des Petites-Sœurs des Pauvres n'ont jamais assez de place pour toutes les demandes.

En second lieu, nous ne prenons pas soin d'initier de bonne heure l'enfant aux difficultés de la vie ; il trouve tous les jours ses trois repas servis sans savoir ce qu'il en coûte aux parents. Au moment où il a le plus besoin de l'appui des parents ou de l'instituteur, on le laisse seul et sans expérience dans une grande ville pour les études supérieures. Dans ces conditions, il ne peut y avoir que les natures exceptionnelles qui échappent au naufrage. Mais on se console en disant : « Il faut bien que jeunesse se passe ; les bons principes conservent leur germe, et on y revient tôt ou tard. » Oui, un bon nombre y reviennent vers trente ans, lorsqu'ils ont compris que la vie est une lutte et qu'ils doivent s'y faire leur place par le travail et la vertu ; mais, en attendant, ils ont perdu les dix plus belles années de la vie ! A trente ans, l'Anglais revient d'Amérique, d'Australie et d'ailleurs où il est allé avec un petit capital. Ce capital est décuplé ; il se marie et élève une nombreuse famille. Ajoutons qu'il sait combien il est utile d'occuper les loisirs de la jeunesse dans les exercices du corps : jeux de ballon, cricket, équitation, natation, gymnastique. Les Anglais, les Australiens, les Américains ont tous les ans des parties de cricket internationales. Les lutteurs ne craignent pas de passer les océans pour y prendre part.

En troisième lieu, notre système d'instruction est aussi fort peu pratique. Après dix ans de collège, s'il passe la frontière, le jeune Français ne sait plus demander sa route ou son pain, et, avec ses langues mortes, il ne sait guère mieux comment s'y prendre pour développer son industrie ou son commerce. Cette ignorance des langues et cette éducation peu sérieuse font que nos commerçants et nos banquiers sont obligés de recourir aux jeunes gens allemands, anglais, suisses, belges, pour leurs comptoirs. Ceux-ci, après avoir surpris les secrets de la maison, bien souvent la supplantent.

Même pour les langues mortes, nos méthodes sont surannées. Nos enfants emploient sept ans à apprendre le latin avec le dictionnaire. En Océanie, on l'apprend en trois ans, suivant la méthode des langues vivantes.

Il ne suffit pas d'avoir des colonies et de les peupler ; il faut encore les diriger pratiquement. Si nous voulons qu'elles prospèrent, il faut renoncer à les gouverner de Paris. Laissons se développer leur initiative privée, et facilitons la formation des compagnies, en utilisant tous les renseignements pratiques, toutes les bonnes volontés. La Société de géographie commerciale de Paris a formé un comité gratuit de renseignements. En Angleterre, les voyageurs qui arrivent des divers points du globe se font un devoir de renseigner, non seulement les comités de ce genre, mais le ministre lui-même sur ce qui intéresse les colonies, sur ce qui peut les menacer, sur les agissements des autres nations, etc. Le ministre les accueille avec empressement, contrôle leur dire avec celui de ses agents, et souvent, s'il y a contradiction, il envoie sur place un homme de confiance pour vérifier les faits. Les décisions sont alors prises en parfaite connaissance de cause.

Populariser les colonies, étudier et divulguer leurs ressources au moyen de brochures et de programmes répandus à pleines mains, comme en Amérique, dans les gares, dans les hôtels, dans les cafés, aux bureaux de poste, dans les mairies, sera l'affaire des divers gouvernements coloniaux qui pourvoiront aussi au transport facile des immigrants.

Les zones tempérées conviennent seules à l'Européen pour des colonies de peuplement. Sous ce rapport, nous avons un bel exemple de colonisation dans l'Australie et la Nouvelle-Zélande. Instruite par les leçons de l'expérience, l'Angleterre n'a pas imposé à ces colonies, comme jadis à celles des Etats-Unis, ses lois, ses armées et ses tarifs. Elle les a laissées libres de rédiger la constitution de leur choix, et les a livrées à leurs propres ressources. Ces colonies se suffisent, et ne demandent à la mère-patrie ni un sou ni un homme. Lorsque, par des circonstances exceptionnelles, elle doit leur venir en aide, c'est à leurs frais. La guerre des Maoris, en Nouvelle-Zélande, avait coûté 100 millions de francs à l'Angleterre ; la guerre finie, cette somme fut mise à la charge de la colonie.

Aujourd'hui 1,400 hommes de troupes coloniales suffisent aux 600,000 colons de la Nouvelle-Zélande pour tenir en respect les

40,000 Moaris belliqueux; mais, au moindre signe 10,000 volontaires, bien équipés, bien exercés, sont prêts à marcher. Or, si les troupes stables sont bien payées, les volontaires ne coûtent rien. Il en est de même pour les cinq colonies de l'Australie, et pour la Tasmanie.

Dans la zone torride, l'Européen peut former des colonies d'exploitation qui lui rapportent par le commerce et que lui payeront largement le gouvernement qui garantira aux indigènes la sécurité des personnes et des biens. En cela, il devra avoir beaucoup plus recours à la force morale qu'à la force matérielle.

Sous ce rapport, l'Indoustan fournit un bel exemple de colonie d'exploitation. Il n'y a dans la vaste péninsule que 150,000 Européens, y compris les étrangers, les soldats, les femmes et les enfants! Pour une population de 250 millions d'habitants, y a une armée de 350,000 hommes, parmi lesquels 60,000 seulement sont Européens; mais on fait grand cas de la force morale.

Les employés sont peu nombreux et bien choisis. Ils doivent parler au moins trois langues du pays. On se débarrasse toujours des médiocrités; l'officier qui, à la suite de nombreux et sérieux examens, n'est pas, à quarante ans, passé colonel, est renvoyé sur le continent ou mis à la retraite. Souvent un *commissionner* avec un seul suppléant est chargé d'un immense district comptant des millions d'habitants. Il doit recueillir les impôts, rendre la justice, se trouver présent aux foires et autres réunions populaires, rendre assistance aux voyageurs, etc. En payant 100,000 francs l'an de tels hommes, on réalise une économie, car un seul suffit là où nous en mettrions quarante. Il est vrai qu'ils s'aident du travail des indigènes; mais ceux-ci, vivant d'un peu de riz, reçoivent de petites payes.

La manie de l'uniformité n'a pas envahi les gouvernants de l'Indoustan; 450 rajas ou petits princes indigènes gouvernent encore 86 millions de sujets; aux uns, selon les circonstances, on a laissé le droit de vie et de mort; aux autres, non; les uns ont le droit de battre monnaie, d'autres pas. Tous ont à côté d'eux un assistant anglais qui est le vrai gouvernant. Les populations régies directement par les Anglais, se trouvant plus heureuses que celles qui ont encore un prince indigène, celles-ci finissent par désirer et demander l'annexion, et ce n'est que lorsque ce désir est bien réel qu'on y fait droit. En un mot, on sait attendre que la poire soit mûre pour la cueillir.

D'autre obstacles s'élèvent encore chez nous à l'expansion de la race par la colonisation.

D'abord le militarisme, tel qu'il sévit aujourd'hui sur l'Europe, la met en état d'infériorité, non seulement vis-à-vis de l'Amérique, mais même d'une partie de l'Asie. Il faut dénoncer ce retour à la barbarie et préparer les esprits au désarmement par la substitution de l'arbitrage aux guerres sanglantes, dans le règlement des différends entre nations. Pourquoi des millions d'hommes se tiennent-ils l'arme au bras prêts à s'entr'égorger pour s'arracher un lambeau de terre de quelques centaines de kilomètres carrés, lorsqu'ils peuvent en acquérir au loin des milliers qui ne demandent qu'à être occupés sans le sacrifice d'un sou ni d'un homme, et sur lesquels on pourra faire vivre des millions d'Européens !

Il faut combattre les préjugés par la presse et par la parole, et avant tout faire disparaître cette opinion absurde enracinée chez nous, comme chez les autres nations latines, qui veut que le commerce, l'industrie, l'agriculture soient moins honorables que les carrières libérales ou administratives. Et puisque j'ai nommé la presse qui est une puissance, il importe de faire appel à la droiture des écrivains de tous les partis, pour que, renonçant aux questions de personnes, ils s'appliquent à étudier les vrais besoins du pays en utilisant l'expérience des autres peuples. On ne dira plus alors que la liberté de la presse est impraticable en France, et l'union de toutes les bonnes volontés se fera sur le terrain du patriotisme !

Il serait aussi indispensable de ramener à leur véritable mission les arts, le théâtre et la littérature qui sont devenus chez nous de véritables instruments de démoralisation. Une nation n'est forte qu'en raison de sa moralité.

Enfin, pour donner des bras à la colonisation, il faudrait attaquer résolument la plaie du fonctionnarisme, diminuer de moitié le nombre des employés et mieux rétribuer l'autre moitié.

Il est d'usage de dire et de croire que le Français n'émigre pas, parce qu'il est trop bien en France. C'est une erreur ! Le jeune homme qui, après douze ans d'études et 20,000 francs de dépenses arrive à gagner 150 ou 200 francs par mois dans un bureau du gouvernement, en abdiquant son indépendance, ne trouve pas qu'il soit si bien en France, mais il ignore qu'avec moitié moins d'étude et de dépense, il aurait pu se faire une meilleure place ailleurs.

Les fausses idées des mères, en ce qui concerne les pays étrangers, sont aussi un obstacle à l'émigration. Elle croient ces pays habités par des sauvages, et ne consentent jamais à y marier leurs filles. J'ai vu à Sanghaï deux jeunes Français employés à la douane chinoise. Dès la première année, ils gagnaient de 10 à 20,000 francs l'an, avec la perspective d'arriver jusqu'à 75,000 francs l'an. Tous les trois ans ils avaient un congé d'un an, qu'ils pouvaient passer en Europe ; malgré cela, ils n'ont pu trouver une épouse française.

La manie des titres et des décorations va de pair chez nous avec la manie des carrières libérales, et nous rend ridicules aux yeux de l'étranger. Il importe aussi de réagir contre ce funeste entraînement, qui est un signe de décadence.

Enfin faisant appel, sinon au patriotisme, du moins à l'intérêt bien entendu des capitalistes, il faudrait les décider à abandonner les jeux de bourse pour faire fructifier leur argent à l'étranger. Pour cela, il serait utile que nos agents fissent connaître en France tous les travaux publics projetés dans les pays des deux hémisphères. Si on entrait dans cette voie, le chemin de fer transsaharien serait bien vite entrepris et ouvrirait l'intérieur de l'Afrique à notre profit; le chemin de fer de la vallée de l'Euphrate, qui est la porte de l'Asie, deviendrait une ligne française.

Que tous ceux qui aiment le pays se mettent à l'œuvre. Qu'ils ne craignent pas de regarder et de sonder nos plaies. Mal connu, mal à moitié guéri! Sans nous préoccuper des défauts des autres peuples, étudions ce qui leur réussit, imitons-les, et nous verrons bientôt notre mère-patrie se relever et reconquérir la place qu'elle n'aurait jamais dû perdre!

Je demande donc instamment à la jeunesse qui lira ce livre de se rendre de bonne heure sérieuse pour remplir dignement le rôle que la Providence lui assigne, afin d'aider au relèvement de la Patrie que nous avons le tort de proclamer grande au moment où elle souffre par tant de points.

Chapitre Premier.

La Nouvelle-Galles du Sud. — Situation. — Surface. — Montagnes. — Rivières. — Climat. — Immigration. — Population. — Salaires. — Denrées et vêtements. — Poste, Télégraphe. — Travaux publics. — Terres. — Tramways à vapeur. — Instruction publique. — Religion. — Navigation. — Importation. — Exportation. — Revenu. — Dette. — Banques. — Caisse d'épargne. — Bétail. — Agriculture. — Minerai. — Sydney. — Port-Jackson. — Lane-Cove. — Villa Maria. — La messe de Noël. — Les missions de la Mélanésie et de la Micronésie. — Le jargon colonial. — Le beefsteak et le plumpudding. — L'alcoolisme. — Le pledge. — L'hôpital des fous. — Les Petits Frères de Marie. — Les casernes d'enfants.

Me voici dans la capitale de la Nouvelle-Galles du Sud. C'est le moment de donner quelques détails sur cette importante colonie; je dois d'autant mieux le faire que son premier ministre m'a fait remettre tous les documents nécessaires.

La Nouvelle-Galles du Sud est la mère de toutes les colonies de l'Australasie (1); c'est d'elle que sont partis les colons qui ont formé Victoria, Queensland, le sud Australien, l'Australie ouest, la Tasmanie et la Nouvelle-Zélande.

Cette colonie est limitée par le 28° 10, et le 37° 28, latitude sud, par le 141° longitude *est* et le Pacifique. Elle a un développement de côtes de 700 milles; sa longueur est de 900 milles, sa largeur moyenne de 600 milles, sa surface de 195,882,150 acres. La chaîne des Montagnes Bleues ou Alpes australiennes la traverse du nord au sud; ces montagnes atteignent une altitude qui varie entre 3,000 et 7,000 pieds. Ses principales rivières sont le Murrumbidgee, le Murray, le Lachlan, le Darling et le Macquarie, avec leurs tributaires. Le terrain qui s'étend entre les montagnes et la mer est

(1) Australasie est le nom que les Anglais donnent à l'ensemble de leurs colonies de l'Océanie.

— 20 —

ondulé et riche pour l'agriculture. Au delà des montagnes, le bétail paît par millions. Le climat ressemble à celui de Madrid, de Naples ou d'Alger. La température moyenne est de 62° 1/2 Farenheit; les forêts d'eucalyptus, par leur émanation résineuse, rendent l'atmosphère très saine. Les naissances sont de 38 pour 1,000, les morts de 15 pour 1,000, les mariages de 8,24. L'excédent des naissances sur les décès atteint 151,33 pour 100.

La population est de 900 millions d'habitants environ. L'immigration est confiée à un agent général, à Londres. Les personnes contrôlées par lui comme étant de bonne vie et mœurs, au-dessous de trente ans pour les célibataires, et de trente-cinq pour les mariés, sont importées moyennant le prix de 125 fr. Les colons doivent être pris en proportion de la population en Angleterre, Écosse, Irlande, et de 10 % seulement dans les autres contrées de l'Europe. Au delà de l'âge sus-indiqué, le prix du passage est de 15 l. stg. (1) pour chaque individu. En arrivant dans la colonie, les femmes seules sont reçues durant quinze jours dans la maison d'immigrants, les autres peuvent rester durant sept jours dans le navire, attendant d'être placés. Ceux qui vont dans l'intérieur sont transportés gratuitement en chemin de fer.

Pour diminuer l'immigration des Chinois, on exige d'eux une capitation de 10 l. stg.

Les gages sont élevés. Les charpentiers gagnent de 10 à 12 sch. par journée de huit heures. Les serruriers, de 8 à 11 sch.; les autres en proportion. Ils payent, pour logement et nourriture, de 16 à 21 sch. par semaine. Les gages, par an, y compris logement et nourriture, sont de 60 à 80 l. stg. pour mari et femme, de 30 à 40 pour un domestique. Les prix des objets nécessaires à la nourriture sont les suivants : Blé, de 5 sch. 1/2 à 6 sch. 1/2 le boisseau ; pain, de 3 à 4 sous la livre; le thé, 1 sch. 1/2 à 2 1/2 la livre; le sucre, de 6 à 8 sous la livre; le café, 1 sch. 1/2 la livre; la viande fraîche, de 8 à 12 sous la livre ; même prix pour la viande salée.

Pour les vêtements, un costume complet d'ouvrier coûte de 20 à 25 sch.

Jusqu'à présent, chaque personne au-dessus de seize ans (à l'exception des femmes mariées) peut choisir, sur les terres de la

(1) La livre sterling vaut 25 fr. ; le schelling 1 fr. 25.

Sydney. — Port-Jackson.

couronne non vendues ou réservées, de 40 à 610 acres (1) à 1 l. stg. l'acre. Elle doit déposer 5 sch. par acre au moment de la demande, résider cinq ans sur la terre et l'améliorer, durant ces cinq ans, jusqu'à concurrence de 16 sch. par acre. Après trois ans, elle peut payer le solde de 15 sch. l'acre, ou payer 1 sch. par an, jusqu'à extinction avec intérêts à 5 %. Après cinq ans, le sélecteur peut vendre sa terre et faire une autre sélection ailleurs. Les terres urbaines et suburbaines se vendent à l'enchère. Le sélecteur a un droit de préemption à louer trois fois autant de terre qu'il en a sélecté, pourvu qu'elle soit attenante à la sélection; le prix de location est de 2 l. stg. l'an, par section de 340 acres.

Les terres à pâturage sont louées pour cinq ans et par lots n'excédant pas 100 milles carrés; le prix de location est fixé par estimation, et l'estimation est renouvelée de cinq ans en cinq ans. La terre ainsi louée est sujette à sélection.

Le bill en vigueur a pour but de faciliter l'acquisition de la terre aux familles du peuple, et de limiter autant que possible l'accaparement de la terre par les capitalistes. La terre aliénée par donation, vente, achat conditionnel ou autrement, atteint déjà 45 millions et demi d'acres; il en reste à vendre 150 millions.

La colonie dépense 75 millions de l. stg. par an en travaux publics. Elle possède 25,500 milles de routes carrossables, 50,000 milles de tramways, et 1,400 milles de chemin de fer. Celui-ci appartient au gouvernement et donne un revenu net de 5 1/2 %; l'écartement des rails est de 4 pieds 8 pouces 1/2. Dans la ville de Sydney et faubourgs, fonctionne, en outre, un système de tramway à vapeur qui transporte annuellement 15 millions de voyageurs. La propriété imposable a doublé en dix ans; elle est de 1,500,000 l. stg. à Sydney, et de 2,500,000 dans les quatre-vingt-dix autres communes.

Les lettres pour l'Europe sont portées par les steamers de cinq compagnies puissantes dont deux partent deux fois le mois. La moyenne des lettres expédiées est de trente-trois par personne. Le télégraphe possède 16,000 milles de fil, et ses 400 bureaux transmettent deux millions de dépêches.

L'instruction est obligatoire de six à quatorze ans; 175,000 enfants

(1) L'acre équivaut à peu près à l'ancien arpent; il en faut environ deux et demi pour un hectare.

fréquentent les écoles de l'État, 20,000 les écoles privées ; le nombre des illettrés au-dessus de dix ans est de 12 % de la population. L'instruction est laïque, mais l'instruction religieuse peut être donnée dans l'école, et toute facilité est faite aux ministres des diverses congrégations pour instruire les enfants. L'Université de Sydney confère les grades ès arts, droit, médecine et science ; elle a 3 collèges affiliés et 3 écoles techniques pour les ouvriers. Dans les villes de l'intérieur 150 écoles d'arts et métiers ont de nombreux élèves. Les musées, les écoles de peinture et sculpture complètent les branches d'instruction. Pour la religion, on compte 525,000 protestants de diverses sectes, 210,000 catholiques romains, plus environ 3,000 juifs, 6,500 païens et 15,000 de religion non spécifiée ; 225,000 personnes fréquentent les 1,425 églises ; les Sunday-schools (écoles dominicales) ont plus de 100,000 élèves.

Quant au commerce, 4,500 navires entrent dans les ports de la colonie.

L'importation atteint 25 millions de l. stg., l'exportation 20 millions, soit ensemble 45 millions de l. stg. L'Angleterre importe pour 12 millions de l. stg., les autres colonies britanniques pour 8 millions ; les États-Unis d'Amérique pour 1 million de l. stg. ; la Chine pour 375,000 l. stg. ; la Nouvelle-Calédonie pour 225,000 l. stg. ; Java pour 225,000 l. stg. ; l'Allemagne pour 200,000 l. stg. ; la France pour 100,000 l. stg.

Le revenu est d'environ 7,500,000 l. stg., dont 1,500,000 l. stg. en droits de douane, 250,000 l. stg. en droit de timbre, et 125,000 l. stg. de droit de licence. La vente des terres produit 1,250,000 l. stg. ; les chemins de fer 1,700,000 l. stg. Le revenu de l'impôt est en moyenne de 2 l. stg 7 sh. 9 den. par tête d'habitant.

Les dépôts dans les diverses banques atteignent 25 millions de l. stg. Les dépôts dans les caisses d'épargne atteignent la moyenne de 3 l. stg. 12 sh. par tête d'habitant (plus de 80 fr.). La dette publique s'élève à 20 millions de l. stg.

La colonie a 250,000 milles carrés loués pour le pâturage. Sur les 5,000 *runs* (1), plusieurs dépassent 300,000 acres ; les propriétaires de 100,000 moutons élevés dans des terres leur appartenant en toute propriété ne sont pas rares.

L'exportation provenant de l'industrie pastorale : laine, suif,

---

(1) Runs est le nom que les colons donnent aux domaines à pâturages.

peaux, viande salée ou conservée, animaux sur pied atteint le chiffre de 9 millions de l. stg. Les chevaux de la colonie vont surtout aux Indes pour la remonte de la cavalerie ; on les paie là jusqu'à 2,000 fr. Les taureaux de reproduction ont atteint parfois le prix de 1,000 guinées chaque (la guinée vaut 21 sh.). Il y a dans la colonie 350,000 chevaux, 2 millions de bêtes à corne, 35 millions de moutons, 175,000 porcs.

Environ le dixième de la population s'occupe d'agriculture. La terre cultivée comprend 800,000 acres. Beaucoup de petits fermiers qui ont commencé avec rien sont maintenant de riches propriétaires.

A la culture du blé, du maïs et autres céréales est venue s'ajouter celle du tabac; on en récolte plus de 1 million de kilog. Les 15,000 acres de cannes à sucre, vers les rivières du Nord, donnent 12 millions de livres de sucre; les 5,000 acres de vignes donnent 600,000 gallons de vin et 4,000 gallons d'eau-de-vie, plus 1,500 tonnes de raisin de table. Tous les fruits de l'Europe prospèrent dans la colonie.

Les minerais extraits atteignent la somme de 60 millions de l. stg. Le nombre des mineurs est d'environ 20,000; 125,000 acres sont loués pour mines.

Sydney, quoique moins régulière que Melbourne, est néanmoins une fort jolie ville ornée de superbes monuments. Plusieurs de ses rues ne sont pas très larges ni bien alignées, mais l'ensemble de la ville en colline et vallées, avec de nombreux faubourgs s'étendant dans toutes les directions, est très pittoresque. La baie surtout, appelée Port-Jackson, est admirablement belle. Elle a 54 milles de pourtour. De nombreuses îles vertes, entrecoupées de presqu'îles boisées ou couvertes de maisons, en font un labyrinthe ravissant. Depuis l'entrée jusqu'à la ville, elle a 4 milles de long, et s'étend encore 8 milles au-dessus de la ville par les deux bras appelés *Lane Cove* et *Paramatta river*. La largeur varie entre trois quarts de mille et 2 milles. On a discuté souvent pour savoir qui des deux baies de Rio-de-Janeiro et de Sydney était la plus belle. Elles ne sont pas du même genre; celle de Rio est presque aussi large que longue, et par sa végétation tropicale est bien supérieure à Port-Jackson; mais celle-ci, par ses bords rapprochés et sa configuration en labyrinthe, est certainement plus gracieuse. Ce qu'on peut dire sans se tromper, c'est qu'elles sont toutes deux ravissantes.

La ville de Sydney compte 250,000 âmes; elllle a 4 milles de long et 6 milles de large et plus de 100,000 de développement de rues. Les parcs du Prince Alfred, de Belmore, de Victoria, de Wentworth, de Moore, Hyde-Park, le jardin botanique et le *Government-Domain*, couvrent plus de 810 acres, ornent la ville de verdure, de fleurs, l'ombragent et la rendent très saine.

Les banques sont de vrais monuments; le palais de ville, la poste, l'université et plusieurs palais de commerce figureraient bien dans les premières villes européennes. Le palais de l'Exposition universelle, qui ornait naguère le *Government-Domain*, fut anéanti par un incendie.

Le port, toujours bien garni de navires de toutes dimensions, a une surface de 9 milles carrés, et un de ses bras, *Middle Harbour*, a 3 milles carrés.

Je rends visite à un Père mariste qui m'engage à aller passer les fêtes de Noël à leur Villa Maria, dans les environs de Sydney.

Aucune invitation n'aurait pu m'être plus agréable. Les fêtes de Noël sont partout des fêtes de famille, et le voyageur perdu au milieu d'étrangers est souvent bien triste au souvenir de la maison et des parents. C'est donc avec bonheur que je retrouve chez les Maristes français la fête de famille et la messe de minuit. Il y a deux ans, lors d'un séjour à Bombay, l'évêque m'avait procuré le même bonheur en me faisant assister à la messe de Noël, à l'orphelinat de Bandora. Suivant donc les indications du Père, je me rends au point d'embarcation. Sur le petit steamer, j'entends parler français, et je lie conversation avec un jeune compatriote, employé de commerce; il trouve tout mauvais ici, et tout parfait chez nous; il aspire après les amusements de Paris. Pendant notre conversation, le navire contourne les labyrinthes de la baie et entre dans le Lane-Cove, un de ses bras. Le paysage est ravissant; par ci, par là de petits châteaux ou de gracieux cottages dominent les petites élévations qui bordent la baie.

Nous laissons à droite la superbe propriété des Pères jésuites, et je débarque à gauche au fond de la baie. Tout en grimpant une petite colline, je demande ma route à une femme qui va du même côté; à son accent, je comprends bien vite qu'elle n'est pas Anglaise, et lui parle en français : je suis la femme, me dit-elle, de l'entrepreneur qui a construit le vaste collège des Frères maristes que vous voyez là-bas. Elle me conduit à travers de beaux chemins dans une campagne gracieuse, jusqu'à la porte de Villa Maria, et j'y arrive assez à temps pour éviter une pluie diluvienne.

On m'accueille avec bonté. Après le souper et un court repos, on passe à l'église pour la messe de minuit. La nef est vaste et belle, et, malgré le mauvais temps, remplie de fidèles qui habitent les campagnes voisines. J'y vois même quelques Chinois. Ailleurs, j'en avais vu quelques-uns en habit et cravate blanche, costume de clergyman.

Il est impossible de ne pas être impressionné à cette grande cérémonie, surtout lorsqu'on entonne le *Gloria*. Il y a dix-huit siècles qu'on répète ce chant des anges, et il y a dix-huit siècles que leur parole se vérifie. Gloire à Dieu dans le plus haut des cieux, et paix sur la terre aux hommes de bonne volonté. Le *Gloria*, le *Credo,* le *Sanctus* et le *Venite adoremus* sont parfaitement exécutés par de belles voix d'hommes et de femmes; tout le monde est pénétré de l'esprit d'adoration; l'écho du chœur des anges semble nous suivre dans nos cellules. Que l'Église est bien dans l'esprit pratique lorsqu'elle aide l'intelligence et relève le cœur des hommes par ces admirables cérémonies !

Le lendemain j'ai le plaisir d'être présenté à un Père de la congrégation du Sacré-Cœur d'Issoudun et supérieur de la mission de la Mélanésie et de la Micronésie; il est seul avec un autre Père pour évangéliser les 1,500 îles de ces deux groupes. La mission est de date récente, et le Père a passé plusieurs mois à Singapore, à Batavia, à Manille, Cooktown, afin de bien apprendre, à l'école des vieux missionnaires, la bonne méthode pour gagner les populations des contrées sauvages. Combien de préjugés importés d'Europe il a a dû laisser pour opérer avec fruit et vérité. C'est ce qui arrive à presque tous les missionnaires; leur instruction est à refaire sur bien des points, lorsqu'ils arrivent sur le champ d'action. Le Père était à Baie-Blanche (Nouvelle-Bretagne), où il avait réussi à bâtir chapelle et maison, lorsque, probablement à la suggestion de quelques commerçants qui trouvaient les Pères incommodes, on a mis le feu à l'église et à la maison. Tout a brûlé, et le Père est venu se réfugier à Villa Maria, attendant 5 autres missionnaires pour reprendre la mission sur plusieurs points. Mais 5 missionnaires pour tant d'îles, c'est encore bien peu; il en faudrait 500, pour opposer à l'action de centaines de ministres protestants. Il y a tant d'âmes généreuses qui donneraient amplement le nécessaire pour faire cesser ce regrettable état d'infériorité !

Le Père me donne sur les pays qui lui sont confiés les quelques détails ci-après :

Le vicariat apostolique de la Mélanésie et Micronésie, confié aux missionnaires du Sacré-Cœur d'Issoudun, se compose pour la Mélanésie des îles suivantes : Nouvelle-Guinée, Nouvelle-Bretagne, Salomon, Nouvelle-Irlande et Nouvel-Hanovre; pour la Micronésie, les archipels des Carolines, des Gilbert et des Marshal.

Il y a des maisons de commerce dans l'île du Jeudi (détroit de Torrès), pêche de l'huître perlière. — Port Moresby (Nouvelle-Guinée, dans le golfe des Papous), coprah ou noix de coco séchées. — Matoupi et Méoko (dans Baie-Blanche, Nouvelle-Bretagne), coprah et trepans. — Iles de l'Amirauté, — à Yop, dans les Carolines, — à Gilouit, dans les Marshal, trois centres de commerce pour coprah, perle et bèche de mer ou trepans. Le commerçant obtient des indigènes ces objets contre des fusils, étoffes, boutons, verroteries, tabac, etc.

Indigène de la Nouvelle-Bretagne.

Les habitants de ces îles appartiennent pour la plupart à la race malaise, à en juger par le type, les habitudes et le langage qui est composé d'un bon nombre de mots malais.

Chaque village forme une tribu. Quelques huttes dispersées dans les broussailles, composent le village à la tête duquel est un chef.

L'élection du chef n'est pas la même dans toutes les tribus. Dans les unes, on choisit toujours le plus riche ou le plus brave, sans égard aucun à l'hérédité; dans d'autres, c'est le fils aîné qui succède à son père. Enfin, dans quelques-unes, le pouvoir passe par les mains successivement de tous les frères du roi défunt, avant de revenir à son fils aîné.

Presque tous les habitants de ces îles sont anthropophages, mais ils ne mangent que les prisonniers de guerre. Malheur à l'ennemi vaincu; pris mort ou vif, il est rôti et mangé. La guerre a pour causes ordinaires le vol des femmes, le désir de manger de la chair humaine et l'amour du pillage.

Les naturels ont peu l'esprit de famille; la polygamie règne partout. Chaque épouse a sa hutte et est seule chargée de ses propres enfants, qui habitent avec elle. Les petits garçons sont séparés de leur mère dès l'âge de dix ou douze ans, et doivent alors pourvoir à leur subsistance. Des maisons séparées sont destinées à servir d'abri, la nuit, à une quinzaine d'enfants, surveillés par un homme âgé.

Les petites filles sont toutes vendues, quelquefois dès leur bas âge, et demeurent avec leur mère jusqu'au jour où ceux qui les ont achetées viennent les prendre pour en faire leurs épouses.

Les femmes cultivent le taro, l'igname, la patate douce, la banane et recueillent les feuilles de bétel et la noix d'arek qui, avec la chaux de corail, composent la nourriture recherchée des naturels. Les femmes portent aussi ces différents produits dans les marchés, quelquefois à deux lieues.

Les hommes pêchent, chassent et font la guerre.

La cloche interrompt notre conversation, et nous appelle à la grand'messe, puis vient l'heure du dîner. Plusieurs amis de la maison prennent part à la table de famille; on cause et on plaisante. Il faut un peu de temps pour se faire au jargon des coloniaux; ils ont baptisé l'Anglais du nom de *John Bull;* ils appellent l'Irlandais *Paddy*, l'Américain *Jonatha;* le Chinois, *John*, et le Français, *Jacques Bonhomme*. Au milieu de la conversation, le Père Supérieur fait remarquer combien Dieu a été bon et juste en diversifiant ses dons pour chaque nation. Oh! yes! ajoute un gros notaire, mais Dieu avoir été plus bon pour Angleterre en lui donnant beefsteak et plumpudding.

La propriété est située entre les deux bras de la baie appelés Lane Cove et Paramatta river; elle a même un *pier* (jetée) sur cette dernière branche, et les steamers y font escale; elle a son petit port et ses bains de mer. De gracieuses allées serpentent le long de la colline : les bananiers poussent sous l'eucayptus, et toutes les fleurs et fruits de l'Europe ravissent l'œil du visiteur.

Dans un coin de la propriété, les Sœurs de Saint-Joseph tiennent une école; au milieu du parc, une belle carrière de pierres tendres a fourni les matériaux pour l'église et les maisons.

Un des Pères prêche tous les jours de fête à l'hôpital des fous dans les environs ; je l'accompagne. L'établissement est magnifique, les jardins garnis de fleurs et d'animaux. Les fous et les folles sont au nombre de 700 et font tous les travaux de la maison sous la direction d'un personnel laïque. L'hôpital étant insuffisant, on en a construit un plus grand ailleurs. L'alcoolisme est, de toutes les causes, celle qui envoie le plus de monde à la maison des fous. Cette plaie est hideuse. Le Père me cite des exemples de mères qui sont arrivées jusqu'à vendre les vêtements et les souliers que des mains charitables avaient apportés pour leurs enfants nus, afin de se procurer de quoi boire encore. Lorsqu'elles sont dans la saine raison, les malheureuses victimes de l'alcool prennent le *pledge,* expression qui signifie la promesse de ne plus goûter des boissons enivrantes durant un certain temps. Trop souvent ce sont des promesses d'ivrogne.

En sortant de l'hospice, nous allons chez les Petits Frères de Marie. Ils construisent un vaste pensionnat pour des centaines d'élèves.

Dans le jardin, je remarque une belle plantation de vignes. Faute de soufrage, le raisin est pourri par l'oïdium.

Les Pères, quoique étrangers, sont très aimés des catholiques et estimés des protestants. Ceux-ci assistent parfois aux processions catholiques, et souvent font monter dans leur voiture les missionnaires pour leur éviter le chemin et la poussière. Le dernier évêque, à son arrivée, eut la pensée de s'éclairer auprès du clergé et des fidèles sur les Pères français de son diocèse. Tous les prêtres, moins un, furent d'avis de renvoyer les étrangers. Toutes les familles catholiques, à l'unanimité, prièrent l'évêque de les conserver.

Chapitre Deuxième.

Le *boxing day*. — Paramatta River. — L'*intercolonial juvenile industrial exhibition*. — L'administrateur diocésain. — Les *young men christian associations*. — Les œuvres charitables. — Le Musée. — Les marsupiaux. — Les oiseaux. — Les reptiles. — Les poissons. — Ethnologie. — Minéraux. — Fossiles. — La cathédrale. — La partie inférieure de la baie ou Manly Beach. — Le vieux curé. — La pauvre veuve et les loyers. — Dialogue avec un député sur la question agraire. — L'hôpital Saint-Vincent de Paul.

Le 26 décembre, je quitte Villa Maria pour revenir à Sydney par le Lane Cove, afin de mieux admirer la scène pittoresque que je n'avais qu'entrevue en venant. Le lendemain de Noël, c'est le *Boxing day*, jour consacré aux pique-niques. Le peuple s'en va dans toutes les directions faire son déjeuner sur le vert gazon, dans la forêt, sur la plage, dans un parc, etc. Les tramways, les railways, les steamers, grands et petits, sont pris d'assaut; je vois même un grand nombre de petites barques à voile ou à rame, et souvent l'aviron est aux mains des jeunes filles. Dans ces occasions, les compagnies diminuent de moitié le prix des places pour que toutes les familles, même celles dont les ressources sont petites, puissent prendre leur part de réjouissance.

Dans l'après-midi, je me dirige par la baie à Paramatta, où a lieu en ce moment un *Intercolonial juvenile industrial exhibition*. Les bateaux qui remontent ou descendent la rivière se croisent à tout instant : plusieurs portent une bande de musiciens. Les bords de ce bras de la baie sont aussi féeriques que ceux de l'autre bras appelé Lane Cove. Tantôt les deux rives se rapprochent, tantôt elles s'éloignent formant des anses et des golfes délicieux. Malheur à celui qui, séduit par le calme des eaux, voudrait s'y plonger, les requins y abondent. Il y a quelques jours, un jeune homme de vingt ans, qui avait voulu se baigner, disparut tout à coup laissant à la surface l'eau rougie de son sang. Les requins avaient fait de lui leur pâture.

Les bords sont tantôt boisés, tantôt gazonnés, tantôt couverts de rochers. De jolis châteaux élèvent par-ci par là leurs tours au-dessus des arbres; de gracieux *cottages* ont leurs jardins baignés par la rivière.

Plus loin, je vois des vignes et de belles orangeries. Nous laissons à droite Villa Maria et les divers hospices, et, après environ une heure de navigation, nous quittons le steamer pour le tramway à vapeur qui nous conduit à la ville de Paramatta. Partout de joyeuses bandes s'en vont en pique-nique, à pied ou en bateau. Au delà de la ville, un joli parc bien ombragé, peuplé de cerfs et autres animaux, sert de promenade aux habitants. Dans un coin de ce parc, on a dressé une vaste construction qui réunit les objets de l'Exposition juvénile industrielle intercoloniale. Autour de cette construction, des balançoires, des chevaux de bois, des saltimbanques de toutes les couleurs font résonner leur timbales et appellent le peuple. Sur le vert gazon, quelques couples jouent au *lawn-tennis*. Plusieurs objets sont exposés dans le jardin; j'y remarque des ruches d'abeilles travaillant derrière le verre, elles sont la propriété d'une société italienne. Au-dessous du palais de l'Exposition, des *bar*, des restaurants, des vendeurs de fruits et confitures servent le public. Dans le palais, des dessins, des broderies, tapisseries et autres objets confectionnés dans les écoles. Il y a aussi des pianos, des meubles, de la bijouterie. Les petits matelots du *Vernon*, ancien vaisseau transformé en orphelinat, jouent sur leurs instruments à vent les meilleurs morceaux de leur répertoire; l'entrain est partout. Mais, lorsque le soir arrive, il n'est pas facile de rentrer en ville; la foule envahit les tramways aussi bien que le chemin de fer. Une station provisoire a été ouverte à l'Exposition, mais les trains étant toujours combles, pour empêcher l'encombrement sur la voie, on ferme la porte qui y conduit. Peu au courant de tous ces détails, pendant qu'on se dispute à la porte, je saute la barrière en fer laminé et, quoique avec les mains un peu coupées, j'arrive à prendre d'assaut une place dans un wagon. Une heure après, à travers la campagne et les faubourgs, j'arrivais à

Sydney. Sur une place, j'aperçois un attroupement autour d'un concert ambulant; c'est la *Salvation army*, qui entonne ses cantiques et prépare ses prédications.

Un ingénieur veut bien se faire mon cicerone pour les monuments et me présenter aux personnes marquantes du pays. Nous commençons par l'administrateur diocésain, homme de bonne volonté, qui dirige le diocèse, en attendant la nomination du nouvel évêque. Le dernier prélat a soutenu vaillamment la lutte dans la question de la laïcisation des écoles : il a obtenu l'admiration des protestants ; mais on s'épuise à ces luttes, et il est mort au moment où on avait le plus besoin de lui.

J'ai la chance de pouvoir me procurer une carte d'introduction auprès du premier ministre de la colonie, ou le *premier*, comme on l'appelle ici. La recommandation ne pouvait être mieux reçue : M. le Premier m'envoie une quantité de documents, cartes et albums qui me permettront de bien me rendre compte de tout ce qui concerne la colonie. Son secrétaire me remet une lettre qui me donne libre entrée dans les prisons, hospices, fortifications, phares, observatoires, écoles et autres établissements de l'Etat. L'administrateur des chemins de fer m'envoie une *passe* pour la libre circulation sur tous les chemins de fer et tramways. Merci à ces messieurs. On ne saurait mieux accueillir l'étranger qui vient pour étudier le pays.

Je visite les environs de Sydney ; et me fais conduire à Waverley, près de Botany-bay, qui fut le premier berceau de la colonie.

A Waverley, quelques Pères franciscains habitent une jolie maison dans un beau jardin. La vieille dame qui la leur a donnée n'a gardé pour elle que la maison du concierge. Non loin de là, des Sœurs franciscaines du tiers-ordre dirigent une école de filles.

En rentrant en ville, je remarque quelques affiches portant l'indication de *Young men christian association*. Ces associations de jeunes protestants sont fort utiles pour leur instruction religieuse et politique ; on les forme à la connaissance des questions du jour et au combat par la parole et par la plume. C'est du pratique, qu'on ferait bien d'imiter,

Ma soirée se passe à la séance d'une conférence de Saint-Vincent de Paul ; on cause des pauvres visités ; on veut qu'ils aient leur part de réjouissances de Noël et on leur envoie des bons supplémentaires. Les rapports entre les membres sont pleins d'amitié.

L'étranger est lui aussi le bienvenu; il est reçu comme un frère.

Le Musée, vaste bâtiment à façade monumentale, a de belles collections. Dans les nombreuses salles, je m'attache surtout à observer les objets indigènes. La plus intéressante de toutes les collections est celle des marsupiaux, animaux particuliers à l'Australie. Ce qui les distingue surtout des autres mammifères, c'est la forma-

Sydney. — Statue du capitaine Cook.

tion du cerveau et une poche extérieure sous le ventre des femelles, dans laquelle les mères mettent leurs petits, les y allaitent et les gardent jusqu'à ce qu'ils puissent marcher d'eux-mêmes. Les plus marquants de ces animaux sont les kanguroos, dont quelques-uns sont aussi grands que des hommes. Leurs pattes de devant sont courtes, et celle de derrière fort longues, en sorte que leur marche est une succession de sauts très longs et rapides. Attaqués par d'autres bêtes ou par l'homme, ils se défendent en serrant l'ennemi dans leurs bras, et en lui fendant le ventre avec l'ongle tranchant d'un de leurs pieds.

Parmi les marsupiaux, l'antilope et le cerf sont représentés par le kanguroo; le chat est représenté par le *dasyurus*, le chien par le *thylacines*, le porc-épic par le *échidna*, le mangeur de fourmis par le *myrmecobius*, les *rosicants* par le *wombat*, le singe par le *koalas* et les *phalangers ;* l'écureuil volant, par le *petaurista* et le *bilideus*. Les uns sont herbivores, les autres fructivores, d'autres insectivores, carnivores, etc. Les uns sont coureurs, les autres ne vivent que sur les arbres, etc.

Je remarquai dans cette collection le *sarcophilus ursinus*, ou démon de Tasmanie, et le *dasyurus maculatus* ou chat-tigre. Parmi les marsupiaux, les rats indigènes ont de nombreuses espèces et des dimensions diverses. Le *myrmecobius fasciatus*, ou mangeur de fourmis, est aussi remarquable. Il vient de l'Australie du Sud. Il a l'habitude de courir autour de la fourmilière, jusqu'à ce que les fourmis effrayées soient toutes dehors, et alors avec sa langue longue et affilée, il les prend et s'en repaît. Le *phascolarctus cinereus*, ou ours indigène, est aussi à remarquer ; il est petit, sans queue, et vit sur les eucalyptus, se nourrissant de ses feuilles.

Les oiseaux australiens sont au nombre de 700 espèces. Il n'y a pas dans ce pays de faisans, de vautours, de *picidæ*, ou piqueurs de bois, mais neuf autres familles sont spéciales à l'Australie et aux îles voisines. Ce sont : l'oiseau paradis (*paradiseidæ*), le mangeur de miel (*meliphagidæ*), l'oiseau-lyre (*menuridæ*), le *scrub-bird* (*atrichidæ*), le cockatoo (*cacatuidæ*), une espèce de perroquet appelé *platycercidæ*, les *brush tongued*, perroquets à langue de brosse (*trichoglossidæ*), les *mound birds*, oiseau boue (*magapodidæ*), et les *cascowaries (casuaridæ)*. Les *alcedinidæ*, ou roi-pêcheur, sont aussi nombreux et variés ; les pigeons comptent vingt-cinq espèces. L'oiseau-boue est ainsi nommé parce qu'il dépose ses œufs dans des troncs d'arbres pourris. La fermentation du bois fait éclore les œufs, et les petits, à peine nés, s'en nourrissent.

L'*ému* (*dromœus novæ Hollandiæ*), avec ses variétés : le *dromœus irroratus,* qu'on trouve dans l'ouest, et le *casnarius*, qu'on trouve au nord du Queensland, appartiennent à la famille des autruches d'Afrique, comme le *rhea* du Sud Amérique. La présence de ces oiseaux gigantesques en Australie, en Nouvelle-Zélande, dans l'Afrique méridionale et dans l'Amérique du Sud ensemble, avec plusieurs autres indices, ont fait croire à quelques naturalistes qu'à un moment donné ces pays ont été unis dans un seul et même continent du Sud.

La collection des serpents australiens est aussi remarquable. Parmi les venimeux, qui forment les deux tiers, sont : le *morelia variegata*, le serpent diamant *(morelia spilates)*, le serpent tête noire *(aspidiotes melanocephalus)*, le serpent brun *(diemenia superciliosa)*, le mortel noir *(pseudechis porphyriacus)*, le bandes-brunes *(hoplocephalus curtus)*, le serpent de la rivière Clarence *(tropidechis carinata)*, le *ringed snake*, serpent à anneaux *(vermicella annulata)* et l'adder mortel *(acantophis antarctica)*.

Les plus gros sont les serpents de mer. Ils dépassent la grosseur du *boa* : leur morsure est mortelle, mais ils fuient l'homme et ne l'attaquent que lorsqu'ils sont serrés de près.

Les lézards australiens sont nombreux, souvent de forme particulière, et distribués en trois familles, qu'on ne trouve qu'ici : ce sont les *pygopodidæ*, les *aprasiidæ* et les *lialidæ*.

On voit aussi une belle collection de tortues et de crocodiles australiens.

Dans les amphibies, on trouve une grande variété de grenouilles. Les poissons comptent des centaines de sujets divers. Parmi les grands, je remarque des spécimens de cachalots. Ce poisson atteint jusqu'à 20 mètres de long et donne 100 barils d'huile. Ses dents pèsent de 1 à 2 kilog. et fournissent un bon ivoire. Il y a aussi des squelettes du *Dugong*, qui atteint jusqu'à 28 mètres de long. On voit des squelettes de baleines, des dauphins, des marsouins, des requins, etc.

Une belle collection zoologique, depuis l'éponge jusqu'à l'homme, est organisée surtout pour servir aux étudiants.

L'*ethnologie* est bien représentée par une collection d'étoffes, ustensiles, armes, instruments de musique, etc. des indigènes australiens, des habitants de la Nouvelle-Guinée et autres îles océaniennes.

Les minéraux et les fossiles ont aussi de beaux spécimens. En un mot, le musée de Sydney est un des mieux organisés et des plus instructifs de l'hémisphère sud.

Je passe à côté de la cathédrale catholique, qui est de style gothique.

Continuant mes excursions aux environs, je monte sur un steamer, qui doit me conduire à Manly Beach, près de l'entrée de la baie. Je passe devant les vapeurs des Messageries maritimes et de l'*Orient line*. Celle-ci a quelques navires dont le tonnage est supérieur à celui des Messageries, mais ils sont organisés plutôt pour le marchandises que pour les passagers. D'Australie, ils vont droit à Aden, ne touchant qu'à la petite île de Diego Garcia; ils peuvent ainsi, en 32 ou 35 jours, atteindre Naples et économiser quelques jours sur les Messageries, qui font le détour de Maurice et Seychelles. Devant le jardin botanique stationne le *Carraciolo*, navire de guerre de la marine italienne. Non loin de lui sont deux autres navires de guerre, un anglais, l'autre colonial; on les distingue au drapeau; la croix est la même, mais le fond du drapeau anglais est blanc, celui de la Nouvelle-Galles du Sud est rouge. Un voilier chargé d'immigrants, arrive d'Angleterre après 90 jours de traversée. Un peu plus loin des dragues à vapeur enlèvent la boue que des canots emportent. A bord, deux Napolitains avec violon et harpe égayent les passagers. Parmi eux je distingue quelques couples en promenade de noce et de nombreux bébés. Nous contournons à gauche une belle colline boisée d'eucalyptus; elle n'est pas couverte de maisons comme les autres qui bordent la rade. On me dit que son propriétaire, qui a reçu ce terrain en don pour services rendus au commencement de la colonie, ne veut le céder qu'en *lessee* ou bail de quatre-vingt-dix-neuf ans. Or l'Australien préfère avec raison la propriété libre.

Notre navire passe devant plusieurs îles dont quelques-unes fortifiées, et, après environ deux heures de marche, nous débarquons à *Manly Beach*. C'est un des nombreux faubourgs de Sydney. Le terrain s'y vend plusieurs livres stg. le pied carré. La campagne est couverte d'eucalyptus et de *niaolis*, que les Australiens appellent *paper tree*, parce que son écorce est un ensemble de feuilles fines comme du papier. Deux sortes de cigales font entendre sur deux tons leur chanson monotone. Une affiche fait défense de détériorer les arbres de la promenade, et une récompense de 5 livres stg. est offerte à quiconque dénoncera le contrevenant.

Je parcours la plage où viennent mourir les vagues de l'Océan; elles ne sont pas pacifiques. Dans les jardins, de magnifiques araucarias et sur les eaux calmes de la baie, des cygnes déploient leurs ailes que le vent pousse en guise de voile.

Le sable est couvert de poissons gélatineux ayant pour queue un fil long et fin. J'en ramasse plusieurs et m'aperçois, trop tard, qu'ils produisent sur la peau une cuisson désagréable.

On me présente au bon curé de l'endroit. Ce vieil Irlandais à lunettes majuscules, pour souhaiter la bienvenue, appelle sa nièce et fait apporter une bouteille de vieux *Fallon's cellar*; il a connu les missionnaires français et en dit beaucoup de bien ; mais à chaque phrase il laisse pousser un long *my dear!* exclamation monotone. Il a habité le Queensland et me remet une lettre pour un avocat de Brisbane, son ami. Celui-ci était charpentier, mais une grande force de volonté l'a fait venir à bout des études du droit, et il compte maintenant parmi les jurisconsultes les plus distingués.

Rentré à Sydney, je me fais acompagner pour visiter quelques familles pauvres. Celui qui ne voit que les riches ne saurait avoir une connaissance complète du pays. On me conduit chez une veuve qui a loué une chambre à une famille ouvrière. Celle-ci a un logement de six pièces pour lesquelles elle paye 25 fr. par semaine. Pour diminuer son loyer, elle a loué une chambre à la veuve moyennant 5 schellings, 6 fr. 25 par semaine. La pauvre créature a deux enfants, un de sept mois qu'elle tient dans ses bras, l'autre de dix ans, que la police a saisi dans la rue et placé dans un orphelinat. Elle nous supplie de lui faire renvoyer son aîné, qui gardera le bébé pendant qu'elle ira travailler à la journée, ou chercher du travail. A la maison, tout travail lui est impossible avec le bébé dans les bras. Que les misères des riches sont petites à côté de celles du pauvre! Les maisonnettes de huit à dix pièces à Sydney payent une location de 150 livres stg. l'an, soit presque 4,000 fr.

Mon cicérone me présente à plusieurs personnages de marque, et entre autres à un avocat de ses amis, membre du parlement. Ce bon confrère entame une conversation à fond sur la question agraire. L'expérience prouve, dit-il, que dans les pays nouveaux la terre n'a aucune valeur, mais le capital et le travail sont fort chers. Plus tard, ceux-ci diminuent de prix, mais la terre augmente toujours de valeur et reste comme un monopole entre les mains de ceux qui ont su l'accaparer ; elle doit pourtant servir au bien commun et le nombre de ceux qui penchent à demander la *nationalisation* de la terre augmente tous les jours. — Si vous détruisez la propriété privée, vous enlevez tout stimulant à l'améliorer. — C'est vrai, aussi pour éviter cet inconvénient le mieux serait de ne pas aliéner la terre, mais de la louer à perpétuité, moyennant une somme fixe. — Le système n'est pas nouveau, les *census* ou *cens* qui existent encore en certaines parties de l'Europe répondent à cette idée. Mais ce n'est là qu'un impôt déguisé ; l'impôt ordinaire qui peut augmenter ou diminuer, selon les besoins du moment, paraît préférable. — L'idée de la propriété commune est éminemment chrétienne ; les premiers fidèles l'ont pratiquée sous les Apôtres. — Elle sera toujours excellente dans une société restreinte où les membres auraient la vertu et l'abnégation des premiers chrétiens : la chose se pratique encore de nos jours dans les congrégations religieuses ; mais, pour la masse de l'humanité, l'intérêt privé sera toujours un stimulant nécessaire. Il y aura toujours des pauvres et des riches, parce que les hommes reçoivent de la nature des aptitudes différentes ; les uns sont travailleurs, les autres paresseux, les uns économes, les autres prodigues, les uns rangés et intelligents, les autres étourdis et déréglés. Mais le mal ne sera pas grand si le riche, comprenant sa mission d'économe, prend pour lui le nécessaire et déverse le reste sur ses frères moins bien partagés. — C'est là la doctrine du christianisme, vous avez raison.

Nous passons à l'hôpital Saint-Vincent de Paul. Cette institution privée, soutenue par les aumônes publiques et par la rétribution des pensionnaires, est dirigée par dix Sœurs de Charité irlandaises. Les malades en chambre paient les uns 3 guinées par semaine, les autres 2 et d'autres moins ; les pauvres ne paient rien. Je remarque des fiévreux : la fièvre coloniale qu'on apporte de la campagne se rapproche beaucoup de la typhoïde. Il y a des poitrinaires et plusieurs qui souffrent de tumeurs intérieures à peu près inguérissables. C'est l'effet des eaux malsaines des mares ; les malheureux habitants des bois n'ont souvent que cette eau qu'ils boivent sans la faire bouillir ni la distiller ; les insectes qu'elle contient s'établissent dans le corps, y produisent leurs œufs, se multiplient à l'infini et finissent par tuer leur victime.

Le soir, après le dîner, je monte en wagon pour passer les Montagnes Bleues.

Chapitre Troisième.

Bathurst. — L'administration diocésaine. — Le collège Saint-Stanislas. — Lithgow. — Un journaliste candidat. — Les mines de charbon. — Les usines. — Une poterie. — Les Montagnes Bleues. — La vallée d'Hartley. — Le grand zig-zag. — Mount Victoria. — La descente. — Le cœur de la mère. — Guerre aux lapins. — Encore les *building societies*. Le jour de l'an à Sydney. — Un orphelinat sur un vaisseau. — Système de don Bosco appliqué par les protestants. — Un transport français en réparation. — L'école industrielle de Biloëla. — Départ pour le Queensland.

Les *sleeping car* rendent le voyage moins fatigant dans les trains rapides. Durant la nuit, je m'éveille à Bathurst, où faute de place à l'hôtel, je dors sur un canapé. Je me lève avec le soleil. Il envoie devant lui une lueur rougeâtre qui envahit le ciel exactement comme le soir à son coucher. C'est toujours le même phénomène dans toute l'Australie, depuis le tremblement de terre de Java.

La ville est située à plus de 2,000 pieds d'altitude, sur un terrain ondulé. Tout autour ce ne sont plus les forêts d'eucalyptus. On ne voit que blé, vigne, avoine, orge, pommes de terre et les divers fruits de l'Europe. On dit que les hivers sont très froids ici ; la glace et la neige y sont en permanence. Pour le moment, le thermomètre marque 40° centigrades ; on étouffe. Je demande un bain, il n'y en a point. On m'indique le *criket ground*, à une certaine distance, près la rivière Mackarie. Je m'y rends. Un moulin à vent pompe l'eau dans trois cylindres en fer, et je peux prendre une douche. Mais, au retour, l'effet en est à peu près détruit ; j'avais dû marcher une heure sous un soleil brûlant.

La ville est grande, les rues sont larges et régulières. Nous sommes au dimanche ; la cathédrale est remplie de fidèles ; une dame s'évanouit par la chaleur. Après la messe on chante le *Salvum fac Pontificem et Victoriam reginam.*

J'avais une lettre pour l'évêque, il est à Rome, mais l'administrateur diocésain me reçoit avec bienveillance et m'invite à dîner. Quelques curés des environs, et d'assez loin même, sont présents. On cause de choses et autres. Ils sont tous Irlandais et naturellement peu sympathiques aux Anglais.

La ville de Bathurst est la troisième de *News-South Wales ;* elle compte 7,000 habitants, parmi lesquels 400 catholiques. Le diocèse possède 80,000 habitants, dont 30,000 catholiques.

Le pays est agricole et pastoral. Dans les environs, on trouve aussi une moyenne de 2,000 onces d'or par an. Ces bons curés se montrent bien décidés à établir autour d'eux des associations charitables. Le soir, lorsque le soleil a baissé, je monte la colline pour atteindre le beau collège de Saint-Stanislas. Il y a là grand et petit séminaire. L'édifice est de toute beauté. De son sommet, je domine une grande étendue de pays. Au loin, la chaîne des montagnes à la couleur bleuâtre est d'un superbe effet. Je salue le soleil qui passe sous l'horizon en jetant ses dernières lueurs de feu sur les édifices élevés de l'hôpital et du collège protestant. Lorsque je redescends, la ville s'endort. Le dimanche est bien ici le jour du repos, mais le lendemain le travail recommence avec acharnement. Le premier train part à quatre heures. C'est toujours un grand spectacle que le réveil de la nature. Le fermier sort sa charrue, et le berger pousse son bétail. Les oiseaux entonnent leur hymne au soleil levant..... Je traverse d'immenses champs de blé ; la récolte a été bonne ; elle a donné jusqu'à 40 boisseaux l'acre, mais le prix a baissé à 4 sch. 1/2 le boisseau et paye à peine les frais de culture. A six heures et demie, je descends à Lithgow pour visiter les mines de charbon.

Le directeur à Sydney de la *Federal bank of Australia* avait eu la bonté de me remettre plusieurs lettres pour les diverses villes de New-South Wales et du Queensland. Une d'elles était pour un administrateur d'une mine de charbon à Lithgow. Il habite un petit chalet loin de la ville, en face de la mine qu'il dirige. Le long du chemin s'élèvent les nombreuses habitations des ouvriers ; les unes sont en planches, le plus grand nombre en écorce d'eucalyptus ; quelques-uns demeurent sous la tente.

L'administrateur est très aimable et fort prévenant ; il me présente à sa femme qui prépare bien vite gâteaux et bon vin; la fillette

Queensland. — Mines d'or de Gympie.

est aussi bien gracieuse. On s'empresse de me conduire à la visite des principales mines. L'une d'elles a eu un incendie récemment ; l'échafaudage qui sert à tirer le charbon du puits a brûlé, il n'est pas prudent d'y descendre. Nous allons plus loin voir une mine nouvelle. Elle a été découverte en perçant un puits artésien. Le *manager* veut bien m'accompagner au fond de la mine. Une forte source à mi-profondeur est puisée par une pompe à vapeur. Si la pompe se dérangeait, la mine serait bientôt inondée.

A 300 pieds de profondeur, 20 ouvriers, dans de nombreuses galeries, détachent le charbon simplement avec le pic. Quelques ouvriers font jusqu'à 4 tonnes de charbon par jour : on les paye 2 sch. 1/2 la tonne.

Le gouvernement ne vend plus les terrains à minerai ; il les loue moyennant tant par tonne de minerai extrait. Pour le charbon, il prend 6 pence par tonne. Le charbon se vend à la mine de 6 à 7 sch. Le chemin de fer prend 8 sch. pour le transport à Sydney. Là, on le vend à domicile 25 francs la tonne. L'eau qui sort de la mine est très pure. Le propriétaire l'utilise pour une brasserie installée dans une vaste construction voisine, qui avait servi précédemment pour de grandes expériences tendant à conserver la viande par la ventilation et la congélation.

Le charbon extrait de la mine est porté à la surface par une corde d'acier, qu'une machine de 40 chevaux enroule sur un grand cylindre. Les wagonnets de charbon, élevés au sommet d'un grand échafaudage, se déversent sur un plan incliné à fond grillé : la poussière tombe au-dessous et le charbon s'en va dans les grands wagons du chemin de fer.

A la sortie de la mine, le *manager* nous conduit dans un chalet, charmante habitation entourée de fleurs, et nous offre une boisson composée de lait et de whisky, que je bois pour la première fois.

J'avais beaucoup d'autres mines et usines à voir. Celles-ci se groupent ordinairement dans les régions carbonifères, mais, faute de temps pour les visiter, j'interroge sur elles mes compagnons.

A quelques milles de là, des mines de *kérosine* ont un filon de l'épaisseur de plus de trois pieds. Ce charbon sert à faire de l'huile minérale et donne de 150 à 160 gallons (1) d'huile par tonne de charbon. Toutefois, cette huile minérale ne pourrait soutenir la

(1) Le gallon équivaut à environ quatre litres et demi.

concurrence du pétrole américain extrait au moyen de pompes, si le gouvernement n'avait frappé celui-ci d'un droit de six pence par gallon.

Une fonderie de cuivre, dans les environs, fait d'excellentes affaires et a distribué, en trois ans, 300,000 l. stg. de dividende. On parle aussi d'une mine de *gallena* et de plomb argentifère.

Notre aimable hôte nous donne sa voiture et nous fait conduire par son fils à une poterie au delà de Lithgow. Dans les colonies, tout le monde travaille, l'enfant du millionnaire comme le dernier de ses ouvriers. Une mine de charbon est exploitée de plain-pied au moyen d'une galerie, et une partie du combustible est employée à fournir la vapeur qui met en mouvement les nombreuses machines. Le triage, pilage, pulvérisage, plâtrage, tout est fait au moyen de machines. On fait 12,000 briques par jour, plus des tuiles, des briques réfractaires, des pots à fleurs, des tuyaux de drainage, des théières, des vases d'ornement, le tout recouvert d'un vernis couleur chocolat, et bien moins fini que dans les usines d'Europe.

Je vois encore, chemin faisant, de nombreuses mines de charbon, et j'arrive à la station pour continuer ma route vers les Montagnes Bleues.

Nous traversons des forêts d'eucalyptus; la voie s'élève et bientôt après la vue plonge dans la belle vallée d'Hartley. Une puissante locomotive nous tire par devant et une autre nous pousse par derrière; la pente dépasse 3 °/₀. Nous traversons plusieurs tunnels et arrivons au grand zig-zag. Il ressemble beaucoup à celui du Mont-Cenis du côté de Modane. La quantité des roches qu'on a dû tailler est énorme. Dans certains endroits, on a fait sauter à la fois un ensemble de mines dont la charge a exigé 3 tonnes 1/2 de poudre. C'est une dame qui les a fait partir au moyen d'une batterie électrique. De superbes viaducs relient les précipices. La scène est alpestre et grandiose. Nous arrivons enfin au sommet, à Mount-Victoria, à 3,422 pieds d'altitude.

A Mount-Victoria, dans de beaux hôtels et de gracieuses villas, les riches marchands de Sydney envoient leur famille passer la saison chaude. Les excursions aux environs sont très pittoresques : cascades, grottes, vallons, tout ce qui fait la beauté alpestre. Je regrette de ne pouvoir m'arrêter ici une semaine; ma course est encore si longue! C'est en 1813 que les Montagnes Bleues ont été franchies pour la première fois. Si le chemin de fer les avait traversées en tunnel, on aurait fait une grande économie dans l'exécution et dans l'exploitation ; mais le trajet aurait été moins pittoresque.

A la descente, le train prend une grande vitesse. Il passe un nouveau zig-zag plus court et parcourt tantôt le sommet, tantôt le flanc des montagnes. La vue plonge dans les vallées, et sur certains points s'étend vers la plaine. Par ci, par là, nous voyons quelques feux dans la forêt : ils sont fréquents par cette sécheresse. C'est le lundi, le train est rempli de voyageurs ; les trains du samedi à l'aller de Sydney, et ceux du retour, le lundi, sont à moitié prix. Plusieurs mamans soignent leur enfant avec cette attention et cet amour qu'on ne trouve que dans la mère. Les enfants ne sont jamais emmaillottés ici et jouent avec leurs petits bras. On ne les lave pas avec de l'eau froide, comme en Angleterre, mais dans l'eau tiède. Ce spectable me rappelle les belles comparaisons que saint François de Sales tirait à tout instant de l'amour maternel. Le cœur de Dieu est l'immensité, et le cœur de la mère en est la miniature.

Dans la plaine, nous atteignons la région ravagée par les lapins. Le gouvernement de la Nouvelle-Galles du Sud emploie environ 2 millions de fr. par an, 40 inspecteurs et 500 trappeurs et empoisonneurs pour leur faire la guerre. On sent le besoin de former une ligue entre les diverses colonies pour essayer de venir à bout de cet ennemi commun. Que les chasseurs de l'Europe seraient heureux ici ! ils auraient le gibier et une prime.

Enfin, nous atteignons les faubourgs de Sydney : ils sont presque tous bâtis par les *building societies*. Ces sociétés font d'excellentes affaires et rendent de grands services à la classe ouvrière. Elles achètent de vastes terrains aux abords des villes, y tracent rues et boulevards, puis les lotissent et les vendent aux enchères, ou y élèvent des maisonnettes qu'ils vendent avec leur jardin aux plus offrants. Le paiement se fait en dix ou vingt ans par annuités, comprenant l'intérêt et l'amortissement. L'un et l'autre forment à peine le prix du loyer habituel, mais, après dix ans, le locataire se trouve propriétaire. La pleine liberté de tester empêche la liquidation après sa mort. Les chemins de fer qui conduisent à ces faubourgs diminuent ordinairement leur prix de moitié le matin et le soir pour transporter l'ouvrier à bas prix.

Enfin, le soir, j'arrive à Sydney assez à temps pour le *Te Deum* de fin d'année ; et, cette nuit du 31 décembre, je la donne tout entière au repos.

Ici, comme partout, le premier janvier est jour de fête; les pique-niques recommencent ainsi que les courses de chevaux et les parties de *crikets*. Quelques *criketeurs* sont venus d'Ecosse défier ceux d'Australie. Ceux-ci, à leur tour, vont défier ceux d'Amérique et d'Angleterre.

Je suis conduit dans une excursion à la campagne, puis, nous allons visiter le *Vernon*.

C'est un vieux navire de guerre aménagé en ce moment pour un orphelinat. Il est mouillé en face l'île Cokotou, qui servait dans le temps de prison aux convicts. Un bambin de dix ans monte la garde et nous annonce au surveillant. On échange quelques signes avec le vaisseau, et bientôt une chaloupe avec les petits rameurs vient nous prendre. Plusieurs des enfants jouent dans l'île sur la verte pelouse; d'autres prennent leur récréation à bord. Sur chaque pont, à proue et à poupe, un enfant est de quart et se promène gravement comme un lieutenant de vaisseau; le costume est celui du marin. Le premier pont sert pour les exercices du fusil et du canon, pour la gymnastique et la récréation. Au deuxième pont, une vaste salle sert de réfectoire et de dortoir. Le soir, les tables sont démontées et les hamacs suspendus. A côté sont les écoles, la bibliothèque, l'infirmerie, presque toujours vide. Le nombre d'enfants varie de 200 à 300. Ils sont recueillis par la police dans les rues et envoyés au *Reformatory*, même contre le gré des parents.

On leur apprend les divers métiers de tailleur, charpentier, marin, etc. A 12 ans, on les donne en apprentissage aux personnes qui les demandent. Ces personnes doivent les loger, les nourrir et leur payer un salaire déterminé. Le système employé dans l'établissement m'a paru très rationnel et aboutit aux meilleurs résultats. Imitant le système de D. Bosco, on donne une grande attention aux récréations : on tâche de rendre l'enfant heureux; les récompenses sont beaucoup plus employées que les punitions pour obtenir que l'enfant devienne son propre surveillant. Les enfants sont divisés en sept classes. Les nouveaux arrivés rentrent dans la septième, où ils sont sujets aux punitions corporelles et exercent les travaux les plus grossiers, Des bons points de conduite et de travail sont donnés tous les jours ; et tous les lundis, sur ces bons points, on prononce en public les promotions. Ordinairement, après la première semaine, l'enfant passe à la classe numéro six, et alors il a le droit d'aller à l'église à terre le dimanche; il est exempt du polissage des cuivres et a du *pudding* le dimanche, le mercredi et vendredi et jours de fête. La classe numéro cinq est exempte des punitions corporelles, a droit de puiser à la bibliothèque, d'assister aux séances d'optique, de prendre les récréations à terre, de participer aux régates, aux pique-niques et aux parties de pêche. Dans la classe numéro quatre, on a droit à tous les privilèges des classes précédentes, on porte un galon au bras, et on reçoit 1 sch. par mois. Dans la classe numéro trois, on jouit des privilèges des classes précédentes, on porte une décoration et on reçoit 2 sch. par mois. Dans la classe numéro deux, on reçoit en plus 3 sch. par mois ; on porte double galon et décoration. Dans la numéro un, on reçoit 5 sch. par mois, et on a un triple galon. Les enfants des quatre premières classes sont considérés comme officiers, et ont commandement sur les autres. Les enfants qui se conduisent mal perdent des bons points et descendent de classe, mais ils peuvent remonter par leur bonne conduite. Une bande musicale compte plus de cinquante musiciens. Cette exercice moralisateur plaît beaucoup aux enfants. Ils ont deux heures d'école par jour, Ils appartiennent aux diverses communions religieuses, et le dimanche ils se rendent à l'église de leur religion. Des membres de ces religions sont admis à venir le dimanche leur enseigner le catéchisme à bord.

Je félicite le directeur pour sa bonne méthode, puis quatre gamins rament sous la conduite d'un cinquième, heureux d'être officier, et nous revenons à l'île Cokotou. Au sommet d'un mât flotte un drapeau français. C'est le *Cher*, transport de guerre en réparation dans le bassin de carénage. Il est regrettable que nous n'ayons pas un bassin à nous dans ces mers. Je salue l'officier de quart, et nous grimpons par de petites marches et par les rochers au sommet de l'île.

La vieille habitation du gouverneur du pénitencier est maintenant occupée par le shériff. De ce point, la vue s'étend sur la rade dans toutes les directions.

Après avoir traversé plusieurs jardins, nous arrivons à l'Ecole industrielle de Biloëla pour les jeunes filles. Le concierge, vieux militaire à la mine rébarbative, nous refuse l'entrée. Je lui montre l'ordre du ministre ; il se radoucit et m'ouvre la porte. La directrice nous conduit à la visite de l'établissement. Il occupe une partie du local anciennement affecté aux *convicts* : l'air est pur et la vue délicieuse. 119 filles de 3 à 18 ans sont en ce moment à l'asile. Elles sont amenées ici par la police comme les garçons au *Vernon* et y subissent le même système d'instruction et d'éducation. Elles ont école tous les jours et apprennent les divers métiers de couture, blanchissage, repassage, tenue de maison. A 12 ans, elles sont placées dans les familles qui en font la demande. Les parents sont admis à les voir deux fois l'an. Ce sont très souvent des ivrognes qui n'ont pas grand souci de leurs enfants.

Revenus au môle, nous sommes obligés d'attendre un certain temps le petit steamer qui doit nous ramener à Sydney. J'en profite pour détacher avec un clou d'excellentes huîtres accrochées aux rochers. Enfin, nous rentrons à Sydney pour le dîner, et le soir même je monte sur le bateau à vapeur de New-Castle, en route pour le Queensland.

Chapitre Quatrième.

New-Castle et les mines de charbon. — Maitland. — Le plateau de New-England. — Une famille irlandaise de retour d'Europe et d'Amérique. — Armidale. — L'union fait la force. — Les *publics doors*. — Ung station de moutons. — Le lavage. — La tonte. — Les béliers. — En diligence à travers la forêt. — Gleen-Jnnes. — Les Chinois à Vegetable Creak. — Les Kanguroos. — Le constable. — Les Italiens et le couteau. — Tenterfield. — Un gentleman et le whisky. — La veuve d'un squatter et ses cinq filles. — Les ours marsupiaux. — Les chiens sauvages. — Le public school sous la tente. — La forêt en feu. — Down fall. — Le bureau de poste et la fillette. — Les maisons casseroles. — Stanthorpe. — Le curé et sa *Perpetua*. — Un enterrement. — L'étain et les Chinois. — Départ pour Brisbane. — Warwick. — Towomba. — Gowrie. — Quatre voyageurs et l'amour-propre. — Arrivée à Brisbane.

Le 2 janvier, à six heures du matin, je m'éveille à New-Castle, la ville du charbon. Elle est située à l'entrée de la rivière Hunter. En 1797, le lieutenant Shortland, en poursuivant des *convicts*, découvrit pour la première fois cette rivière, et ayant aperçu des morceaux de charbon sur la plage, l'appela *Coal river* (rivière du charbon). New-Castle fut longtemps un dépôt de *convicts*. Elle prit ensuite rapidement un grand développement, à cause des mines de charbon qui donnent 1 million et demi de tonnes par an. Vingt sont actuellement en exploitation, et les filons varient de 5 à 12 pieds d'épaisseur; une d'elles, celle de Greta, a même un filon de 21 pieds 1/2 d'épaisseur. On a calculé que la seule exploitation de ces mines, dans la mesure actuelle, demanderait 512 ans pour les épuiser. Les explosions de gaz ne sont pas fréquentes comme en Angleterre. On en a très peu à déplorer.

Les navires sont chargés au moyen de sept jetées, d'où les wagons qui arrivent directement des mines se déchargent à bord. On arrive à en charger jusqu'à 250 tonnes dans une heure un quart. Plus de

Australie. — Brisbane (Queen street A)

1,000 navires d'un tonnage d'environ 600,000 tonnes arrivent tous les ans dans le port de New-Castle.

La ville est partie en plaine, partie en colline; ses rues sont larges, mais en pente fort rapide. Je ne rencontre encore que les porteurs de lait, de pain et de viande; mais peu à peu la ville se réveille. La première boutique qui s'ouvre est celle du vendeur de journaux. Au marché, je trouve des œufs d'ému et une grande collection de *cockotous* et autres perroquets australiens. Du haut de la colline, je jouis d'un panorama magnifique. Le cimetière est sur la hauteur; les morts semblent veiller sur les vivants. Le temps me manque pour visiter les diverses fonderies et manufactures qui se sont groupées autour de New-Castle. A 9 heures, je monte dans le train. En route pour Armidale.

Après quelques champs de blé et d'avoine, la voie entre dans la forêt d'eucalyptus où paissent les moutons et les bœufs. Nous traversons Maitland, la deuxième ville de la colonie; et bientôt la voie monte la chaîne des Montagnes Bleues pour atteindre le haut plateau connu sous le nom de New-England. Ce plateau est à 3,000 pieds d'altitude et s'étend sur une surface de 13,000 milles carrés. Le climat y est froid pendant l'hiver, mais actuellement le soleil est brûlant; la sécheresse pourtant est moins grande que dans la plaine, parce que les montagnes attirent des pluies plus fréquentes. Par ci, par là, nous voyons les cabanes en écorce d'eucalyptus des nouveaux colons. Les villages sont généralement composés de maisons en lames de fer galvanisé; on en voit sortir plus de bébés qu'elles ne peuvent en contenir. J'ai dans mon compartiment un Irlandais, qui revient avec sa famille de visiter l'Europe et l'Amérique. Les colons voyagent volontiers et comparent. Il a trouvé un peu de liberté en Angleterre; en France, il a aperçu: liberté, égalité, fraternité, mais seulement sur les murs des édifices publics. Aux Etats-Unis, les personnes et la propriété sont peu garantis. Pour lui, l'idéal d'un pays bien réglé, c'est l'Australie. Chacun préfère son nid. Un peu plus loin, un Révérend avec ses enfants monte dans le wagon; il exerce son ministère aux environs et a une tenue digne. Dans la gare, le verre de bière se paye six pence (60 centimes), et pourtant je vois souvent de belles brasseries. Un petit verre de vin coûte 60 centimes et une bouteille 5 sch. à côté des vignes où le vin rapporte à peine 1 fr. la bouteille au propriétaire. Enfin, vers le soir, j'arrive à Armidale

La petite ville d'Armidale compte 3,000 habitants Elle a plusieurs hôtels et quelques banques. Ses rues sont larges et longues. Dans un enclos, je vois beaucoup de monde groupé ; on vend du bétail à l'enchère. Une vache est payée 70 fr., un cheval sellé et bridé 90 fr.

J'arrive chez l'évêque, qui habite à côté de sa cathédrale une jolie maisonnette entourée d'une verandah garnie de fleurs. Il appartenait à l'Ordre des capucins. La persécution les ayant dispersés, il passa en Angleterre, où il arriva sans un sou et sans connaître un mot d'anglais. Le peuple montra d'abord de l'étonnement à la vue d'un de ces hommes en jupe, mais bientôt appréciant leur vertu et leur dévouement, il leur vint en aide avec beaucoup de générosité.

Plus tard, le Père fut envoyé dans les montagnes de Monmouthshire, au pays de Galles, pour prendre soin des nombreux mineurs catholiques qui travaillaient à l'extraction du charbon. Ceux-ci, presque tous Irlandais, lui envoyèrent une députation pour lui dire qu'ils n'avaient pas besoin d'un prêtre étranger, et qu'ils ne lui fourniraiet aucun secours. Il répondit qu'il n'était pas venu de son choix, et qu'il ne demandait pas de secours, mais seulement de pouvoir se dévouer à leur bien spirituel. Lorsqu'on le vit à l'œuvre, chacun l'aida et il put bâtir des églises et des écoles dans les centres où les pauvres ouvriers irlandais vivaient dans l'ivrognerie et l'abandon. C'est là qu'on est allé le chercher pour le consacrer évêque d'Armidale en Australie. Il a dû emprunter de l'argent pour le voyage. Il n'avait rien, mais il disait : « Je n'ai pas cherché le fardeau, Dieu me donnera de le porter. » C'est là un grand point ; et si, dans certains pays on pouvait voir ce qui se passe pour arriver à l'épiscopat, on aurait bientôt la raison de plaies nombreuses et inexplicables dont on cherche la cause ailleurs.

Le premier soin de l'évêque fut de rallier autour de lui toutes les bonnes volontés. Ce qui fait la force du catholicisme chez les Irlandais, c'est l'union du clergé et du peuple, union rendue plus forte par la persécution. Avec l'aide de son peuple, l'évêque d'Armidale a pu construire 50 édifices, églises et écoles, pour lesquelles il a dépensé un million de fr.

Il a recueilli des Ursulines chassées du Hanovre et les a établies à côté de sa cathédrale dans un modeste couvent où elles instruisent des centaines d'élèves. Le Kulturkampf a donc fait du bien à l'Australie comme à beaucoup d'autres pays. Les protestants, qui jugent l'arbre au fruit, ont bientôt rendu justice au dévouement de l'évêque d'Armidale et choisissent toutes les occasions pour lui témoigner leur estime. Au milieu de ses nombreuses préoccupations, le digne évêque trouve encore quelques moments pour suivre ses goûts d'artiste. J'ai vu dans son atelier les beaux tableaux qu'il peint pour son église. Tout réussit aux hommes de bonne volonté !

Je ne voulais pas quitter la région sans visiter une des principales stations de moutons. L'administrateur d'une banque me donna une lettre pour un propriétaire qui a une station importante à neuf milles de là : Vous ne verrez pas ici les riches terres de Victoria et du Queensland, mais si nos squatters ne sont pas les plus riches, ils ne sont jamais les plus pauvres. Le climat froid de l'hiver fait souvent du mal aux agneaux, mais la sécheresse n'est jamais ici aussi fatale qu'ailleurs. Vers une heure, je prends une voiture et me mets en route. On voit encore quelques indigènes dans ces forêts. Ils se montrent quelquefois à Armidale. Un d'eux y est mort dernièrement en avalant une bouteille d'acide carbonique qu'il avait pris pour du rhum.

Nous traversons des collines et des forêts. Par ci par là quelques *selectors* ont posé leur tente et sèment le blé, l'orge, les pommes de terre ou la luzerne. Dans de beaux champs de blé fonctionne la faucheuse américaine. De temps en temps, je remarque sur une barrière l'inscription : *public door;* le cocher descend, l'ouvre, fait passer la voiture et la referme. Cette méthode bien simple rend la circulation possible sans déranger le bétail et résout un problème qui cause bien des maux en Amérique. Là, en effet, des Compagnies et de riches capitalistes accaparent des millions d'acres qu'ils enferment par des barrières afin d'économiser les bergers. Pour se rendre d'une région à l'autre, les voyageurs auraient souvent des détours de quarante milles à faire pour respecter la barrière ; ils trouvent plus commode de la briser. Le propriétaire qui en souffre pour son bétail fait un procès au voyageur et les tribunaux le condamnent ; mais lui se fait meilleure justice par le revolver et le propriétaire n'est plus en sûreté. Tous ces maux seraient évités par le simple procédé que j'ai en ce moment sous les yeux. Pour avoir droit de mettre une porte publique, le squatter paye 2 l. stg. par an. Celui qui passerait sans la refermer serait passible d'une forte amende.

Je vois dans la forêt la boîte aux lettres, et une quantité de fourmiliers à fourmis blanches. Lorsqu'elles s'attaquent à un arbre, elles le creusent si bien qu'il en meurt. Par ci par là, les moutons paissent, les pies et les perroquets font entendre leur voix désagréable.

Après deux heures de voiture, nous arrivons à la station. Les arbres ont fait place à de belles prairies naturelles. Au bord d'une petite rivière nous trouvons l'appareil à laver les moutons. Une chaudière fait la vapeur qui sert à chauffer l'eau et à mouvoir les pompes. L'eau est pompée de la rivière dans un grand réservoir large de 4 mètres, long de 10 ; avec 1 mètre 50 de profondeur. Là, elle est mélangée au savon et chauffée par la vapeur. Les moutons arrivent des champs, entrent dans le paddock, passent par plusieurs compartiments et tombent dans le réservoir qu'il traversent à la nage dans toute sa longueur. Des hommes placés sur les deux bords les frottent et les plongent dans l'eau pour nettoyer la laine. A l'autre bout les moutons montent sur une plate-forme d'où ils glissent dans l'eau froide sous une douche puissante qui les débarrasse du savon ; seize hommes se tiennent dans ce deuxième réservoir enfermé dans seize cylindres en fer pour être isolés de l'eau, et avec leurs mains aident à nettoyer les moutons. En sortant de là, les pauvres bêtes sèchent au soleil durant deux ou trois jours, puis elles passent au cirque pour être tondues. L'opération du lavage dure environ vingt minutes pour chaque mouton. Quelques-uns se noient dans l'eau chaude ; d'autres expirent sous la douche par la transition du chaud au froid. On peut laver 2,000 moutons par jour.

A bout d'une magnifique allée d'ormeaux, j'atteins la maison entourée d'un joli jardin. De superbes saules pleureurs se reflètent dans une gracieuse pièce d'eau entourée de fleurs de toutes les couleurs.

En l'absence du propriétaire et du *manager* (gérant), l'administrateur me reçoit poliment et me conduit au *shed* circulaire où s'opère la tonte. C'est un vaste cirque en lames de fer galvanisé et éclairé par en haut. Au centre, une chaire surélevée sert à l'intendant pour surveiller tout son monde. Une trentaine d'hommes sont répartis dans l'enceinte et reçoivent les moutons par un étroit couloir. Chaque homme coupe la laine avec de longs ciseaux à ressort, marque ses moutons, et les passe dans son compartiment.

L'opération dure de trois à cinq minutes pour chaque bête. On paie 3 sch. 1/2 pour la tonte de vingt moutons ; un bon tondeur tond plus de cent bêtes par jour. Le règlement affiché porte que les tondeurs doivent s'abstenir de tout juron et de tout mauvais propos sous peine d'exclusion. On doit commencer par tondre le ventre, puis les pattes, et ensuite le dos sans diviser la toison, et sans donner un double coup. Il est défendu de mettre le genou sur l'animal, de le couper ou de le maltraiter. Toute infraction sur ce point est punie d'une amende de 3 sch. 1/2. Les coupures légères sont couvertes de goudron avec un pinceau pour éloigner les mouches. La laine ainsi coupée est mise sur des tables pour le triage. Les balles sont pressées sous une vis, pesées, et tombent ensuite sur les chars qui les amènent à la gare. De là elles vont au port d'embarquement et en Angleterre où un agent les place sur le marché.

Chaque mouton produit de six à sept livres de laine qu'on vend à Londres de 1 à 2 sch. la livre, selon la qualité. C'est dans ce *shed* que se fait aussi l'opération par laquelle on marque les brebis au nez avec un fer rouge ; et c'est de là qu'on les fait passer à la nage dans un étroit ruisseau où certaines préparations chimiques sont mélangées à l'eau pour tuer le *tik*, insecte microscopique qui fait mourir les moutons.

L'intendant me conduit aux cases des béliers ; ils sont onze de toute beauté ; le douzième s'est noyé dernièrement. On les a achetés en Tasmanie au prix de 150 à 200 l. stg. pièce (de 4 à 5,000 fr. chaque).

La station compte 50,000 arpents et possède 50,000 moutons, plus 500 chevaux et 600 bœufs. Le propriétaire possède dans la contrée plusieurs autres stations dirigées par le même administrateur. Contrairement à l'usage adopté par les riches *squatters*, il demeure dans le pays. Cette habitude des *squatters* millionnaires de résider à Londres et d'exporter l'argent, fait crier le peuple, et déjà on parle de frapper leurs terres d'un impôt.

L'intendant me présente à la femme de l'administrateur. Dans la maison du propriétaire, je vois une bibliothèque bien fournie, des cabinets de travail, des salles de jeux et une immense salle à manger. Mistress Odysson m'offre le vin et les gâteaux du nouvel an, me présente les aînés de ses enfants, et n'ayant pu me retenir un ou quelques jours pour parcourir la propriété, elle me donne de grands œufs d'émou comme souvenir de ma courte visite.

L'intendant me parle de belles mines d'antimoine qu'on exploite à 20 milles de là, de mines d'or, et d'une mine de bismuth, la seule au monde où on trouve ce métal pur. Un séjour prolongé serait donc instructif ; il serait même agréable si je voulais visiter les cascades et autres scènes alpestres des environs ; mais il me reste encore bien du chemin à faire, et comme le jour baisse, je remonte en voiture et rentre à Armidale éclairé par l'espèce d'aurore boréale dont le soleil nous gratifie tous les soirs. Là, je n'ai que le temps de prendre un rapide repas et je monte en diligence pour y passer la nuit.

Le véhicule me paraît pire que les diligences mexicaines ; il est presque aussi secouant que les charrettes chinoises. La caisse étroite est suspendue à des lanières de cuir ; six chevaux la traînent sur les pentes des montagnes et dégringolent avec une rapidité vertigineuse sur des routes à peine tracées ; à tout instant la tête frappe au plafond ou à la paroi ; je commence à croire qu'il est bon de numéroter les os. Heureusement nous ne somme que trois voyageurs dans cette petite caisse où on en entasse ordinairement six. Mes compagnons sont deux Chinois qui s'en vont aux mines d'étain de Vegetable Creak.

J'ai pour moi le siège de derrière ; je m'y couche plié en deux, et, abîmé par la fatigue, je m'endors rêvant que je me précipite des Alpes à travers des ravins rocailleux.

Le lendemain matin, à quatre heures, je suis réveillé par le soleil. Tous les objets de mes poches avaient disparu, y compris mon porte-monnaie. Je me demande si les deux passagers, mes compagnons, étaient d'honnêtes gens ; ils l'étaient ; mes objets se promenaient en sautillant au fond de la voiture.

Nous sommes en pleine forêt. Je ne vois d'autres habitants que les perroquets, les kanguroos et les serpents. Par ci, par là, quelques bivouacs de charretiers, qui amènent la laine à Armidale. Vers huit heures, je commence à voir du blé encore vert, des vignes, des fruits ; c'est l'approche d'un centre de population. A huit heures et demie, nous entrons dans Glenn Jnnes.

Cette petite ville d'environ 3,000 habitants est située à 3,700 pieds d'altitude. Elle possède de nombreuses banques. La région est minière. Des milliers de Chinois, non loin d'ici, à Vegetable Creak, trouvent de grandes quantités d'étain. A dix heures, la voiture repart ; nous voyons encore, pour un peu de temps, les champs de blé et d'avoine des *sélecteurs*, puis nous rentrons dans la forêt. Notre voiture porte la *Royal-Mail* (poste royale). De temps en temps, dans un petit bureau de poste en pleine forêt, elle dépose et prend les sacs de cuir de la correspondance. Nous croisons deux fois d'autres voitures qui portent les dépêches en sens inverse. Le terrain est granitique, nous voyons par ci par là de grands rochers superposés, miracle d'équilibre. Quelques huttes, en écorce d'eucalyptus, indiquent la présence de troupeaux et de pasteurs dans la forêt. Les lapins n'ont pas encore pénétré jusqu'ici ; mais le kanguroo dispute l'herbe au mouton. Il est beau cet animal, lorsqu'à l'approche de la voiture, il s'éloigne à grands sauts dans la profondeur de la forêt !

Un *constable* ou policeman monte en voiture ; ils sont deux pour garder la route de Gleen Jnnes à Tenterfield (une journée de diligence) ; ils reçoivent chacun du gouvernement le cheval et sa nourriture, plus 200 l. stg. (5,000 fr. l'an). Je n'ai pas encore vu ici quoique en pleine forêt, un seul individu avec le revolver, comme en Amérique et au Mexique.

Nous nous arrêtons dans un petit village pour le *lunch*. L'hôtelière est arrivée d'Angleterre il y a six mois. Elle se croit encore sur la Tamise en janvier. Elle porte une robe de velours par une température de 40°. Conservateurs, les Anglais.

Plus loin, nous passons près d'un camp où de nombreux ouvriers ont posé leur tente ; ils gagnent 14 sch. à la journée, et le double environ, lorsqu'ils travaillent à la tâche.

Quelques-uns montent en voiture : ils puent le tabac ; les Chinois que j'avais eus jusqu'à Glenn Jnnes puaient l'opium. Je comprends vite, à l'accent, que j'ai devant moi des Italiens : un est Gênois, l'autre de la Valtellina. Ce dernier va voir un de ses compagnons à l'hôpital de Tenterfield. Nous avions bu un coup de trop, me dit-il, il me cherchait dispute, lorsqu'un autre ouvrier, mon ami, lui a donné deux coups de couteau et a pris la fuite. L'ivresse donne la rage, ajoute-t-il. Oui, et pour les Italiens, cette rage se traduit trop souvent en coups de couteau. Pourquoi ne fait-on pas des associations en Italie pour faire prendre à l'ouvrier, non seulement l'habitude de la tempérance, mais encore l'engagement de ne jamais porter de couteau ou autres armes ! La réputation de la nation à l'étranger y gagnerait.

Enfin, le soir, lorsque les ténèbres arrivent et que la nature

Nouvelle-Calédonie — Ancres de La Pérouse, récemment retrouvées.

s'endort, nous descendons à Tenterfield. Je suis bien fatigué, et n'ai pour me reposer qu'un mauvais lit dans une petite cellule d'hôtel.

La ville de Tenterfield contient autant de banques, d'églises et d'hôtels que de maisons. Le 5 décembre, à sept heures du matin, je reprends la voiture. J'ai pour compagnon un *gentleman*, qui couve encore son whisky. Il ne cesse de me poser des questions incohérentes, auxquelles je réponds toujours par un oui : il faut beaucoup de patience et de tact pour ne pas heurter un homme privé de raison ; agir autrement, serait s'exposer à des inconvénients et même à un véritable danger.

Après avoir traversé les champs cultivés qui entourent ordinairement les villes, nous entrons dans la perpétuelle forêt d'eucalyptus. Bientôt la route devient on ne peut plus pittoresque ; des chaos de rochers granitiques, des eucalyptus de 2 à 3 mètres de diamètre, des vallons où le pied de l'homme n'a jamais pénétré. Je vois une vache à demi dévorée par les chiens sauvages. Par ci, par là, quelques ours marsupiaux se tiennent attachés aux branches d'eucalyptus. Si nous leur tirons des pierres, ils se cachent derrière la branche ; un voyageur grimpe pour en saisir un, mais l'animal grimpe mieux que lui et se dérobe sur les branches éloignées.

Au milieu de la forêt, la voiture change de chevaux. Le relai est tenu par une famille irlandaise : le père est mort, la femme et cinq filles sont vêtues de noir. Faute de garçon, elles dételent les chevaux, les abreuvent, les abritent, et après le *lunch*, attèlent les chevaux frais.

Le père avait sélecté sur ce point un lot de terrain, et construit maison, magasin et écuries en écorce d'eucalyptus ; la toiture est retenue par des branches reliées ensemble, les portes mêmes sont en écorce ; il y a ici de si grands arbres, qu'un seul morceau d'écorce fait une grande porte.

Une cabane sur quatre poteaux, revêtus de zinc, est destinée aux poules ; le soir elles se perchent en haut, et le chat, le chien sauvages ou autres fauves ne peuvent gravir le long des poteaux, préservés par le zinc.

Après le *lunch*, nous reprenons notre course. La route a des pentes rapides ; un cheval de devant s'abat, les autres tombent sur lui. Notre cocher, un vrai gentleman à redingote et chapeau haut, reste impassible, pendant que les passagers aident les chevaux qui se relèvent sans blessure. Plus loin, l'aboiement des chiens sauvages appelle notre attention : ils ont poussé dans un vallon un gros veau et l'attaquent à cinq ; ils le mordent aux jambes et au cou jusqu'à ce que mort s'ensuive et le dévorent. Un de ces chiens est complètement noir. Je prie le cocher d'arrêter pour aller délivrer la pauvre victime ; il n'est pas à nous, fut sa réponse, et il fouette plus fort. En Nouvelle-Zélande, j'avais trouvé plus de cœur ! Ces chiens, lorsqu'ils sont nombreux et pressés par la faim, ne craignent pas d'attaquer l'homme. On paye une prime de 25 fr. par tête à ceux qui les tuent.

Au milieu de la forêt, je remarque une vaste tente portant l'inscription : *public school* ; l'hiver, on s'y chauffe par un grand feu ; au dehors, des balançoires, gymnastique et pas de géants. Une trentaines d'élèves des deux sexes fréquentent cette école, et y arrivent de plusieurs milles à la ronde.

Les perroquets, les merles, les *laphing jakals* (oiseaux riants), se font entendre par ci, par là. A un certain point, nous voyons la forêt en feu. Souvent les auteurs de ces incendies sont les fumeurs, ou les ouvriers qui, après avoir préparé leur nourriture, n'éteignent pas assez bien le foyer. S'ils sont pris en faute, ils ont à payer une amende de 50 l. stg.

A Downfall, à 3 milles de Stanthorpe, nous commençons à voir la terre bouleversée dans tous les sens; les Chinois y cherchent le minerai d'étain. Je vois même une fonderie qui, ne réussissant pas assez bien, a cessé de fonctionner. La chaleur est étouffante ; dans la forêt, on tient l'eau au frais, en la mettant dans des seaux à incendie en toile de voile, suspendus sous la vérandah. Bientôt on me fait remarquer certains piquets ; c'est la limite entre les deux colonies du New-South Wales et de Queensland. La terre est semée de monticules formés par la fourmi blanche. Nous prenons un raccourci à travers la forêt ; les milles sont marqués sur le tronc des arbres ; c'est sur ces troncs aussi qu'on pose les affiches publiques ou privées. A un bureau de poste, au milieu des eucalyptus, nous ne trouvons qu'une fillette ; elle prend les sacs de dépêches, fait le triage et remet ce qui doit être remis, exactement comme une grande personne. La lutte pour l'existence fait pousser de bonne heure l'habileté au travail.

Enfin la forêt s'éclaircit, puis viennent les champs de blé, où je vois fonctionner une machine à vapeur. A ceux-ci succèdent les vignes, les vergers ; puis, à deux heures et demie de l'après-midi, nous entrons dans la ville de Stanthorpe, de la colonie du Queensland.

Le soleil est brûlant, la petite chambre qu'on me donne à l'hôtel est couverte en fer galvanisé, les parois sont du même métal, une petite fenêtre n'ouvre qu'à demi, je me sens dans une vraie casserole, rôti et bouilli. Je prends un bain ; l'eau est surchauffée par le soleil. Le soir j'ai pour compagnon à table un *clergyman* américain qui dessert le pays, et l'employé du télégraphe. Ce dernier est depuis dix ans dans l'administration et gagne 5,000 fr. l'an. Il a été longtemps dans le nord et a failli quelquefois être mangé par les indigènes. Ceux-ci font souvent leur pâture de quelques-uns des 30,000 Chinois qui cherchent l'or au bord de la rivière Palma. En représailles, les blancs en tuent autant qu'ils en trouvent.

Stanthorpe, situé à plus de 2,600 pieds d'altitude, augmente ou diminue selon la prospérité ou la décadence de ses mines d'étain. Dans la rue principale je vois trois banques installées dans des maisonnettes de bois, le directeur de d'une d'elles me montre les plus beaux spécimens de minerai d'étain et me conduit chez le pharmacien qui collectionne les reptiles du pays.

Le 6 janvier, impossible de prendre le chemin de fer pour Brisbane. C'est dimanche, les trains sont arrêtés. Le curé est un Italien des environs d'Ancona. Il était au séminaire au moment où les Piémontais envahissaient les Etats pontificaux. Menacé d'être enrôlé dans l'armée, pour suivre sa vocation, il est venu sur ces plages lointaines où il est resté. Il a un cheval, une vigne, un jardin et des terrains qu'il loue aux Chinois moyennant environ 200 fr. par trimestre et par arpent pour l'extraction de l'étain. Il me fait visiter l'école des Sœurs fréquentée par une centaine d'élèves. A côté, se trouve l'école de garçons. Il me retient à dîner et sa *Perpétua* l'a fait le meilleur possible. La chaleur est accablante ; pour pouvoir respirer, je me place dans le couloir et m'endors au courant d'air sur un fauteuil berceuse. Quand je m'éveille, je m'aperçois que l'air a surpris les pores ouverts, et que j'ai un chaud-et-froid.

On vient chercher le curé pour l'enterrement d'un bébé mort du croup. Je l'accompagne au cimetière. Les parents arrivent avec la petite caisse ornée de fleurs que la mère mouille de ses larmes. De nombreux amis à pied, à cheval, en voiture, catholiques et protestants, viennent de tous côtés et remplissent eux-mêmes la fosse après les prières d'usage. Ils portent des vêtements blancs, c'est le deuil ici pour les enfants.

Le curé veut bien me conduire aux environs visiter les mines d'étain. On en trouve dans les rochers granitiques et on les pile pour l'extraire ; mais une plus grande quantité provient du terrain d'alluvion qui est alors simplement lavé. La terre est percée de trous en tous sens, comme si les hommes s'étaient faits lapins. Quelques-uns de ces trous ont plusieurs mètres de profondeur et s'étendent en longues galeries. Je ne sais comment les Chinois peuvent travailler dans de si dangereuses tanières. Ils s'associent et se partagent le gain ; souvent c'est un ou quelques-uns qui font l'extraction à leurs risques et périls et payent à leurs compatriotes une journée de 3 sch. Partout où il paraît, le blanc n'a qu'à partir. Il ne peut lutter, car le Chinois travaille du lever au coucher du soleil et vit d'un peu de riz. Il envoie en Chine tout ce qu'il gagne ; s'il meurt, il exige même qu'on y transporte son cadavre pour qu'il soit enseveli à côté de ses pères.

Le soir, quand je rentre, de nombreuses collines en feu éclairent l'air d'un lueur sinistre.

J'avais une visite à faire à Charlesville dans l'intérieur. Il me fallait pour l'atteindre passer une journée en chemin de fer jusqu'à Roma, et de là quelques heures jusqu'à Mitchell, puis, reprendre le train de Mitchell à Charlesville. La chaleur est extrême : dans certains endroits, le thermomètre marque 130° Farenheit (1) à l'ombre, et les animaux meurent sous les arbres. J'avais du reste été assez ballotté par les trois jours de diligence depuis Armidale. Je renonce donc à cette excursion pour me rendre à Brisbane.

Le matin à neuf heures nous montons en wagon. Le curé a la bonté de m'accompagner jusqu'à Warwick, à une centaine de kilomètres. Comme ministre du culte, il a, moyennant 5 fr. l'an, un abonnement à tous les chemins de fer de la colonie. Le chemin de fer est à voie étroite, le train a de longs wagons américains, mais en petit nombre. C'est le dernier jour des prix réduits pour les excursions du nouvel an ; toutes les places sont occupées.

---

(1) Le thermomètre Farenheit, en usage dans l'Amérique du Nord et dans l'Australie, contient 212 divisions. Au zéro du thermomètre centigrade correspond le 32° du thermomètre Farenheit. 9° Farenheit équivalent à 5° centigrades. Son point de départ a été pris à la congélation du mercure et son point extrême à l'ébullition du même mercure.

La contrée que nous traversons est ondulée et granitique. Elle est d'abord couverte d'eucalyptus, mais en approchant de Warwick, nous entrons dans une région d'agriculture et de pâturage. Les vignes et le blé dominent parmi les plantes cultivées. A midi, le bon curé me quitte, et la locomotive continue à m'emporter dans les montagnes. A Gowrie, nous perdons deux heures à attendre le train qui arrive de Roma. Une locomotive s'était brisée et occasionnait le retard. J'en profite pour dîner. J'achète du vin du pays, car on n'en donne jamais à table. Ce vin est une mauvaise drogue composée de raisin, d'alcool et de sucre. Il serait pourtant si facile de le faire bon ! La chose paraît encore plus inexplicable quand on sait qu'à Towomba, à quelques milles de là, il y a un millier d'Allemands, dont quelques-uns viennent certainement du Rhin, où l'on est expert dans l'art de faire le vin.

Enfin nous remontons en wagon, et nous parcourons les montagnes, tantôt au sommet, tantôt sur les flancs. Il me semble être encore dans les Montagnes Bleues, et en effet, la chaîne que je descends en est la continuation. Avant d'arriver à la plaine, quatre jeunes gens montent dans mon compartiment, et me demandent la permission de fumer. J'étais fatigué, et je ne réponds pas. Ils fument quand même, mais un peu après ils éteignent leurs cigares ; l'un d'eux avait dit aux autres : il ne faut pas donner mauvaise opinion de nous à l'étranger. Ils sont Anglais, Irlandais, Ecossais, mais ils fraternisent gaiement, chantent des opéras italiens, et un d'eux m'invite à le prendre le lendemain à la banque ; il s'offre pour me faire visiter le pays. Le soir j'arrive à Brisbane, et je descends au Metropolitan hôtel, où je suis reçu par un domestique qui me dit qu'il a fait son apprentissage au Restaurant français à Nice Il m'apprend qu'un autre Niçois vient de revendre l'hôtel où il gagné 300,000 fr. en six ans, et est rentré chez lui pour vivre de ses rentes.

Chapitre Cinquième.

La colonie de Queensland. — Situation. — Surface. — Histoire. — Population. — Revenu. — Dette. — Importation. — Exportation. — Animaux. — Chemin de fer. — Télégraphe. — Climat. — Sécheresse. — Bois. — Géologie. — Religion. — Instruction publique. — Mines. — Industrie sucrière. — Armée. — Marine. — Gouvernement. — Justice. — Terres publiques. — Cure d'un rhume. — La ville de Brisbane. — Le jardin botanique. — Le palais du Parlement. — Le palais de ville. — Œuvres catholiques. — Musée. — La plantation de Clydescale. — Fabrication et prix. — L'importation des Canaques. — Main-d'œuvre. — La conserve de viande. — Une corderie à vapeur. — Départ. — Navigation. — Arrivée à Sydney. — La prison centrale. — L'hôpital. — Le jardin botanique.

Brisbane est la capitale du Queensland. Cette colonie, située entre le golfe de Carpentaria, l'Océan pacifique et les colonies de l'Australie du Sud et de la Nouvelle-Galles du Sud, a une surface de 668,224 milles carrés, soit environ quatre fois la surface de la France. Sa longueur, du nord au sud, est de 1,300 milles, sa largeur de 800 milles, avec 2,550 milles de côtes.

Elle doit son origine aux *convicts*. Connue d'abord sous le nom de Moreton-Bay, l'estuaire de la rivière Brisbane reçut son premier convoi de prisonniers en 1824. En 1842, le pays fut ouvert à la colonisation, et en 1843 eut lieu la première vente de terre. En 1846, la population atteignait à peine le chiffre de 2,250 personnes, mais 10 ans après, elle dépassait déjà les 17,000. Elle demanda alors à être érigée en colonie séparée, ce qui lui fut accordé trois ans plus tard en 1859. Elle prit le nom de Queensland en l'honneur de la reine. Le premier Parlement s'y assembla en 1860, dans les baraques qui avaient servi aux *convicts*. En 1862, la population dépassait déjà 46,000 habitants. En 1866, elle fut éprouvée par les banqueroutes et la dépréciation du bétail, puis à plusieurs reprises par la sécheresse. Elle continua néanmoins à progresser et elle a maintenant une population de 300,000 habitants, avec un revenu de 2,500,000 l. stg.; une dépense de 1,757,654 l. stg. et une dette publique de 13,250,000 l. stg., soit environ 45 l. stg. par tête d'habitant.

L'importation atteint le chiffre de 6,500,000, et l'exportation, celui de 3,600,000. Les chemins de fer en exploitation sont d'une longueur de 1,000 milles, plus ceux en construction; 6,500 milles de télégraphes sont en activité; 100,000 acres de terre sont cultivés. Il y a dans la colonie environ 250,000 chevaux, 4,500,000 têtes bovines, 15 millions de moutons, 50,000 porcs.

La colonie est divisée en 12 districts, et, étant comprise entre le 10° et le 29° latitude sud, la température augmente à mesure qu'on avance vers le nord. Quelques petites rivières sont navigables pour plusieurs milles; le climat est généralement sec. Cela contribue à obtenir la meilleure laine, mais souvent des millions de moutons meurent durant la sécheresse, faute de nourriture. La colonie possède de jolis bois de construction et d'ébénisterie parmi lesquels le cèdre rouge (*cedrela toona*), le kaori (*dammara robusta*), le bunya-bunya (*araucaria bidwilli*), le pin cyprès, sorte de collitris; le pin femelle (*padocarpus elata*), plusieurs sortes de dysoxilon et les nombreuses variétés d'eucalyptus. Le sixième de la contrée est de formation granitique. Un quart est de formation cainozoïque, agglomération de pierres sablonneuses. Les roches primitives occupent un vaste espace : il y a aussi des terrains carbonifères, des roches volcaniques, et, sur les côtes, des bancs de coraux.

Les catholiques forment environ le quart de la population, les autres trois quarts appartiennent aux diverses sectes protestantes. Il y a en outre 11,000 Chinois boudhistes ou confucionnistes. Les catholiques ont deux diocèses : Brisbane, avec un évêque et 30 prêtres, et Rockampton, avec un évêque et 10 prêtres; plus le vicariat apostolique de Nord-Queensland avec un provicaire. Les congrégations sont représentées par les Frères de la Doctrine chrétienne, et les Sœurs de la Merci.

Le système scolaire est le même que dans les autres colonies, l'enseignement est laïque et obligatoire : les catholiques ont érigé partout leurs écoles confessionnelles. Il y a dans la colonie 350 écoles primaires publiques et 125 écoles privées.

En 1867, le gouvernement offrit des récompenses variant de 200 à 1,000 l. stg., pour ceux qui découvriraient des terrains aurifères productifs. On se mit à l'œuvre, et l'or fut trouvé en vingt et

Nouvelle-Calédonie. — Nouméa.

quelques endroits. Un *mugget* de la valeur de 100,000 fr. fut trouvé près Gympie, où sont maintenant les mines les plus productives; environ 4,000 Européens et 4,000 Chinois sont occupés à la recherche de l'or.

Le cuivre, l'étain et le charbon donnent aussi d'importants bénéfices.

L'industrie qui se développe le plus est l'industrie sucrière; elle compte plus de 150 usines et s'étend tous les jours davantage. Non seulement elle fournit de sucre les colonies australasiennes, mais elle exporte déjà des milliers de tonnes. On fait, en moyenne, plus d'un demi-million de litres de rhum par an.

Comme force militaire, la colonie possède 2 navires de guerre et environ 1,500 volontaires.

La Constitution établit le *self-government*. Le pouvoir exécutif est confié à un gouverneur nommé par la Reine et assisté d'un conseil des ministres qui sont les vrais gouvernants. Le pouvoir législatif est exercé par deux Chambres: le Conseil législatif, composé de 33 membres nommés à vie par le gouverneur, et l'Assemblée législative, composée de 55 députés élus pour 5 ans par 56,000 électeurs. Ceux-ci doivent être majeurs et posséder une propriété de la valeur au moins de 100 livres stg., ou payer un loyer de 200 fr. l'an; ou gagner des gages annuels de 100 l. stg., ou payer 1,000 fr. l'an pour logement et nourriture. Ils doivent être sujets de la Reine ou naturalisés, et avoir une résidence de six mois dans la colonie. Les personnes ayant des propriétés en divers districts de la valeur sus indiquée peuvent voter dans chacun de ces districts. Le pouvoir judiciaire est exercé par une Cour suprême, composée d'un Président et de trois juges. Ces juges président les cours de districts. Il y a en outre les juges de police et les juges de paix.

Les terres publiques ont été concédées à un prix bien inférieur à celui des autres colonies ou louées moyennant 1 ou 2 centimes l'acre. Toute la terre utilisable est maintenant ou vendue ou louée.

Chaque habitant du Queensland, naturalisé, peut choisir un terrain de la contenance de 120 acres comme propriété de *homestead*; il est tenu de résider cinq ans sur ce terrain, de payer 6 pence par acre durant les cinq ans, et d'améliorer le terrain jusqu'à concurrence de 10 sch. par acre, après quoi il est propriétaire définitif. Durant les cinq ans, le terrain est insaisissable pour tout créancier.

Tout habitant du Queensland, pourvu qu'il soit naturalisé, peut acheter conditionnellement jusqu'à 5,120 acres de terrain ; il en paye le prix par dixième et par an, et doit résider lui-même ou faire résider un représentant sur le terrain acheté. Il est tenu à des améliorations correspondant à 10 sch. par acre. Après dix ans, il est propriétaire définitif. Le département des terres publiques a publié, naguère, par les soins du bibliothécaire du Parlement, un guide du sélecteur où celui-ci trouve non seulement les lois sur la matière, avec toutes les explications nécessaires, mais encore des détails sur tous les districts, pouvant guider le choix d'un chacun selon ses désirs et ses aptitudes.

J'avais plusieurs lettres de recommandation, et je me mets en route, avec mes habillements d'hiver, par une chaleur tropicale, mon chaud-et-froid pris à Stanthorpe exigeant une forte transpiration ; j'ai pour tisane la bière que je bois dans les *bar*, au coin des rues.

Brisbane compte plus de 40,000 habitants, et ses nombreux monuments, ses larges rues, ses splendides jardins lui donnent un vrai aspect de capitale. Elle est divisée en deux par la rivière Brisbane, et réunie par un magnifique pont jeté sur des piles rondes comme le viaduc de Bordeaux. Elle est éloignée de 25 milles de Moreton Bay, à l'entrée de la mer.

Au jardin botanique, je vois de superbes bambous, les arbres fougères, l'arbre du voyageur, le mango et tous les spécimens de la végétation tropicale. Je remarque surtout une belle fougère à larges feuilles qui s'accroche au tronc des arbres, en forme de pot de fleur. Le jardin possède aussi des spécimens de perroquets et de singes du pays. Il est situé sur les bords de la rivière, et s'élève graduellement jusqu'au palais du Parlement. La chaleur est si forte que, sur tous les bancs, on voit des personnes endormies. Quelques noirs des diverses îles océaniennes se promènent en curieux ; je trouve même un artiste florentin que les traitements d'une marâtre ont fait fuir de la maison à l'âge de onze ans.

Au Parlement, le bibliothécaire me fait visiter la salle des séances, la bibliothèque et dépendances. C'est un monument qui siérait bien dans toutes les capitales. De son étage supérieur on domine la ville et la contrée. Dans la bibliothèque, je remarque quelques volumes richement reliés et gardés sous une cloche de verre ; ce sont des livres composés par la reine Victoria et donnés par elle à la colonie. Il a été fait une classification minutieuse des livres de la bibliothèque, ce qui permet de les trouver à volonté : ce travail de patience a demandé plusieurs années d'application; il m'en est remis trois exemplaires, dont un pour moi et les deux autres pour la Bibliothèque nationale et la bibliothèque de Sainte-Geneviève à Paris.

Au palais de ville, sont réunis les bureaux de tous les avocats. J'en cherchais un, mais il est en tournée avec le juge. On m'avait fait de lui la plus grande louange : du métier de charpentier, par l'étude et la persévérance, il était passé avocat après d'heureux examens, et avait la confiance du public. Je suis plus heureux auprès d'un docteur auquel j'avais été recommandé. Je le trouve chez lui, et lui demande de me faciliter la visite d'une plantation à sucre et d'une usine à conserve de viande. — Vous venez juste à point, me dit-il, nous allons inaugurer une usine, et vous pouvez y assister. — Où dois-je me rendre pour cela? — Vous n'avez que cinq jours de bateau à vapeur et quelques heures de voiture. Ne pouvant disposer de tout ce temps, je lui demande de me faire visiter des établissements plus rapprochés. Il me donne des lettres pour deux usines à quelques lieues vers le bas de la rivière.

L'évêque catholique me reçoit avec bonté. Sa maison est près du couvent des *Sœurs de la Merci*, vaste bâtiment qui domine la ville et le port. Un peu plus loin, les *Christians brothers* ont aussi un vaste pensionnat.

Au musée, je remarque une intéressante collection d'objets des indigènes des îles océaniennes, d'animaux australiens et de reptiles du Queensland. Certain scorpions ont un mètre de long avec des ailes qui facilitent leur course.

Les rues de la ville se coupent à angle droit. Celles qui vont de l'est à l'ouest portent le nom de rois : William, George, etc.; celles du nord au sud sont baptisées du nom de reines, Queen, Elisabeth, etc. Dans quelques-unes sont de superbes magasins avec tout le luxe européen. Je remarque la beauté des établissements de banque, la plupart en style italien ou de la renaissance. Il y a aussi 37 églises, parmi lesquelles Saint-Etienne, cathédrale catholique, est une des plus belles et des plus importantes. Dans d'autres rues j'aperçois des ébénistes chinois qui fabriquent à la perfection des meubles européens.

Le temps me manque pour me rendre à l'hôpital, mais un vieux docteur me dit que les maladies dominantes sont celles du foie et de la poitrine, et qu'en ce moment, il y a beaucoup de fièvres typhoïdes. On me présente aussi à un jeune député qui me donne les photographies des principales mines d'or dont il est actionnaire.

Le 9 janvier, à cinq heures du matin, une voiture me prend à l'hôtel. Nous traversons la ville encore endormie, et, au delà de la rivière, nous voyons les porteurs de pain, de lait, de viande, qui vont déjà de porte en porte. Tout ce que j'avais vu dans les jardins de Brisbane m'avait remis en mémoire la végétation de Penang et de Singapore ; je m'attendais donc à trouver partout cette végétation tropicale. Mon désappointement fut grand lorsque passés les faubourgs et une certaine zone où s'élèvent encore les cottages solitaires, je me trouvai en pleine forêt d'eucalyptus comme dans le reste de l'Australie.

La contrée est ondulée ; nous montons et descendons des collines, et après deux heures de voiture nous arrivons à la plantation de Clydesdale, vers l'embouchure de la rivière Brisbane. Au seuil d'un gentil *cottage*, je rencontre le propriétaire, en manches de chemise entouré de ses huit enfants ; il lit ma lettre d'introduction et m'accompagne aussitôt à la visite de la propriété. Plusieurs centaines d'acres sont plantés en cannes ; j'en vois des champs où elles sont mûres, et d'autres où elles commencent à pousser. On établit cette graduation pour avoir du sucre toute l'année. Plusieurs familles, autour de cette plantation, cultivent aussi la canne et la vendent au prix de 20 à 40 sch. la tonne, selon la densité. On engraisse la terre avec les os pulvérisés, qu'on prend à l'usine voisine de conserve des viandes. La canne est mûre en un an et donne trois coupes en trois ans ; puis on la replante ; 35 canaques de diverses îles font le travail : ils sont logés, nourris, vêtus, et reçoivent 6 l. stg. par an, 150 fr., plus les frais du voyage à l'aller et au retour : 10,000 de ces noirs ont déjà été transportés en Queensland par des voiliers surveillés par le gouvernement ; mais ils sont insuffisants, et il en faudrait au moins 15,000 pour le travail actuel. Il arrive donc que les voiliers, lorsqu'ils n'ont pas d'engagements volontaires suffisants, recourent à la violence et enlèvent de force ces malheureux à leur pays et à leur famille. Le fait a déjà été dénoncé et un projet de loi est en projet pour interdire l'importation des Canaques.

Les femmes canaques coûtent le même prix que les hommes, et les enfants les empêchent de travailler. On n'importe donc que les hommes, A l'usine, l'installation, quoique simple, a pourtant réuni en partie les derniers perfectionnements. Elle fonctionne durant cinq mois de l'année. En ce moment, on travaille la mélasse pour la troisième fois afin d'en extraire le sucre de troisième qualité. Le résidu est vendu aux distillateurs, moyennant 6 pence le gallon. Ceux-ci en extraient le rhum qu'ils vendent 1 sch. la bouteille. Une chaudière à ébullition dans le vide fonctionne bien, deux turbines sont en mouvement. L'usine fait plus de 200 tonnes de sucre par an; 14 tonnes de cannes produisent en moyenne une tonne de sucre. Les appareils de raffinerie étant peu perfectionnés, on perd encore le 20 au lieu de 1 %. Un des plus grands inconvénients de la plantation est le manque d'eau douce; la sécheresse retarde souvent la croissance des cannes, et l'eau de la rivière est salée. La difficulté croissante de l'industrie sucrière est le défaut de bras: les Chinois, même ceux qui, venant de Hong-Kong, Singapore et autres ports anglais, ne paient aucune capitation, coûtent beaucoup plus que les Canaques. On sera probablement forcé de recourir aux Hindous, comme à Maurice et à la Jamaïque; mais alors le pays ne tardera pas à tomber entre leurs mains, car ils sont prolifiques, intelligents, travailleurs et économes.

En ce moment, le Queensland produit 40,000 tonnes de sucre par an, et en consomme 12,000. Le reste est exporté en New-South Wales, où il paie un droit de 5 l. stg. par tonne; en Victoria, où il paie 3 l. stg., et en Nouvelle-Zemble, où le droit est de 8 l. stg. la tonne. A son tour, le Queensland frappe de 5 l. stg. la tonne les sucres étrangers.

En quittant l'usine, nous suivons une autre route au bord de la rivière. Quelques îles par ci par là, et la verdure riante des rives, forment un paysage ravissant. Nous arrivons bientôt à l'une des usines qui, dans le Queensland, préparent la conserve de viande. Elle est située au bord de la rivière, au milieu de la forêt d'eucalyptus. L'administrateur me donne un contremaître pour la visiter. On a tout disposé pour économiser la main d'œuvre; le déplacement se fait de lui-même par la seule force de gravitation. L'abatage a lieu sur un plateau élevé; on tue en moyenne 300 bœufs par semaine et de 600 à 800 moutons par jour. Les bœufs sont abattus au moyen d'une lance qui pénètre entre les deux cornes; la chair est séparée des os sur une table; ceux-ci glissent dans des chaudières pour le suif, et la viande tombe dans des étangs d'eau salée; puis elle est bouillie durant quarante minutes et mise en boîtes de fer-blanc de 2, 4 et 6 livres qui cuisent à la vapeur durant trois heures. Un appareil pour glacer la viande est aussi installé dans l'usine. Le sang se perd à la rivière où des milliers de requins viennent s'en nourrir. Ces boîtes de *Cornedbeef* et *mutton* sont vendues 15 sch. les 100 livres et exportées en Angleterre. On y exporte encore le suif raffiné qu'on paye 40 l. stg. la tonne. L'usine prépare aussi des boîtes où elle conserve les soupes à la queue de bœuf, si goûtées des Anglais.

Le cocher avait oublié de tourner les coussins de la voiture. Brûlés par le soleil, ils rôtissent nos cuisses qui ne sont pas pourtant destinées à la conserve.

Au retour, je m'arrête pour visiter une corderie à vapeur. Le beau chanvre de Manilla est cardé et filé, selon le procédé employé pour le coton, et transformé en longues et fortes cordes pour la navigation.

En rentrant en ville, je me rends à *Bowen-park* pour visiter le jardin d'acclimatation, propriété de quatre-vingt dix membres qui payent 25 fr. l'an. Il est fort sec en ce moment. Sa collection de plantes utiles et d'agrément est très complète. Le directeur me conduit aux serres ; les unes sont chaudes pour les plantes tropicales, les autres des serres fraîches où les rayons du soleil sont interceptés par un ombrage afin de garantir les plantes des zones tempérées.

A deux heures, je suis sur le quai. Le port est bien garni de navires. Le steamer qui me porte suit les tours et les détours de la rivière et atteint la baie de Moreton.

Le 10 janvier, navigation assez tranquille.

Parmi les passagers, trois jeunes Australiens trouvent bon de me chercher une querelle politique. — Qu'êtes-vous allés faire au Tonkin, à Madagascar? — Exactement ce que vous faites aux Indes, au Cap et ailleurs, fut ma réponse sèche. — Pourquoi envoyez-vous vos convicts en Océanie? — Pour les mêmes raisons pour lesquelles jadis vous y avez envoyé les vôtres. — Là-dessus, ils se turent.

Ces bons Australiens lisent tous les jours dans les journaux les dépêches d'Europe ; mais les expéditeurs sont en Angleterre, et, avec assez de mauvaise foi, ils ne leur font savoir les choses que sous un jour défavorable à la nation qu'ils considèrent comme rivale. Rien donc d'étonnant que dans le public anglais et dans les colonies il y ait parfois contre nous une certaine animosité. Trop souvent, du reste, pour des raisons analogues, nous leur rendons la réciproque. La nuit, la navigation est calme.

Le 11 janvier, à six heures du matin, je descends à Sydney.

Après déjeuner, je me rends à la prison centrale, dans un des faubourgs. De hautes murailles entourent un ensemble de bâtiments, cours et jardins. La porte de fer s'ouvre, et nous voyons d'abord la maison du directeur, puis celle des surveillants, celle des prévenus et des autres prisonniers. Le gardien en chef connaît quelques mots de français; il nous confie à un gardien pour la visite. Les prisonniers sont au nombre de 800, parmi lesquels 230 femmes. Nous passons d'abord dans les compartiments de celles-ci; elles ont leur maison à part avec cour et jardin. Dans les diverses salles, nous les trouvons occupées aux travaux de couture, blanchissage et repassage. Leur plus grande punition est l'obligation de garder le silence. La *matrone* ou directrice nous interdit d'aller plus loin que le seuil, dans chaque salle. Dans les diverses maisons réservées aux hommes, nous voyons, au rez-de-chaussée, les ateliers de serrurier, charpentier, ferblantier. Au premier étage sont les ateliers de tailleur, cordonnier, fabricants de paillassons, hamacs et autres objets en filasse de coco. Ils travaillent tous en silence. Je vois là un Chinois qui fait de très jolis travaux. — Es-tu content d'être ici, John? lui dis-je. — *No, sir*, je préfère rentrer chez moi. Le système est cellulaire, les cellules ont 2 mètres sur 3 et $3^m,50$ de haut. Les prisonniers sont tous revêtus d'un uniforme; ils se lèvent à six heures et vont au travail. A huit heures, ils mangent une pâtée de maïs, que les Italiens appellent *polenta*. A midi, ils dînent avec de la viande et des pommes de terre. A quatre heures, ils ont la *polenta* et le thé; à cinq heures, ils rentrent en cellule. Les récompenses et les punitions, la religion et l'instruction sont employées pour les améliorer. Une belle et vaste église occupe le centre de l'établissement; elle sert au service catholique et au service protestant de l'église anglicane. Ces services ont lieu deux fois par semaine, le jeudi et le dimanche. Au maître-autel, trois grands vitraux représentent le Bon Pasteur ramenant les brebis égarées; l'enfant prodigue reçu par son père, et la femme qui montre la drachme retrouvée.

Les prisonniers ont deux heures d'école par jour, et prennent dans la bibliothèque un livre par semaine. Sur le produit de leur travail on prélève de 3 pence à 7 sch. par semaine qui leur sont donnés au sortir de prison. Sur ce pécule on prend le montant d'un vêtement

Nouvelle-Calédonie. Village Canaque.

complet et neuf, confectionné dans la prison et donné à chaque prisonnier à sa sortie.

Dans les diverses maisons, les prisonniers sont distribués suivant plusieurs catégories. Les prévenus ne sont pas mélangés aux condamnés ; ceux qui ne sont condamnés qu'à trois mois et au-dessous ne sont pas avec ceux qui ont de plus longues condamnations : ceux qui sont condamnés aux travaux forcés sont également à part ; et ceux qui subissent une première condamnation ne sont pas avec les récidivistes.

Les punitions sont les menottes, espèce de camisole de force en cuir; la cellule obscure avec pain et eau ; le fouet de 12 à 25 coups. Les philanthropes avaient crié contre les punitions corporelles, et les Chambres, par une loi, en avaient décrété l'abolition; mais, en gens pratiques, on avait fixé le terme de trois ans à titre d'essai. Passé les trois ans, le résultat prouvant que les voyous devenaient plus nombreux, et les prisonniers moins gouvernables, le fouet a été rétabli. Les prisonniers condamnés par la cour à la prison et au fouet ne reçoivent le fouet que la veille de la sortie de prison ; ils en gardent meilleure mémoire, et leurs plaies servent de leçon aux autres.

On nous conduit dans la cellule des condamnés à mort, ils sont toujours surveillés à vue. A côté de cette cellule, à un angle donnant sur une cour et au premier étage, se trouve une poutre horizontale qui sert à la pendaison. On peut exécuter deux condamnés à la fois. Lorsqu'ils ont reçu la corde, une trappe tombe sous leurs pieds et les laisse dans le vide. L'exécution a lieu devant les autorités, les représentants de la presse et les prisonniers. Un quart des prisonniers sont récidivistes; de ceux-ci un bon nombre tombe dans la folie ; c'est probablement l'effet de l'alcoolisme. Nous revenons à la porte d'entrée et nous voyons plusieurs prisonniers et prisonnières au parloir. Une fois par semaine, ils peuvent voir et parler à leurs parents debout à travers une petite grille durant vingt minutes. Un gardien est toujours présent; chaque parloir ne reçoit qu'un prisonnier à la fois. Le gardien nous dit que ces conversations sont banales et se ressemblent toutes, et que c'est pour eux une grande pénitence de les écouter durant des heures. C'est comme pour les confesseurs !

En quittant cette maison de la souffrance morale, nous passons à la maison de la souffrance physique, à l'hôpital civil situé à côté du Parlement.

Nous parcourons les salles de médecine et de chirurgie, le quartier des hommes et celui des femmes. Il y a environ 200 malades en ce moment. On en reçoit 3,000 par an, et on en soigne un nombre à peu près égal par consultation et remèdes qu'ils viennent chercher aux heures réglementaires. Le soin de l'établissement est confié à des *nurses*, femmes spécialement préparées pour le métier d'infirmières et revêtues d'un costume spécial. Les pauvres sont reçus gratuitement ; ceux qui peuvent payer donnent une rétribution plus ou moins grande, selon qu'ils sont dans une salle ou dans une chambre.

L'établissement est dirigé par des *Trustees*, et soutenu en grande partie par des aumônes. Les donateurs de 50 l. stg. et au-dessus sont gouverneurs à vie ; les donateurs de 100 l. stg. et au-dessus peuvent désigner un gouverneur à vie ; s'ils meurent sans le désigner, leur exécuteur testamentaire est gouverneur à vie. Les gouverneurs à vie qui paient 2 l. stg. l'an ont droit d'envoyer un malade gratuit à l'hôpital chaque année ; ils peuvent en envoyer trois s'ils paient 5 l. stg. l'an, et six s'ils paient 10 l. stg. l'an.

Les gouverneurs qui payent chaque année 30 l. stg. et au-dessus ont droit d'avoir toujours un malade gratuit à l'hôpital. Les gouverneurs et souscripteurs élisent le bureau de direction ; les gouverneurs ont trois voix ; les souscripteurs annuels de 1 l. stg., une voix ; ceux de 2 l. stg., deux voix ; ceux de 5 l. stg. et au-dessus, trois voix. Le prêtre catholique et le ministre protestant ont libre entrée tous les jours, pour porter les secours de la religion aux membres de leur communion.

Nous quittons encore cette maison de souffrance pour passer au jardin botanique respirer l'air de la santé et de la liberté. On apprécie mieux ces deux grands trésors lorsqu'on vient de voir ceux qui en sont privés.

Le jardin botanique de Sydney, sur une colline dont le pied va se baigner dans la baie est garni de plantes tropicales et de plantes de la zone tempérée ; des statues de marbre et de bronze complètent l'ornementation. La vue sur la baie est délicieuse. Vers une de ses extrémités s'élève le palais du gouverneur. Dans les statues, je remarque le peu de décence habituelle aux statues de Rome, de Florence et de Naples. Ces travaux d'art sont commandés en Italie, et les artistes colportent partout le goût qu'ils ont puisé aux œuvres d'art de leurs devanciers de l'antiquité païenne.

Je passe la soirée à causer avec un *Land-agent,* agent des terres, sur les choses de son métier.

Ces agents ont pour but de faciliter aux immigrants l'acquisition des terres, soit des particuliers, soit du gouvernement et d'aplanir les difficultés qui peuvent surgir par suite de méprise, erreur ou inexécution des conditions. Ce Monsieur a observé que les jeunes gens qui arrivent ici avec des goûts simples et souvent sans capital, commencent par se placer et accumulent des économies pendant qu'ils apprennent à connaître le pays et ses ressources. Quelques années après, ils ont assez d'argent pour obtenir une concession et la faire prospérer.

Les jeunes gens, par contre, qui sortent des familles aisées, habitués au luxe et au plaisir, s'installent dans un hôtel de premier ordre en attendant la fin des formalités pour obtenir une concession. N'aimant pas à s'occuper, ils dépensent leur argent, et lorsqu'ils sont sur le point d'avoir la terre, ils n'ont plus de quoi la faire valoir.

Le plus grand service à rendre aux jeunes gens sera donc toujours de les habituer au travail de bonne heure, de les maintenir dans des habitudes et des goûts simples, et de ne jamais leur laisser croire que le travail, même manuel, ait quelque chose de déshonorant.

Chapitre Sixième.

La Nouvelle-Calédonie. — Situation. — Dimensions. — Population. — Histoire. — Dépendances. — Les condamnés. — Produits. — Mines. — Poissons. — Guano. — Climat. — Bois. — Les Messageries maritimes. — Les câbles projetés. — Missions. — Coolies. — Arrivée à Nouméa. — La ville. — Le gouverneur. — Les Canaques. — Origine, coutumes. — Armes. Mœurs et usages. — Religion. — Les sorciers. — Les mécakèques. — Le tabou. — La prague. — La circoncision. — Villages. — Mobilier. — Les guerres. — La naissance. — Les médecins. — La mort. — Langage.

A environ 1,070 milles à *l'est* de Sydney, se trouve une île montagneuse, longue de 270 kilomètres et large de 55 kilomètres, c'est la Nouvelle-Calédonie. Elle est située entre le 20° 10 et le 22° 26 latitude sud, et les 161° et 164° de longitude est.

Elle fut découverte par le capitaine Cook le 4 septembre 1774 et appelée Nouvelle-Calédonie à cause de ses montagnes qui rappellent l'Ecosse. Le pic Humboldt, qui est le plus élevé, atteint 1,640 mètres d'altitude. Vers la fin du siècle dernier, d'Entrecasteaux, à la recherche de La Pérouse, visita cette île, et après lui, plusieurs autres navigateurs français y abordèrent et y laissèrent souvent des missionnaires. Le 8 octobre 1853, le contre-amiral Féburier-Despointes, à bord de *la Phoque,* en prit possession au nom de la France. Peu de jours après, un navire anglais arrivait avec l'intention de l'annexer à l'Empire britanique, mais il était trop tard.

La Nouvelle-Calédonie est la plus importante des îles que la France possède dans le Pacifique, à côté des immenses possessions de l'Empire britannique. Elle est entourée d'un récif de coraux qui laisse entre elle et la côte un canal navigable. Les dépendances sont : l'île de Pins, les îles Loyalty, les îles Huon, les îles Belep et les îles Chesterfield.

La Nouvelle-Calédonie a été désignée pour recevoir les condamnés aux travaux forcés conformément à la loi de 1854; les premiers condamnés y arrivèrent le 8 mai 1864. Après les désastres de la Commune de Paris on y envoya aussi les condamnés à la déportation, mais ils furent plus tard amnistiés et réintégrés en France. On s'aperçut alors que la plupart de ces déportés étaient des récidivistes incorrigibles, et qu'ils constituaient dans la nation une armée du mal dépassant le chiffre de 25,000, et on proposa la loi contre les récidivistes, en vertu de laquelle on les renvoya en Nouvelle-Calédonie ou dans la Guyane.

Les condamnés à huit ans de travaux forcés et au-dessous, après avoir achevé leur peine, sont tenus de résider dans l'île un nombre d'années égal à celui de leur condamnation. Les condamnés à plus de huit ans, après avoir subi leur peine, sont tenus à résider dans l'île toute leur vie.

La population libre compte 2,500 civils et 1,041 officiers, soldats, employés et familles. On compte environ 20,000 Canaques ou indigènes en Nouvelle-Calédonie et 15,000 dans les îles Loyalty.

Les principaux produits de l'île sont l'agriculture, l'élevage et les mines.

Le café et le tabac donnent de bons résultats. On essaye en grand la culture de l'ananas qui vient dans les terres pauvres et produit un bon alcool. La canne à sucre n'a pas donné de grands profits à cause de la sauterelle qui la dévore. Le coton a peu réussi, les céréales et la vigne ne prospèrent pas; par contre, le riz, la vanille, le maïs, les pommes de terre, le manioc, l'igname, la patate douce, la banane, le coco donnent des produits sérieux.

On a essayé l'élevage du mouton, mais on a dû y renoncer à cause d'une herbe dite à *piquants*, qui s'accroche à la laine, entre les chairs et tue l'animal. Le bœuf, par contre, et le cheval réussissent très vieux. On compte en ce moment environ 80,000 têtes de la race bovine dans la colonie, et plusieurs milliers de chevaux, de porcs et de chèvres. La sécheresse cause souvent des pertes considérables aux éleveurs, mais ils pourront y porter remède en utilisant les nombreux cours d'eau pour l'irrigation des prairies artificielles. La luzerne arrosée donne jusqu'à huit coupes par an.

Les produits miniers comprennent le nickel, le cuivre, l'or, le chrôme, le cobalt et le fer. On a aussi découvert des gisements de charbon, mais de qualité assez inférieure. Espérons qu'on arrivera a trouver le bon charbon, car, par son application à la création de la force motrice, il est pour un pays une grande puissance.

La mer fournit une pêche abondante, et la biche de mer ou trépang, desséchée et expédiée en Chine, est d'un revenu important. Le guano est exploité aux îles Chesterfield, mais il ne saurait être aussi bon que celui du Pérou et des côtes du désert d'Atacama où il ne pleut jamais.

Le climat est sain, surtout à cause des forêts de niaoli, espèce d'eucalyptus qui couvre la plus grande partie de l'île. On en tire un extrait qui est utilement employé contre les rhumatismes. Les coraux qui entourent l'île sont vivants et sans cesse agissants, ce qui n'est peut-être pas étranger à la salubrité de l'air. La mortalité est moins grande qu'en France. La température atteint 33° centigrades en décembre, janvier, février, et descend à 16° en juillet et août.

La saison sèche comprend septembre, octobre et novembre. On a souvent des pluies durant les autres mois. En fait de végétation, les principales essences sont le chêne-gomme, le kaori, le pin colonnaire, le tamanou, le niaoli.

La Nouvelle-Calédonie est reliée à la France par un courrier mensuel confié aux grands navires des Messageries maritimes. Cette compagnie reçoit de l'État une subvention de 32 fr. par lieue marine parcourue, et ses steamers sont tenus à une vitesse de 13 nœuds.

Un vapeur de 2,000 tonnes, appartenant à la même compagnie, fait deux voyages par mois entre Nouméa et Sydney. De plus deux fois par mois, les navires australiens qui vont aux Fitji touchent à Nouméa à l'aller et au retour.

La poste et le télégraphe relient toutes les parties de l'île.

Les missions catholiques sont venues en Nouvelle-Calédonie avec les Pères Maristes en 1843. Les missionnaires protestants s'étaient établis dans les Nouvelles-Hébrides en 1840. Un des leurs, le révérend Williams, y fut victime de son dévouement, à peu près en même temps où Mgr Épalle l'était l'île Saint-George.

Après cet aperçu général de la Nouvelle-Calédonie, je reprends le récit de mon voyage.

Le 12 janvier, je déjeune à Sydney chez les Pères Maristes de la paroisse Saint-Patrick; ils m'apprennent qu'ils ont parmi leurs paroissiens quelques bons Chinois et Chinoises. Ces pauvres coolies sont souvent bien exploités par leurs compatriotes. Quelques grands marchands chinois en font venir 200 ou 300 avec engagement pour trois ans. Ils payent le voyage et avancent les 10 l. stg. de capitation qui leur sont rendues, si le coolie repart avant trois ans. Ils donnent à ces malheureux pour toute paye 1 sch. par semaine, avec quoi ils auront à se nourrir. Rien d'étonnant que dans ces conditions ils cherchent à s'évader ou soulèvent des querelles avec le patron pour le quitter et aller travailler chez le voisin qui lui donne 5 à 6 sch. par jour.

A midi, je suis sur le *circular quay* et prends une cabine sur le navire en partance. Les cabines sont grandes et bien aérées, mais les premières sont à l'arrière et le vent de la vitesse leur porte les odeurs de la machine et du pont; il y a aussi une forte odeur d'huile rance de coprah (amende de coco), marchandise exportée de la Nouvelle-Calédonie.

Je ne tarde pas à m'apercevoir que je suis sur un navire français: les officiers sont aimables et les matelots exécutent leurs manœuvres en babillant.

Les quelques amis qui m'avaient accompagné se retirent et le navire se meut, mais bientôt il jette l'ancre; quelques écrous sont dérangés à la machine; deux heures suffisent pour les réparer. Ce petit retard sera cause que nous ne pourrons arriver à temps pour passer de jour les récifs dangereux à l'approche de Nouméa.

Nous passons devant un navire de guerre italien, stationné près du jardin botanique. Admirons encore une fois le superbe coup d'œil qu'offre la baie de Sydney, parsemée d'îles et presqu'îles garnies de maisons et de verdure.

Vers quatre heures nous abordons la pleine mer. Les passagers sont peu nombreux : un Anglais, planteur de café, mais habitant la Nouvelle-Calédonie depuis dix-huit ans, y amène quelques beaux chevaux et un jeune compatriote qui va apprendre la culture du café auprès de lui.

Ce planteur possède à Canala 500,000 caféiers et fournit 75 tonnes de café l'an à l'administration, moyennant 2 fr. le kil. Une autre famille anglaise est composée du père, de la mère et de quatre enfants. Le père est occupé à la Nouvelle-Calédonie à une mine de nickel. Ces personnes et moi formons tout le personnel des passagers. Je vois sur le navire quelques bottes de luzerne et plusieurs moutons; la sécheresse persistante fait que la Nouvelle-Calédonie s'approvisionne, cette année, en partie en Australie. Et pourtant l'Australie du Nord souffre elle aussi cruellement à l'heure présente

Adélaïde. — King-William Street.

Sur le Darling surtout, certains squatters ont perdu cette année jusqu'à 120,000 moutons.

Du 15 au 16 janvier, la mer est calme, la navigation tranquille; nous filons de 10 à 12 nœuds; la température est chaude vers le milieu du jour; le soir, le coucher du soleil présente le même phénomène qu'en Australie depuis deux mois. Le ciel se couvre d'une couleur de feu semblable à une aurore boréale. Le 14, nous rencontrons un des grands navires des Messageries, qui revient de Nouméa; c'est lui qui me ramènera en France. Le 16, nous voyons passer le steamer des Fitji qui touche à Nouméa, et la nuit nous stoppons avant d'arriver aux récifs de coraux. Le matin, au jour, le navire reprend sa course. Nous apercevons bientôt les montagnes, passons devant le phares, dépassons une pirogue canaque avec son balancier, et contournons la petite île des Lapins, laissant à gauche l'île Nou; à sept heures, nous sommes en rade et à peu près à terre.

Nouméa, ville nouvelle, s'élève au bord de la baie, au milieu des cocotiers et des flamboyants. Son tracé présente l'aspect d'une petite ville de France; la plupart des rues sont étroites et les maisons sans jardin. Les jeunes villes des colonies voisines ont des rues de 30 mètres et avenues de 40 mètres plantées d'arbres. Les maisons avec leurs jardins sur la rue présentent un aspect plus gai et forment des villes plus saines.

Les maisons de Nouméa n'ont, en général, qu'un rez-de-chaussée et sont couvertes en lames de fer galvanisé. Ces lames coûtent peu, sont légères, et vite placées, mais, aux rayons d'un soleil brûlant, elles s'échauffent comme des casseroles.

L'hôpital et deux casernes élèvent leur masse imposante au-dessus des maisons basses.

Après un peu de repos à l'hôtel de Sébastopol, je me rends à l'évêché. Monseigneur est absent, mais le curé me reçoit avec bonté et m'indique les divers établissements de la mission intéressants à visiter. Je passe chez le gouverneur. Le palais est simple, mais entouré de superbes jardins; les salles sont vastes, les vérandas commodes, le tout est parfaitement adapté au climat. Je ne vois personne à la conciergerie. Les deux sentinelles ne savent guère me renseigner; je remarque plusieurs condamnés arrosant les plantes du jardin; j'entre dans la maison et parcours tout le rez-de-chaussée sans rencontrer personne. Je commence à comprendre que le pays n'est pas bien redoutable, puisque le gouverneur y vit avec si peu de précautions au milieu de condamnés. Ce n'est qu'en sonnant une clochette que je parviens à éveiller l'attention des habitants. M. le gouverneur est en tournée dans l'île, mais le navire qui le ramène est signalé. Je suis reçu avec bienveillance, et on me fait espérer l'appui des autorités pour me faciliter la visite du pays, durant le temps que je puis y consacrer.

En effet, peu de temps après ma rentrée à l'hôtel, une carte me fit connaître l'invitation à dîner du gouverneur, pour le soir même, afin de nous permettre de concerter mes excursions. Sur le conseil qui m'est donné, je me rends chez un Père Mariste. Venu avec les premiers de ces religieux, il est depuis 1844 dans ces parages, et tout en évangélisant les indigènes comme prêtre, il a étudié le pays comme savant. Son bureau est un vrai musée. On y voit tous les minerais de l'île, les armes et instruments des Canaques, avec une multitude de cris-cris ou amulettes destinés à les délivrer de la maladie, de la médisance, des ennuis; ou faits pour inspirer la sympathie, etc.

Nouvelle-Calédonie. — Un guerrier.

Une collection de coquillages de l'île réunit 1,200 espèces différentes. Nous causons longuement sur les indigènes ; il me donne deux numéros de la *Revue algérienne et coloniale*, contenant un travail de lui sur la Nouvelle-Calédonie. Grâce à cela et à tout ce que j'ai vu par moi-même, j'ai pu me former une idée que je crois assez exacte sur les Canaques de la grande terre (1).

Le Canaque appartient à la race nègre; ses cheveux sont crépus, ses lèvres larges et sa couleur noire. Toutefois on rencontre des types qui indiquent le mélange avec d'autres races. On a discuté longtemps pour savoir d'où ils sont venus. Il est probable que les noirs sont

(1) Les Canaques appellent ainsi la Nouvelle-Calédonie parce qu'elle est la plus grande parmi les nombreuses îles qui l'entourent.

venus d'Afrique; leur pirogue à balancier leur permet de rester indéfiniment en mer; mais d'autres habitants peuvent être arrivés à des époques différentes des divers points de l'Océanie et même de l'Asie, entraînés par les vents, les courants et les tempêtes. Le type canaque est généralement laid; j'ai vu des femmes qui tenaient plus de l'orang-outang que de l'espèce humaine. Parmi les hommes, quelques-uns sont grands et bien constitués. Leur vêtement n'est pas compliqué : un pagne autour des reins, un léger turban rouge retenu sur la tête par un peigne de bambou, un collier de poils de roussette garni de petits coquillages, de bracelets analogues aux bras et aux jambes, un petit sac en bandoulière portant des pierres ovales et une fronde; une lance en bois et un casse-tête en bec d'oiseau; voilà tout l'accoutrement du Canaque. Il n'est pas plus compliqué pour les femmes, mais, au lieu des armes, celles-ci portent le bébé sur le dos, et accrochées à la hanche droite, une courge et une marmite souvent formée de kaolin. Comme les hommes, elles ont les oreilles largement percées et y placent leur pipe en guise de pendants. Le manque d'hygiène, de propreté et de soins fait périr beaucoup d'enfants, et si l'on ajoute à cela les dévastations de guerres incessantes de tribu à tribu, on comprendra facilement que ces populations n'ont pu prendre un grand développement. On voit peu de vieillards; soixante-cinq ou soixante-dix ans sont des âges rares à trouver : une épidémie qui ressemble à une angine décime les tribus. Ils tiennent aux castes; l'autorité du chef est héréditaire et sacrée. Lorsqu'une tribu vient féliciter un chef pour la naissance d'un enfant, ce chef fait couper et rôtir un enfant sous les yeux des parents pour le distribuer aux visiteurs sans que les malheureux pensent à se révolter. Comme plusieurs des Asiatiques, ils pratiquent la circoncision, et comme les Thibétains, ils ont l'usage du *Khata,* écharpe sacrée qu'on passe aux visiteurs et aux amis. La femme, comme chez tous les peuples où le christianisme ne l'a pas encore affranchie, est réduite à l'état d'esclave et fait les travaux les plus durs. La trace d'anciens aqueducs longs de plus de 8 kilomètres et d'anciennes fortifications prouve que ce peuple a dégénéré, et eux-mêmes disent qu'ils ne valent pas leurs pères.

La religion des Canaques est très simple, mais leurs superstitions très compliquées. Ils n'ont point d'idoles; ils croient à un Dieu personnel et créateur qu'ils appellent *Nenengut,* âme du monde, et déclarent que le monde est gouverné par lui; ils croient aussi à de nombreux génies appliqués à diverses fonctions et résidant dans les bois et les cimetières. Leurs prêtres sont généralement sorciers et abusent de la crédulité du peuple. La fonction sacerdotale est héréditaire et passe du père à l'aîné des fils à moins que celui-ci ne soit idiot. Lorsqu'on veut avoir du vent, on se rend chez le prêtre de Toumaleo, déesse du vent, et on lui offre le *Khata*, et l'*ava,* cadeau en vivres. Celui-ci s'en va dans la forêt, près des ossements de son père, et offre un sacrifice. Que le vent vienne ensuite ou ne vienne pas, on est quand même satisfait.

Pour obtenir une bonne pêche, on jette à la mer certaines herbes! on en fait bouillir d'autres pour obtenir la pluie; on en fait sécher certaines espèces pour avoir le soleil. On sacrifie aux âmes des ancêtres pour un bon voyage. Lorsqu'on est en danger en mer, on y jette des vivres et des richesses.

Il y a les prêtres qui jettent les maléfices et ce sont de véritables empoisonneurs; leur maléfice n'a d'effet qu'autant que la victime boit et mange la substance préparée. Pour savoir si le maléfice agira, on pase un nœu dcoulant à un lézard, et s'il est tué du premier coup, le poison aura son effet; on prend aussi une liane par les deux bouts et on tire : si elle casse au premier coup, le maléfice agira. D'autres prieurs ou prêtres ont la spécialité de découvrir les sorciers qui sont mis à mort. Il leur est facile de se faire les instruments d'une vengeance, en déclarant toujours sorciers ceux dont on veut se défaire.

Ils prédisent aussi les résultats des guerres, et leurs réponses, comme celles des anciennes sybilles, sont entièrement vagues.

Nouvelle-Calédonie.
Chef Indigène.

D'autres prêtres donnent, comme au Sénégal, des amulettes qui rendent invulnérables dans les combats, ou invisibles quand on va incendier un village; qui permettent de marcher sur l'eau quand on va à une île ou qui font réussir une entreprise.

Une autre catégorie de prêtres a la spécialité de voir les *muakègues*, esprits généralement femelles, portés au mal et qui habitent les forêts près des sources; ils se réservent les bananes mûres; c'est pourquoi le Canaque ne cueille que les bananes vertes. Ils prennent le cœur des ennemis ou de ceux qui leur déplaisent durant leur sommeil et le portent au prêtre ; si celui-ci demande grâce, l'esprit reporte le cœur et le remet à sa place ; mais celui à qui il a été enlevé demeure fou jusqu'à ce qu'il lui soit rendu ; si le prêtre ne demande pas grâce, l'esprit cuit le cœur, le mange avec le prêtre et la victime meurt.

Une autre catégorie prépare avec certaines herbes une eau lustrale qui doit faire disparaître l'impureté. Celle-ci se contracte de plusieurs manières. On est impur lorsqu'on touche un mort, lorsqu'on passe dans un cimetière, etc. On emploie aussi l'eau lustrale lorsqu'on se marie, lorsque l'enfant marche pour la première fois, lorsqu'on jette une pirogue à la mer, lorsqu'on emploie un filet neuf.

Un chef est toujours *tabou* ou sacré ; lorsqu'il est malade, on fouette trois ou quatre femmes ou jeunes gens de la tribu pour apaiser la divinité ; lorsqu'il meurt, quatre *puarrangat* touchent son corps et l'inhument ; ils sont alors impurs durant sept ans ; ils ne peuvent manger avec les mains et sont obligés de hurler tous les soirs pour exprimer leurs regrets de la mort du chef. Dans certaines tribus, les cadavres des chefs ou des personnes de distinction ne sont pas inhumés, on les dépose sur les branches d'arbres ou sur des rochers inaccessibles ; ou bien on les dessèche au moyen d'un feu lent sous le corps ; cette opération dure parfois plusieurs jours et répand une odeur par trop parfumée.

Dans certaines tribus, on pousse des cris lorsqu'on aperçoit la nouvelle lune. On voit souvent des cas d'obsession et les obsédés parcourent les bois et les montagnes comme des gens sans raison.

Il est d'usage de s'éloigner des femmes avant la bataille. Certains guerriers, dans ces occasions, prennent un lézard vivant, en mettent la tête dans leur bouche et aspirent fortement pour se rendre invulnérables. Le coup de tonnerre est l'âme d'un chef qui s'envole, et les éclairs sont ses yeux qui s'éteignent. Les Canaques croient à la vie future. Après la mort, les bons mangeront des bananes mûres et se plongeront dans les plaisirs des sens ; les méchants n'auront que des bananes vertes. Ils pratiquent le serment en mettant le pied sur un sillon transversal creusé dans le sol.

La circoncision ou plutôt incision au moyen d'une pierre a lieu dans plusieurs tribus. Elle se pratique généralement vers l'âge de treize ans ; l'enfant prend alors le pagne ou étoffe qui entoure les reins. Le pagne joue un grand rôle dans certaines occasions ; on l'échange entre les chefs lors d'une paix solennelle ou d'une alliance.

Les villages sont une réunion de cabanes en paille ou en écorce de niaolis. La case du chef a la forme d'un cône élevé de 7 à 8 mètres, surmontée d'une planche taillée en forme d'homme. A côté de la petite porte d'entrée, on place deux planches sculptées et peinturlurées. Le mobilier n'est pas compliqué; quelques nattes à terre, une marmite et quelques gourdes. Les ornements consistent en peignes de bambou, coquillages, cordons en poils de roussette. Les armes sont : la lance, le casse-tête, la fronde et une hache de pierre. Il y a certaines cases où les femmes se retirent et où les hommes ne sauraient pénétrer sans encourir l'anathème.

L'esprit de famille n'existe pas. L'hospitalité est toujours pratiquée: des individus qui n'aiment pas à se construire une case ou à préparer leur nourriture dorment dans la case d'un autre et partagent la nourriture dans la première case qu'ils rencontrent : c'est bien ce qu'il faut pour favoriser la paresse chez les indolents.

Il y a certaines règles pour la guerre; elle est déclarée par des hérauts toujours respectés; ceux-ci fixent le lieu et le jour du combat : les alliés sont convoqués par l'envoi du *muaran*. Les causes de guerre sont souvent futiles, et la plupart proviennent des femmes.

Les guerriers se mâchurent les yeux et se noircissent le corps; ils s'excitent par des cris; généralement la bataille s'acharne autour d'un guerrier qui finit par succomber; alors une mêlée générale s'ensuit pour s'emparer du corps; s'il est pris par l'ennemi, on en fait un repas dans un grand festin.

Les Anglais ont remis les premiers quelques fusils à certaines tribus, et elles s'en servent très bien; un chef se plaisait à les essayer sur le corps de malheureuses femmes et enfants, et se réjouissait d'en voir l'effet meurtrier.

A la naissance d'un enfant, on le lave, on lui comprime le nez et la tête sur les côtés ou sur le devant, selon les tribus. Le père le prend dans ses mains et lui donne un nom, puis on fait un repas et on donne les cadeaux au matrones qui ont aidé la mère dans sa délivrance. Celle-ci allaite ordinairement l'enfant durant trois ou quatre ans. La naissance illégitime est une tache. Les enfants sont fiancés de bonne heure; la femme est dans un état d'abaissement, mais elle est souvent perfide. La veuve passe à son beau-frère comme chez les Juifs.

Chez les Canaques les médecins exercent leur art au moyen de sortilèges ; mais les chirurgiens sont assez habiles à racommoder les fractures. Lorsqu'un malade est jugé dans un cas désespéré, on l'étouffe, quelquefois le malade va se placer dans une fosse et les amis la recouvrent de terre, y trépignent dessus et tout est fini. Les dernières volontés sont sacrées.

Lorsque le Canaque eut vu l'Européen au travail, après avoir réfléchi il s'écria : souffrir pour souffrir, j'aime mieux endurer la faim. Il est paresseux, peu aimable, intelligent, brave, fourbe, cruel, orgueilleux. Au contact des blancs, il va perdant ses habitudes sauvages, mais il en prend les vices : le tabac, l'ivrognerie et les maladies honteuses le déciment tous les jours.

Il est facile de voir, par ce qui vient d'être dit, comment ces peuples ont conservé la tradition des vérités primitives, et même certaines pratiques juives, le tout mêlé à de nombreuses et grossières superstitions, fruit de l'isolement.

Quant au langage, il varie beaucoup de tribu à tribu; le génie et la constitution sont certainement les mêmes ; mais un grand nombre de mots sont absolument différents. Ceci provient de l'habitude qu'ont ces Canaques de changer les noms des chefs après leur mort par respect pour eux. Or, comme le nom est emprunté à un objet matériel, le nom de cet objet est changé; souvent on change les noms en haine d'une personne ou d'une tribu; un parti de mécontents décide de quitter la tribu, et en partant change les noms des objets usuels, en sorte, qu'à la suite du temps, il en est résulté une vraie tour de Babel.

Ile de la Réunion. — Salazie (station thermale). — Pont de la Savane.

Chapitre Septième.

L'hôpital. — Un dîner sous la voûte du ciel. — L'île Nou. — L'hôpital des condamnés. — Les ateliers. — La guillotine. — Les prisons. — Les évasions. — Les condamnés à deux cents ans. — Les cinq classes des condamnés. — Les mariages. — Les libérés. — Les hauts fourneaux et le nickel. — Départ pour l'intérieur. — Les maisons des colons. — Les femmes des libérés. — La vallée de la Dumbea. — Le bassin de Païta. — Le travail des condamnés. — Le bonheur parfait n'est pas de ce monde. — La plaine de Saint-Vincent. — Les préparatifs de la fête. — Exploits des forçats.

Après plusieurs heures de conversation, le Révérend Père me propose de visiter l'hôpital militaire dont il est l'aumônier. Ce vaste bâtiment a deux étages sur rez-de-chaussée. De l'étage supérieur on jouit d'une vue splendide sur les deux côtés de la baie. Les salles sont bien aérées, mais la commodité est sacrifiée à la symétrie et à l'apparence. On dit même que le capitaine d'artillerie de marine qui en avait été chargé fit apporter les pierres de Sydney ; or, comme l'île abonde en rochers de toute sorte, autant valait-il porter de l'eau à la mer. Les quelques malades que je vois sont généralement atteints de la fièvre typhoïde ; j'aperçois aussi quelques civils que l'administration admet, moyennant payement, faute d'un hôpital civil. Une salle spéciale est réservée aux Canaques; ils y viennent avec une extrême répugnance, mais ensuite ils s'y trouvent si bien qu'on a de la peine à les faire déguerpir. Les sœurs de Saint-Joseph de Cluny consacrent leurs soins à cet établissement, qui peut recevoir environ cent cinquante malades.

Au sortir de l'hôpital, la musique m'attire sur la place des cocotiers. Une bande, composée de quarante condamnés, y joue durant une heure, le jeudi et le dimanche, des morceaux d'opéra et les compositions des meilleurs maîtres; elle ne m'a paru inférieure à aucune des musiques de nos régiments. Enfin, l'heure arrive de me rendre à l'invitation de M. le gouverneur. Je le trouve dans son jardin ; il m'accueille avec bonté et me présente à son état-major. La table est dressée dans le jardin, au milieu des cocotiers, des bananiers et des flamboyants en fleurs ; elle a pour plafond la voûte du ciel. Jamais salle à manger ne fut aussi féerique. La femme du gouverneur fait les honneurs de la table avec une grâce charmante : la bonne humeur gauloise s'exerce durant le repas. De temps en temps on essaye de la conversation sérieuse, mais les calembours reprennent de plus belle ; on se les renvoie à plaisir, et lorsqu'on quitte la table, les derniers rayons du soleil couchant ont disparu à l'horizon. Orion brille sur nos têtes et la croix du sud nous envoie le feu de ses diamants.

Le lendemain, de bon matin, je me rends à l'île Nou. L'administration pénitentiaire me donne un permis et une chaloupe à vapeur pour traverser la rade. Je passe devant la presqu'île Ducos ; c'est là qu'ont été Rochefort et les condamnés de la Commune ; les divers bâtiments qui les recevaient servent maintenant d'entrepôts aux libérés sans travail.

A l'île Nou, le directeur du bagne me reçoit avec bienveillance, et pendant qu'il va au prétoire présider au jugement des divers condamnés, prévenus de fautes plus ou moins graves, une voiture nous conduit, un employé et moi, à la visite de l'hôpital. Il est situé au bord de la mer, au bout d'une belle allée de cocotiers et entouré d'un superbe jardin. Le gardien de l'établissement, un Toulonnais, me fait parcourir toutes les salles. Il y a trois cent cinquante lits, presque tous occupés. Bien des condamnés savent feindre la maladie ou se faire une plaie quelconque, pour échanger contre le travail et la cellule, la vie plus douce de l'hôpital. Cinq Sœurs de Saint-Joseph de Cluny desservent l'établissement ; elles ont soin aussi de quatre femmes qui les gênent beaucoup ; une d'elles vient de tuer son quatrième enfant, et on lui a ôté son cinquième et dernier, crainte du même sort.

Dans le jardin, je remarque trois superbes banians, couvrant de leurs vastes branches une immense surface. Un d'eux sert de kiosque à la musique qui joue là, à certains jours. Un boao, espèce d'arbre à grosse fleur de mauve, est aussi d'un bel effet.

A notre retour, le directeur nous fait partager son déjeuner, puis nous conduit aux ateliers. Je remarque surtout les fondeurs, les charpentiers, les serruriers, les fabricants de meubles, de tonneaux et d'ustensiles. Toutes les machines sont mues par la vapeur et quelques ouvriers sont fort habiles. C'est une bonne pensée de leur faire gagner leur pain à la sueur du front.

A la prison, on me montre la guillotine. Le forçat qui sert d'exécuteur nous la fait voir dans tous ses détails ; il a eu occasion de la faire manœuvrer onze fois. Il prétend que c'est la même qui a servi à Louis XVI. Près de là se trouvent les cellules des condamnés à mort ; ils sont au nombre de quatre et attendent la décision du président de la République. Quelques-uns ont déjà été condamnés à mort pour la quatrième fois et ont toujours reçu des commutations. Le gouverneur n'a pas le pouvoir de faire exécuter la sentence capitale, le dernier mot doit venir de Paris, et Paris est aux antipodes. De si loin on ne voit pas l'effet désastreux pour la discipline de certaines fautes toujours répétées. Aussi les gardiens sont parfois obligés d'avoirs recours à leur arme en légitime défense, condamnant ainsi à mort des individus qui auraient pu vivre s'ils avaient été retenus par un exemple de juste et salutaire sévérité dans les autres coupables. J'interroge un de ces condamnés : — Quel est le dernier crime qui vous a amené ici ? — J'ai tué un autre condamné, mais c'était pour ma défense ; ils avaient décrété ma mort. — Il paraît que plusieurs de ces forçats sont organisés en sociétés secrètes ; ils ont leurs tribunaux, leur mot d'ordre, leur jargon ; leur manière de délibérer, de correspondre. Le directeur me dit qu'il vient de mettre en cellule, sur sa demande, un galérien photographe pour le préserver d'être assassiné. Il avait proposé à l'administration de photographier tous les condamnés; or, comme cela aurait facilité aux gardiens le moyen de reconnaître les évadés, le malheureux photographe avait été jugé digne de mort par ses compagnons. Quelques-uns désignés comme correcteurs exploitent parfois les autres détenus ; ils leur vendent cinq francs un petit paquet de tabac, et les dénoncent comme recéleurs pour sequestrer à leur profit le tabac qu'ils vendront à un autre pour lui jouer le même tour. Dans un autre compartiment je vois les plus dangereux coquins condamnés aux fers ou à la cellule ; quelques-uns ont des physionomies vraiment sinistres. Un d'eux tient un petit oiseau sur son épaule, c'est son ami qui se fait prisonnier volontaire et depuis deux mois ne le quitte pas. Où donc l'amitié va-t-elle se fourrer ? Ceci me rappelle l'araignée de Silvio Pellico.

Le directeur les interroge tous pour savoir s'ils ont le nécessaire conforme aux règlements et s'ils ont des réclamations à faire. Quelques-uns en présentent, mais les gardiens prouvent parfois la fausseté de leur assertion ; en tout cas ils ont tous et toujours la faculté de réclamer par écrit à l'Administration, même par lettre cachetée.

Les peines corporelles ont été abolies, et on remarque que les évasions sont plus fréquentes et l'ordre plus difficile. Certaines natures ne sont sensibles qu'au fouet. Nos voisins de la Nouvelle-Galles du Sud avaient aussi aboli pour trois ans les peines corporelles. Au bout de ce temps, voyant que les *larrikins* (voyous) augmentaient en nombre et en forfaits, en gens pratiques, ils ont rétabli le fouet. Il est pourtant bien clair que, dans ces sortes de punitions, il ne faut jamais dépasser le but, et à moins d'avoir des personnes discrètes et d'un jugement sûr, on peut glisser vers les abus. C'est à l'expérience du directeur à voir celui qui peut être corrigé par la cellule et celui qui ne cédera qu'au fouet, et à savoir si vingt coups suffiront à celui-ci pendant que celui-là en aura besoin de cinquante. Les caractères et les perversités étant de degrés différents, ont chacun besoin de sa cure spéciale. L'uniformité en ces matières n'est que l'absurdité, et tous les règlements ne suppléeront jamais le sens pratique d'un bon directeur.

La plupart des surveillants sont Canaques et fort redoutés. Armés d'un casse-tête, ils ne manquent jamais leur consigne et ramènent l'évadé vivant ou mort. Malgré la surveillance, il y a tant de ruses dans certaines natures que les évasions sont fréquentes, surtout depuis que 2,300 condamnés sont occupés aux travaux des routes. Quelques centaines d'évadés vivent dans la forêt. On m'a même cité un certain Frolet qui a réussi à se déguiser et à vivre deux mois à Nouméa sous le titre d'un baron ; il était reçu dans la meilleure société. Il avait été chevalier d'honneur dans un mariage, et peu s'en fallut qu'il ne fut invité chez le Gouverneur. A moment où il se disposait à passer à Sydney, il fut reconnu par un libéré qui avait vécu avec lui, et réintégré. Les évadés s'enfuient souvent à la mer sur une planche ou sur des feuilles de cocotiers; et lorsqu'ils arrivent à saisir un canot, ils se dirigent vers l'Australie. Les vents les portent presque tous au même point en Queensland au bout de deux ou trois semaines. Lorsqu'ils sont saisis on les remet à l'autorité française en vertu du traité d'extradition, et ils sont ramenés au bagne, où ils portent une chaîne légère ou double suivant le nombre d'évasions. Les évasions, les vols, les meurtres et autres forfaits les font en outre condamner à un certain surcroît d'années de galère, de sorte que quelques-uns ont pour quatre-vingts, cent et cent cinquante ans de condamnation, même lorsqu'ils ont déjà été primitivement condamnés à vie.

Ceci tient évidemment de l'absurde ; l'individu condamné à vie ou à cent ans, ne craint pas beaucoup d'encourir d'autres condamnations qui ajouteront un nombre d'années à sa peine, et on comprend difficilement comment un législateur peut laisser subsister de semblables anomalies ; le forçat lui-même se moque de lui.

Les condamnés arrivés au bagne sont revêtus d'un costume : pantalon et blouse de toile blanche, chapeau de paille. Ils sont ensuite divisés en cinq classes selon leur conduite, et peuvent passer successivement de la cinquième à la première classe et de la première à la cinquième. C'est parmi ceux de la première classe que se recrutent ce qu'on appelle ici les fils de famille et les employés, c'est-à-dire ceux qu'on accorde pour servir dans les familles, bureaux ou magasins. Ils sont nourris et reçoivent une paye de dix francs par mois, mais ils ne touchent que quatre francs ; le reste est en partie remis à l'Etat, partie à leur pécule. Les personnes qui emploient le condamné donnent ordinairement des gratifications en plus à ceux qui le méritent par le travail et la conduite. Dans mes excursions, j'ai eu occasion d'en voir un bon nombre qui se conduisent bien. Lorsque le condamné de la première classe veut s'établir, on l'envoie au pénitencier de Bourrail, vers le centre de l'île, où des réserves ont été faites pour eux. Là un pénitencier de femmes condamnées venues de France est dirigé par les Sœurs de Saint-Joseph de Cluny. Les condamnés se voient à la chapelle, font leur choix et ont une entrevue sous les yeux de la supérieure. Lorsqu'ils se conviennent, ils se marient, et reçoivent un certain nombre d'hectares de terre qu'ils mettent en culture. L'Administration leur fournit des vivres durant trente mois, après quoi ils doivent se suffire avec le produit de leur terre. Ils cultivent le tabac, le maïs, le café, la canne à sucre ; et l'Admistration achète leurs produits. Après leur libération, s'ils ont rempli les conditions de travail et de bonne conduite, ils sont propriétaires définitifs de leur concession. La même facilité à plus forte raison est accordée aux libérés.

Ceux des condamnés qui sont déjà mariés et ont femme et enfants sont autorisés à les faire venir de France; l'Etat les transporte à ses frais, et ils sont réunis sur la concession. Ces derniers ont presque tous réussi à se réhabiliter par la conduite et le travail. Parmi les mariés de Bourrail, moins grand nombre ont profité de la planche du salut.

On ne pourra pas dire que l'Etat n'ait eu pour les forçats un amour de prédilection et qu'elle n'ait fait tout ce qui était humainement possible pour les réhabiliter. Les moyens religieux n'ont pas été délaissés.

J'ai vu une chapelle et un aumônier à l'île Nou, et je pense qu'il y en a également à Bourrail et dans les autres pénitenciers. Aussi ne faut-il pas s'étonner si dans les prisons centrales en France, les condamnés, trouvant que le sort de leurs frères déportés était préférable, commettaient un crime et tuaient même au besoin leur gardien pour se faire condamner et arriver en Nouvelle-Calédonie. Pour leur en ôter l'envie, il a fallu établir que les travaux forcés encourus dans les maisons centrales seraient subis dans ces mêmes maisons.

Après cette visite intéressante, le directeur a la bonté de me recevoir dans sa baleinière et de me déposer à Nouméa.

Je profite du reste de la soirée pour faire une excursion aux hauts fourneaux de la compagnie minière du nickel. Ils sont situés à quelques kilomètres, dans une anse de baie. Je passe devant la caserne d'infanterie de marine; les soldats ont le costume colonial : casque et pantalon blancs, jaquette de flanelle bleue. Après avoir traversé le quartier latin, gracieux faubourg de Nouméa, j'arrive à la plage couverte de coraux et de mille coquillages; l'eau tranquille invite le voyageur à se délasser dans ses flots, mais malheur à l'imprudent qui s'éloigne; il devient la proie des requins.

Le paysage est charmant; le long de la baie, les lanthanas à fleur rouge, les nioalis, les bananiers et les cocotiers ornent les petits jardins des maisons de campagne. Je passe devant un ancien orphelinat et arrive enfin aux hauts-fourneaux, où je demande le directeur. Il venait de partir, et en son absence, un ouvrier luxembourgeois me donne quelques renseignements. Les deux fourneaux fondent environ huit tonnes de nickel par jour, contenant 62 % de métal : les scories sont rejetées à intervalles de dix minutes.

et chaque quatre heures on ouvre passage au métal qui tombe dans un réservoir d'eau en écailles de quelques centimètres. On le sèche, et on le met en sacs de 30 kilog. pour l'envoyer en France, où il est raffiné. Le minerai vient de l'intérieur par mer; le charbon et le coke sont pris à New-Castle (Australie), mais le coke arrive trop concassé, et l'usine construit en ce moment deux fours pour préparer le coke sur place; l'usine possède aussi une petite fonderie pour les pièces qui lui sont nécessaires ; elle emploie une trentaine de Canaques qu'elle paie de quinze à vingt-cinq francs par mois, nourriture en sus ; et quelques Européens à raison de dix francs par jour, et six francs pour les manœuvres. Cette compagnie fond aussi le cobalt, et j'en vois un grand nombre de sacs; elle est montée au capital de 8 millions de francs. Elle a pour principal actionnaire M. de Rothschild et a fusionné avec une autre compagnie anglaise qui a reçu la concession de certaines mines de nickel pour quinze ans.

Elle avait la faculté d'employer 300 condamnés aux conditions habituelles et sans que l'Etat puisse augmenter leur salaire de plus de 25 % sur le tarif actuel.

La compagnie se propose d'appeler des ouvriers chinois. Si elle ne prend la précaution de défendre sévèrement l'opium, elle aura gratifié la colonie d'une plaie de plus, qui aidera à l'abrutissement et à la destruction des Canaques et finira même par atteindre les blancs. Les leçons de l'Australie et de la Californie devraient nous servir.

J'aurais voulu poursuivre ma course jusqu'à une fabrique de savon, vers le bord de la mer, et voir la manipulation du *coprah*, amande de coco, mais le jour baisse et quoiqu'il n'y ait dans l'île ni fauves, ni serpents, je juge prudent de rentrer. J'admirais les belles teintes du paysage en tout semblables à celles de la Grèce lorsqu'un cavalier arrive derrière moi et m'interpelle : Est-ce vous qui êtes venu demander des renseignements aux hauts fourneaux ? Je viens de gronder les ouvriers qui vous les ont fournis sans ma permission ; nos brevets et nos combinaisons nous coûtent assez pour que nous n'aimions pas à nous les voir surprendre. Je calme les craintes de M. le directeur en lui expliquant ma mission volontaire destinée à faciliter à notre jeunesse les voyages d'étude. Il se radoucit et m'invite même à retourner à l'usine un autre jour.

M. le Gouverneur aurait désiré que je retardasse mon retour

Île de la Réunion. — Saint-Paul, entrée du Béanico

jusqu'au courrier de fin février, ce qui m'aurait permis d'assister à deux grandes fêtes. C'était tentant, mais mon absence s'est déjà trop prolongée et je maintiens mon retour par le courrier de janvier.

Néanmoins M. le Gouverneur trouve moyen de me faire voir une grande partie des travaux des condamnés. Le directeur de l'intérieur par intérim et le directeur des ponts et chaussées vont à Bouloupari ; le Gouverneur m'invite à les accompagner.

Le 19 janvier, à six heures du matin, nous partons dans une petite voiture. La route longe d'abord la baie et traverse un marais couvert de palétuviers aux racines multiples. Plus loin, nous abordons la forêt de niaoulis et de bois de fer qui nous suivront jusqu'à destination. Par-ci, par-là quelques maisonnettes de colons entourées d'orangers, de bananiers, de cocotiers ; ils sèment le maïs, le haricot, les divers légumes d'Europe, élèvent le bœuf, le cochon et la chèvre. Le terrain est partout ondulé et montagneux. Sur une enseigne, au sein de la forêt, on lit : *Rendez-vous des Chasseurs*.

On chasse ici le pigeon, le lièvre, le porc sauvage, le cerf.

Nous grimpons une rampe et arrivons au contour d'un vallon délicieux ; les bancouliers élèvent leurs cimes aux nues, croisent leurs branches, et des lianes pendent de tous côtés comme d'immenses arcs de triomphe. Par-ci, par-là, nous rencontrons quelques libérés cantonniers, et quelques condamnés poussant un petit âne qui porte la correspondance à quelque point de l'intérieur. Nous voyons aussi quelques fermes occupées par des libérés, les quelques hectares de terrain qui leur sont accordés sont parfois bien soignés. Vers huit heures, nous arrivons dans les plaines de la Dumbea. Une partie de ces terres est occupée par un pénitencier agricole ; nous y voyons la canne à sucre et le mûrier, et dans le lointain, sur un monticule, le joli château habité par le directeur. Nous traversons une rivière sur un petit pont de bois ; un pont en pierre est en construction à côté. Un peu plus loin, nous rencontrons le courrier de Païta, voiture publique qui fait le service journalier de la correspondance et des voyageurs. Par-ci, par-là, quelques plantations de vigne pour raisin de table, des pêchers, des ananas et des asperges. La forêt possède aussi comme arbres à fruits des pommiers et cerisiers sauvages. Nous entrons dans le bassin de Païta, et vers dix heures nous arrivons au village de ce nom. Il y a ici un autre pensionnat de garçons confié aux Frères de Marie qui l'ont installé dans une ancienne usine à sucre abandonnée.

A Païta commencent les chantiers d'une nouvelle route. Un conducteur des travaux nous offre l'absinthe et nous précède à cheval. Nous avançons lentement entre des remblais et des déblais et voyons un grand nombre de condamnés travaillant aux terrassements. Ils travaillent huit heures par jour : du matin à cinq heures jusqu'à neuf heures et demie ; puis ils reprennent à deux heures et quittent à cinq heures et demie du soir. Le samedi ils ne travaillent que le matin ; l'après-midi leur est laissée pour laver leur linge et autres menus soins afin que le repos du dimanche soit complet.

Combien d'employés de commerce et d'administration en France seraient heureux, sous ce rapport, d'être traités comme les forçats de la Nouvelle-Calédonie !

La nourriture est la même que celle des soldats, et le costume est toujours la blouse et le pantalon de toile avec le chapeau de paille.

Nous rencontrons par intervalle quelques groupes de Canaques ; les hommes à peu près nus et les femmes portant d'énormes régimes de bananes ou autres fardeaux. De distance en distance, sont échelonnés les camps des condamnés : grandes cabanes en écorce de niaoulis, dans lesquelles ils dorment sur des hamacs. Nous traversons la propriété d'un grand éleveur et passons devant sa porte ; il possède des milliers de bœufs et de chevaux, une gentille femme et de gracieux enfants, mais il est étendu sur son fauteuil par un rhumatisme au pied ; c'est le nom atténué de la goutte. Le bonheur parfait n'est pas de ce monde !

A partir de ce point, la route abandonne le tracé ancien et grimpe en pente douce une haute montagne. Au sommet, on jouit d'une vue magnifique. Une tribu canaque cultive le flanc de la montagne. Les taros, les ignames sont alignés au cordeau et un système de canaux permet l'irrigation sur tous les points. Au loin, la vue s'étend sur un enchevêtrement de montagnes qui poussent leurs pics dans toutes les directions.

Nous descendons l'autre pente de la montagne et arrivons dans la plaine de Saint-Vincent.

Nous laissons à gauche, sur un mamelon, un blockhaus ou poste militaire, et arrivons vers midi à l'hôtel pour le déjeuner. L'hôtelière, Suissesse de Saint-Gall, nous a préparé un déjeuner réconfortant. Nous étions à jeun et notre appétit est si grand, que nous laissons bien peu à six conducteurs de troupeaux qui viennent après nous. Dans la salle à manger, je vois une bouée portant le nom de *Dupleix*. M. Bourgade me dit l'avoir ramassée dans le bois de Saint-Vincent, lorsque le *Dupleix,* engagé un jour sur le banc de corail, à l'approche de Nouméa, dut jeter à la mer son charbon et partie de sa cargaison pour se remettre à flot.

Nous avons parcouru 51 kil. depuis le matin et il nous en reste 36 pour rejoindre Bouloupari. Nous continuons à trotter et atteignons bientôt les bords de la vaste baie de Saint-Vincent. Dans un camp de condamnés, réservé à la compagnie de discipline, on nous apprend qu'à la suite d'une dispute au jeu de cartes, un condamné a donné à l'autre cinq coups de couteau ; mais, en retour, il en a reçu deux mortels d'un troisième condamné, qui se dit le vengeur des faibles. Celui-ci, déjà trois fois condamné à mort, a été saisi et mis en cellule ; mais plus tard, nous apprenons qu'il a reçu cinquante francs pour se dire l'auteur du meurtre et que les véritables assassins sont deux autres condamnés. Plus loin, nous voyons une partie de la forêt brûlée ; on nous dit que quelques forçats, dans le désir de faire diversion à leurs travaux, y ont mis le feu pour être ensuite occupés à l'éteindre. La grande sécheresse fait que la luzerne et le foin sont rares. Un forçat, charretier, volait le pain à un confrère, pour le donner à ses chevaux ; le volé a puni le voleur en lui arrachant un œil ; rude caresse ! Nous traversons la *Ouanghi*, et plus loin une autre rivière qu'on passe en bac. Vers sept heures du soir, nous arrivons à Bouloupari et descendons à un hôtel tenu par un Anglais.

Sous la véranda, je remarque d'énormes araignées filant paisiblement leur toile ; on me prévient de ne pas les tuer ; on les tient ici pour des insectes bienfaisants ; elles crèvent les yeux des énormes cancrelats qui courent partout, et attrapent les nuées de moustiques qui vous dévorent.

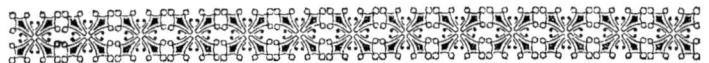

Chapitre Huitième.

Bouloupari. — Pourquoi les Canaques se révoltent. — Un blockhaus. — L'attente du cyclone. — Un chef canaque et son vœu. — Une plantation de café. — La main-d'œuvre des Nouvelles-Hébrides. — La vanille. — Les chevaux. — Un village indigène. — L'hôtel et ses chiens. — Exploits d'un évadé. — Le pénitentier de la Dumbea. — L'usine à sucre. — Les plantations. — L'élevage. — Les ateliers. — La briqueterie. — Les assassinats. — Les drames inconnus. — L'orphelinat de Saint-Louis. — L'usine. — Les plantations. — Les orphelines. — Les orphelins. — Une albinos. — Le bain dans la rivière. — Les premiers jours de la mission.

A L'ENTRÉE du village de Bouloupari, deux sépultures marquent la place où tombèrent les gendarmes et l'employé du télégraphe, les 25 et 26 juin 1878, assassinés par les Canaques révoltés. L'éleveur multiplie son bétail et celui-ci, friand de *taro*, dévore les récoltes des Canaques; alors mourir de faim ou en bataille est l'alternative du malheureux. Lorsqu'il choisit ce dernier parti, il commence par se venger en massacrant tous les blancs qu'il peut atteindre; il se sauve ensuite dans ses montagnes, et il ne serait pas facile de l'y rejoindre, si le blanc ne recourait à l'appui des tribus rivales qui poursuivent le Canaque jusqu'aux recoins les plus reculés et sur les pics inaccessibles. A la dernière insurrection, plusieurs villages furent détruits, beaucoup de noirs tués, une partie du pays dévasté. Depuis lors on a élevé à Bouloupari un blockhaus. Cette espèce de fort consiste en un fossé entouré à l'intérieur d'une palissade en troncs d'arbres; elle est percée à intervalles par des crémaillères alternativement verticales et horizontales. Le jeune officier qui le commande a la bonté de me le faire visiter. Ces petits forts sont généralement gardés par trente hommes d'infanterie de marine. Il n'y en a que dix en ce moment; les autres ont été envoyés un peu plus loin à une cabane destinée aux compagnies de passage. Un décès de fièvre typhoïde a fait prendre cette bonne précaution. La paye des officiers est double dans la colonie.

Le maître de l'hôtel est depuis vingt-huit ans en Nouvelle-Calédonie. Il trouve qu'au début on y faisait de bonnes affaires : il avait gagné 250,000 fr. en deux ans en fournissant la viande à l'administration ; depuis il a tout perdu par suite de la faillite de la banque installée à Nouméa, et s'est retiré ici pour refaire sa fortune au moyen de l'élevage et de l'hôtel. Ses quatre enfants élevés au collège de Sydney sont en ce moment en vacances ; la mère leur fait l'école. Elle enseigne aussi à lire à de jeunes métisses, filles d'un Français décédé, qu'elle a recueillies. Une petite bonne canaque aide au service ; elle tient plus du singe que de la femme, mais elle est dévouée à la maison. Deux condamnés complètent le personnel; un est du Jura, condamné comme incendiaire, l'autre se dit victime d'une erreur judiciaire, mais il n'ajoute pas qu'il a tué sa femme.

Le 31 janvier nous prenons le chemin du retour. Il est deux heures de l'après-midi et nous comptons coucher à l'hôtel Bourgade à Saint-Vincent ; 36 kilomètres seulement.

Nous nous arrêtons encore au camp de la compagnie de discipline ; nous cherchions un chef canaque pour la construction de certaines cabanes. On nous apprend que, pour obtenir de l'eau, il s'est barbouillé avec de la boue le visage, et a fait le vœu de ne quitter sa case qu'après avoir été lavé par l'eau du ciel.

Pendant que nous causons, le vent souffle et la grêle arrive ; un condamné, pour mettre le cheval à l'abri, tourne le phaéton si brusquement qu'il casse les deux brancards. Serait-ce le commencement du cyclone que chacun attend, que chacun craint ? On nous en parle de tous les côtés ; ici on ne répare pas une maison, attendant que le cyclone l'enlève pour en construire une neuve ; là on change et on assujettit les tuiles pour conserver la toiture, etc. Il paraît qu'un terrible cyclone a dévasté l'île il y a quatre ans, et qu'un autre se fit sentir il y a huit ans. La croyance a donc prévalu qu'il doit y avoir un cyclone chaque quatre ans. L'un l'a dit à l'autre, et le bruit et la croyance se sont répandus parmi tous les habitants. En tout cas, le cyclone ne sera pas pour aujourd'hui, la pluie cesse ; des condamnés lient solidement nos deux brancards et nous reprenons notre chemin.

C'est dimanche, nous rencontrons des troupes de nègres et négresses, négrillons et négrillonnes ; nous apercevons même le fameux chef qui avait fait le vœu pour obtenir de l'eau. Il paraît qu'il a profité de la première averse pour laver sa figure ; nous l'appelons, mais impossible de traiter affaire ; il est ivre ! Les deux rivières que nous avons à passer n'ont heureusement pas grossi, nous suivons donc notre route sans obstacle et à sept heures du soir nous sommes à Saint-Vincent. Là nous trouvons à souper un planteur de café, qui s'en va à Canala, et le gérant de la plantation Higginson, dans les environs. Celui-ci m'invite à la visiter le lendemain ; je combine mon voyage de retour de manière à voir tout ce que je puis atteindre d'intéressant, et je prends mon repos dans une chambre au bureau du télégraphe.

Le lendemain nous partons de grand matin, et après une demi-heure de route, je descends à l'entrée de la propriété Higginson et suis l'allée qui me conduit bientôt au petit château élevé sur un mamelon. Après le déjeuner j'accompagne le gérant à sa visite aux trente juments de la propriété. Plusieurs ont leur poulain et ne sont pas grasses. Ce n'est pas un métier commode que celui d'éleveur. Nous montons à cheval et parcourons la propriété. Nous traversons des forêts de niaoulis où paissent trois cents bœufs tenus à chaptel moyennant 25 fr. par tête et par an. Par-ci par-là des bosquets magnifiques où je remarque le mango, le jacquier, le palmito, le palmea gigantea, le palmier de Madagascar, le cocotier, le popaia et bien d'autres. Nous arrivons aux caféiers ; ils sont au nombre de 40,000 pieds : environ 2,500 pieds par hectare. Ils poussent au-dessous de certains acacias, dits bois noir, destinés à les préserver des rayons du soleil. Ils perdent la feuille en avril et mai, lorsque les graines commencent à mûrir. Au Brésil, on n'a pas besoin de cette précaution. Les cerises du caféier sont en fleur et quelques-unes commencent à grossir ; il faut sept kilog. de ces cerises pour obtenir un kilog. de café. Il me semble qu'on les décime trop et qu'on ne les laboure pas du tout. Le dernier cyclone les a tellement secoués, que la récolte annuelle de neuf tonnes est descendue à une tonne et ne se relève que graduellement. Il se vend à Nouméa 1,500 fr. la tonne ou 1 fr. 50 le kilog. La suppression de l'importation des noirs des Nouvelles-Hébrides empêche de continuer la plantation. Ces noirs sont travailleurs et se contentent d'un petit salaire, pendant que le Canaque indigène est paresseux, travaille lorsqu'il veut, et exige un franc par jour et la nourriture. On me montre quelques essais de plantation de vanille. Ce parasite grimpe et se nourrit sur un arbre spécial. Pour rendre la fleur productive, il faut la féconder, opération délicate qui exige une grande habitude ; un bon fécondeur arrive à féconder chaque matin mille fleurs.

La petite usine où on prépare le café vient d'être brûlée, mais la roue hydraulique et la machine restent et fonctionnent encore ; le tout est très élémentaire. Le café est dépulpé dans un moulin, passé à un tamis, et séché dans son parchemin qu'enlèvent ensuite de petits pilons. Près de là, une belle plaine avait été labourée pour recevoir du riz ; l'abondance d'eau promettait bonne réussite ; mais on a renoncé à l'opération.

Nous rentrons pour le déjeuner. On emploie à la plantation plusieurs Canaques des Hébrides ; il leur parle en anglais *picin* (1), et je suis étonné en interrogeant un d'eux de m'entendre répondre le fameux *me no sabe* des Chinois et des Japonais.

Deux forçats nous servent ; un est condamné pour assassinat, un autre pour faux ; il était notaire. Durant le repas, nous nous entretenons longuement des usages canaques. La dignité du chef est héréditaire et les Canaques respectent peu ceux que l'autorité française parfois leur impose. Selon eux, ils ne sont pas *tabou*, c'est-à-dire sacrés.

Mon aimable hôte me donne une monture pour me conduire à Païta, à 18 kilomètres, où je dois passer la nuit. Un Canaque m'y a précédé pour ramener le cheval.

Je suis la route et arrive au sommet de la montagne où deux jours auparavant j'avais vu les plantations canaques ; je prie le conducteur des travaux de me mener à un village indigène. Il laisse pour un moment à leur œuvre ses nombreux condamnés, et nous grimpons dans la forêt une petite élévation. Nous arrivons bientôt à un groupe de cases en paille de marais. Les unes sont carrées, les autres rondes. Celle du chef est un immense cône en éteignoir, en forme de ruche. Elle est surmontée d'un planche découpée en forme humaine. A côté de la petite porte sont deux

---

(1) Le *picin* est un langage adopté par le commerce dans l'Extrême Orient ; il est composé de mots anglais, espagnols, chinois, portugais, japonais, indous, malais et autres langues orientales. Avec le *picin* on peut se faire comprendre dans les ports de l'Indoustan, de la Chine, du Japon et de l'Océanie. *Me no sabe* est une phrase espagnole passée dans le *picin* et qui signifie : *moi ne sais pas*.

Ile de la Réunion. — Saint-Denys. — Jardins de l'État.

petites planches sculptées. De nombreux chiens cherchent à nous interdire l'approche ; quelques cochons grognent ; çà et là des poules rôdent autour des cases. Le cocotier, la banane, l'oranger, le goyavier encadrent le tout d'une belle verdure. Entre deux cases, quatre femmes fument leur pipe ; une est vieille et ne se détourne même pas pour nous regarder ; les autres allaitent leur bébé ou le portent sur la hanche. Elles ont la figure tatouée par des lignes obliques ; leurs cheveux sont courts ; le cou, les bras et les jambes portent des ornements en coquillage. Une étoffe entoure le milieu du corps ; les enfants sont nus. Nous les saluons, mais elles semblent ne pas comprendre le français et continuent leur paisible occupation. Une d'elles pourtant se lève, passe sa pipe au trou de son oreille et vient au-devant de nous. Je lui demande si je peux visiter sa case, et sur un signe affirmatif, nous entrons dans la petite cabane. Une marmite en cuivre dans un coin, quelques gourdes, une natte à terre et des cendres au milieu ; c'est tout ce que j'y vois.

Nous montons un peu plus haut, et, entre quelques cases, nous voyons un bon vieux en train de faire bouillir une marmite de taro. Je distingue à terre un paquet enveloppé dans une feuille de banane ; il me dit que c'est du poisson et que les jeunes gens ne sont pas encore rentrés du travail. Je visite d'autres cases ; même ameublement que dans la première.

Nous quittons ces braves gens pour rejoindre la route, et je reprends ma jument que gardait un galérien. Elle n'est pas forte pour la course et il est bien tard lorsque j'arrive à l'hôtel à Païta ; il est éloigné du village de plus de un kilomètre. Le Canaque qui m'y attendait trouve que la nuit est trop sombre, et refuse de rentrer le soir même, selon la consigne de son maître : *Me go to morrow*, moi partir demain matin, me dit-il. — *All rigth*, soigne la bête, soupe et va dormir.

Durant le souper, les demoiselles de l'hôtelier chantent plusieurs morceaux d'opéra et, après le repas, le bon hôtelier vient faire la causerie : Pourquoi tenez-vous tant de chiens? lui dis-je ; j'en avais six autour de moi qui demandaient du pain. — Ils font du bruit, et bonne garde, répondit-il. C'est un Wurtembergeois, père de six enfants, et quoique depuis 28 ans dans la colonie, il a conservé l'accent allemand. *Une nuit,* me dit-il, *moi entendre chiens parler beaucoup, me lève et vois un homme bouger dans mon jardin*; je

tire croyant l'avoir tué comme un rat. Il n'avait laissé que le sang.
Puis il continue : Il y a peu de temps un colon près d'ici voit entrer chez lui un évadé. J'ai faim, dit-il, donnez-moi à manger et faites-moi accompagner au camp. Le colon le fait manger à la cuisine, appelle deux Canaques; un est armé d'un casse-tête, à l'autre il donne un revolver et il leur dit : accompagnez cet homme au camp et faites en route bonne garde. Ils cheminent pendant un temps, le condamné marche le premier; il est suivi du Canaque au revolver prêt à tirer et de l'autre Canaque. A un point donné le condamné s'assied prétextant la fatigue, demande du tabac, allume sa pipe, puis on reprend la route dans le même ordre. Soudain le misérable se retourne et avec un couteau ouvre le ventre du premier Canaque et s'enfuit dans la forêt. Celui ci tire le revolver, mais il manque l'assassin. Le deuxième Canaque hésite entre poursuivre le condamné et soigner son compagnon : il le trouve mourant, prend son revolver et se décide à venir prévenir son maître. Pendant ce temps, l'évadé, qui avait guetté de loin, arrive dans la pensée de saisir le revolver; ne le trouvant pas, il achève le malheureux en lui coupant le cou et s'enfuit. Après quelque temps, il fut pris et renvoyé à l'île Nou; mais bientôt il revint travailler sur la route, dans la compagnie de discipline, et protestait bien haut qu'il voulait se venger en tuant toute la famille du colon. Évadé une seconde fois, il fut repris et renvoyé à l'île Nou avec augmentation de cinq ans de peine pour chaque évasion, mais ces augmentations sont le moindre souci du condamné lorsque la somme s'élève à 100 ans ou 150 ans. Faute d'une serrure fonctionnant bien, je barricade ma porte avec des meubles, je ferme bien ma cousinière, et m'endors rêvant des forçats.

Le lendemain, de bon matin, je prends un bain dans le lit d'une rivière presque à sec, et à six heures et demie je monte dans la voiture de Païta qui deux heures après me dépose à la Dumbea à l'entrée du pénitencier. Là je suis la belle allée de *palmea gigantea* qui conduit à l'habitation du directeur où une gentille fillette m'apprend que son père vient de partir pour la sucrerie. Pendant qu'on va le chercher, je parcours le jardin où les plus belles de nos fleurs européennes se mêlent aux fleurs du pays. L'aubergine, la tomate, la salade et le chou sont à côté du manioc, du taro et autres plantes indigènes; le raisin, les pêches, les poires à côté de la banane et de l'ananas. Les abords du château sont garnis de belles rocailles et de fougères arborescentes. Le maître de la maison arrive, fait atteler un tilbury et me conduit lui-même à la visite de la ferme. Elle compte 3,500 hectares et 200 condamnés sont employés à la culture.

On y cultive la canne à sucre, le café, le mûrier, la vanille et la luzerne qui, arrosée, donne jusqu'à huit coupes par an. La propriété a été négligée, mais elle se relève et produira de 2 à 300,000 francs par an à partir de l'année prochaine. On a fait pour le moment cent tonnes de sucre, mais on en fera bientôt davantage, sans compter un bon nombre de barriques de rhum ou de tafia.

Nous passons devant une vaste écurie en construction dans laquelle il y aura bientôt soixante juments et les étalons. Plus loin d'autres écuries recevront les bœufs et les vaches. L'usine à sucre est montée selon la méthode de Bourbon; le jus est bouilli dans des chaudières ouvertes; on n'a pas encore adopté la méthode perfectionnée de l'ébullition dans le vide au moyen de cloches fermées. A côté sont les ateliers de réparation qui, comme l'usine, marchent au moyen d'un moteur hydraulique. Plus loin une briqueterie fait toutes sortes de briques, de tuyaux et de tuiles plates. Je remarque que celles-ci se vendent 65 francs le mille, moins qu'à Marseille. On me montre aussi les petits porcs qu'il vient d'acheter au prix de 400 francs la pièce, dans le but de commencer une porcherie annexe d'une vacherie laiterie.

Au déjeuner, on parle encore des forçats; c'est une conversation presque obligée pour l'étranger qui désire s'informer. Sur les 200 qui travaillent à la ferme, il y a un ingénieur condamné pour faux en écriture; un élève des Arts et Métiers, condamné pour fausse monnaie; des militaires, des notaires, des bacheliers, etc.; ils ont tous le même costume. Les courriers, à l'intérieur, sont faits par des condamnés qui portent la correspondance sur un petit âne. Un de ces courriers, dans les environs, profitait de sa situation pour faire des commissions et même un petit commerce. Il recevait des bonnes-mains et obtenait de petits profits. Or, comme on le savait très économe, on supposait qu'il devait avoir déjà un certain pécule. Il y a peu de jours, deux condamnés, dans le but de le voler, ont quitté de nuit leur camp, sont allés lui couper le cou dans son habitation, ont lavé leurs vêtements et sont revenus se coucher au camp. Ils sont actuellement arrêtés sous prévention.

Voilà des drames connus, mais qui dira ces drames inconnus qui doivent se passer dans la forêt, et surtout ceux qui ont lieu en mer? Les évadés saisissent un canot, s'y installent sept à huit avec tout ce qu'ils ont pu voler de provisions et quelques cocos; ils rament lorsqu'ils n'ont pas de voiles; les jours se succèdent et on ne voit point de terre; le dernier coco a été bu, il y a plusieurs jours, la dernière bouchée a disparu depuis longtemps; qui sait si les survivants ne tirent pas au sort pour qu'un d'eux ne serve pas de nourriture aux autres! Que d'horribles choses raconteraient les vagues de la mer de la Nouvelle-Calédonie si elles pouvaient parler!

Je désirais finir la journée par la visite de la ferme-orphelinat de Saint-Louis, à 16 kilomètres de la Dumbea. Mes aimables hôtes, avec leur fillette, m'y accompagnent en voiture. Deux vigoureux chevaux franchissent la distance en une heure; la route est gracieuse et pittoresque; nous laissons à gauche l'ancienne ferme-école, maintenant orphelinat de Yahoné, à droite, le pensionnat de la Conception, et nous arrivons à Saint-Louis vers trois heures.

Nous visitons un village canaque de l'autre côté de la rivière, au bas du mamelon sur lequel s'élève l'église paroissiale de Saint-Louis. De grandes avenues régulières plantées de cocotiers servent de rues, et sous le feuillage de ces grands arbres s'élèvent les modestes cabanes des villageois canaques, qui sont là environ 200. Ils sont chrétiens. Chaque famille a sa cabane et son jardin. Ces cabanes sont plus commodes que celles que j'avais vues, il y a deux jours, sur la montagne; elles ont portes et fenêtres et quelque peu de mobilier. Nous voyons peu d'habitants; les hommes travaillent à la montagne, aux plantations du taro, et ne sont pas encore rentrés; nous ne voyons par-ci par-là que quelques femmes. Une d'elles nous présente ses trois bébés négrillons; elle a été élevée par les Sœurs et parle bien le français; elle est bien jeune, vingt ans à peine, et trois fois maman. Je lui demande si le mari la traite bien; pour toute réponse, elle se contente de sourire. Je l'engage, en tout cas, à lui demander du savon, car les enfants sont très sales et les haillons de la mère ne ne sont pas plus propres.

A notre retour, on nous fait les honneurs de la propriété. Nous passons à l'usine à sucre; elle est toute semblable à celles de Bourbon et à celle que j'ai vue le matin à Dumbea; mais au lieu de deux turbines il y en a quatre. On fait là de 6 à 35 tonnes de cassonade, selon les années, et on la vend 600 fr. la tonne. Les sauterelles sont toujours le grand amateur de la canne et le grand ennemi du cultivateur. Dans la cave, je vois six cuves à fermentation et deux grands alambics; on fait de 2,000 à 4,000 litres de rhum par an. La canne dure quatre ans et donne trois coupes durant cet espace de temps.

Près de l'usine sont les ateliers de réparation : forges, scies, etc. Une roue hydraulique sert de moteur à l'usine et aux ateliers. Plus loin, les écuries ont de nombreux chevaux de trait et de labour. La propriété compte 800 hectares, le travail est fait par les enfants canaques des deux sexes. Ils sont environ 200 de 10 à 18 ans, moitié garçons, moitié filles : celles-ci sont confiées aux Sœurs. Ces enfants arrivent là de tous les points de l'île. Ce sont ceux qui se distinguent dans les écoles des différents postes. Ils reçoivent ici l'instruction professionnelle. Ils ont quatre heures de classe par jour, apprennent la lecture, l'écriture, le calcul, la religion, et le reste du temps est consacré à la culture et aux ateliers. Lorsqu'ils rentrent chez eux, ils portent dans la tribu l'éducation chrétienne et des connaissances utiles. C'est le moyen le plus pratique de propager la civilisation parmi les indigènes. Au jardin, par-ci par-là, des groupes de garçons et des groupes de filles sont occupés à la culture de la canne, du taro ou des légumes.

Je remarque les différentes espèces de taro, celui de l'Afrique a la feuille très large. Cette plante ne produit qu'une ou deux racines, l'igname produit deux ou trois racines qui pénètrent profondément dans le sol, on enlace la plante sur des rameaux comme pour les haricots. Le manioc, dont on fait le tapioca, donne douze ou quinze racines horizontales, et la patate douce, dans ses nombreuses variétés, est aussi très productive. Parmi les bananiers, je remarque celui du Brésil, dont la plante est très grande, mais le régime petit est garni de bananes courtes et délicieusement parfumées. Le bananier de Chine, plus petit, donne par contre de grosses bananes groupées dans d'énormes régimes qui en comptent jusqu'à 250. Toute la collection des fruits des tropiques est présente, mais les noms changent et ne sont pas toujours les mêmes que ceux que j'ai appris au Brésil, au Pérou, en Chine, aux Antilles et dans l'Inde. Les nombreux cocotiers donnent du coprah, qui se vend 300 fr. la tonne. Je vois aussi nos fruits et nos légumes d'Europe, mais le Père me dit que pour les tomates, les choux, les carottes, etc., il faut tous les deux ans faire venir la graine d'Europe. Après deux semences, la graine dégénère et ne donne plus qu'un produit insignifiant.

Parmi les jeunes négresses, je distingue une albinos et on me dit que ces cas ne sont pas rares.

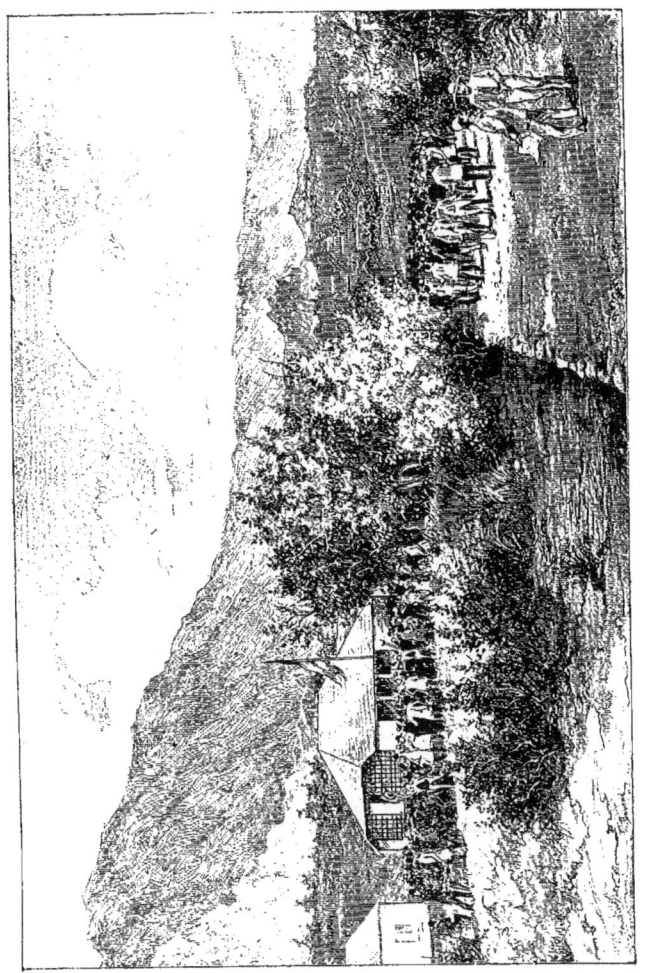

Ile de la Réunion. — Cilaos. — L'hôtel de ville le jour d'élections.

Un très aimable vétéran de la marine, ancien capitaine de frégate, aujourd'hui capitaine du navire de la mission, me conduit dans une autre partie de la propriété. Là, une rivière paisible coule à pleins bords sous les rameaux des cocotiers. J'y prends un bain, et sur certains points, je perds pied, tellement l'eau est profonde. Ces bains procurent un doux délassement, après les courses fatigantes sous un soleil brûlant. Je me délecte à nager, lorsque je sens à chaque instant heurter mon dos; je pense que ce sont des branches ou des feuilles. Ne voyant rien, je cherche à me rendre compte du phénomène, et je m'aperçois enfin que j'ai affaire à de charmants petits poissons qui viennent me piquer mon dos et se sauvent rapidement. Veulent-ils jouer? Sont-ils anthropophages ou viennent-ils simplement chasser l'étranger qui vient troubler leur repos? Au sortir du bain, je vais me reposer dans une vallée délicieuse, au bout de laquelle je vois une mère et ses deux enfants à genoux devant une grotte, imitation de celle de Lourdes. Pendant que je contemple ce touchant tableau, une troupe de jeunes Canaques arrive et se prosterne à genoux. Une d'entre elles, qui porte un camail distinctif, récite plusieurs *Ave Maria*, l'*Angelus*, et le jeune groupe se retire en silence. Ce sont les enfants de Marie qui font à leur mère la visite du soir. Que la prière est douce à l'âme, après la journée du labeur quotidien!

Nous rentrons en suivant la conduite d'eau : les Pères ont fait des travaux considérables pour amener l'eau de la montagne sur le monticule où s'élèvent l'église et l'orphelinat, et d'où elle se répand sur toute la propriété.

Nous causons sur les premières difficultés de la mission. Après les premières prédications, les femmes disaient aux hommes : c'est à toi à porter les fardeaux, et l'homme trouvait que le christianisme n'était pas tout profit pour lui. Le Père me parle longuement des mœurs et coutumes des indigènes dans les premiers temps et au temps actuel, puis la cloche appelle à la prière du soir, et nous allons à l'église. Les 200 élèves occupent une grande partie de la nef; les villageois voisins arrivent aussi après le travail de la journée et les mamans tiennent un enfant dans les bras et un autre par la main. Après le chapelet et la prière, on chante un cantique. C'est avec émotion que j'entends les voix enfantines répéter ces accents :

> Sur l'Océan du monde
> Je vogue loin du port;

> Sur moi l'orage gronde,
> Ciel! quel sera mon sort?
> Tu fus dès mon aurore
> Mon guide et mon soutien.
> Plein d'espoir je t'implore,
> O mon ange gardien!
> Aux rayons de l'étoile
> Qui scintille à nos yeux,
> Guide, guide ma voile
> Vers la cité des cieux!

Pendant que les enfants achevaient le dernier couplet, le soleil couchant, renouvelant son phénomène habituel d'aurore boréale, inondait le ciel d'une lueur rougeâtre qui éclairait l'église à travers les vitraux... le silence succède au chant... Combien ce recueillement est doux à l'âme, et que ce silence est éloquent auprès du Père céleste. Ma pensée se reportait à ces premières années où, sur les bancs du collège, j'avais, moi aussi, chanté la prière à l'ange gardien!

Après l'âme, le corps; il faut à chacun sa nourriture. Le souper nous appelle, la conversation se prolonge bien tard après le repas, et nous sentons enfin qu'il est temps de chercher le repos nécessaire.

Chapitre Neuvième.

Les Sœurs de Saint-Joseph de Cluny et l'établissement de la Conception. — Le coco. — Un forçat parmesan. — La pirogue canaque. — La pêche. — Le village de la Conception. — L'industrie. — Le pilou-pilou. — L'orphelinat de Yahoné. — Le départ. — Les concessions de terre. — L'administration. — Contributions. — Importation. — Exportation. — Navigation. — Revenu. — Dépense. — Instruction publique. — Justice. — Clergé. — Gouvernement. — Une commission et ses propositions pour relever la colonie. — Il faut regarder de plus haut. — Les vraies réformes. — Un chef de loge. — Arrivée à Sydney.

Le 23 janvier, de grand matin, je dis adieu à Saint-Louis, et, sur le cheval de selle de la Mission, je me dirige vers la baie de la Conception. La vaillante bête semble peu gênée par le poids du cavalier, et dévore l'espace. Les 7 ou 8 kilomètres sont bientôt franchis, et j'arrive à l'établissement de la Conception, sur le flanc d'un gracieux monticule. Les Sœurs de Saint-Joseph de Cluny ont là un pensionnat qui compte 25 élèves, actuellement en vacances. Je me présente à la Supérieure, et nous visitons l'établissement. Les plafonds sont élevés, les classes et les dortoirs bien aérés, la vue sur la baie ravissante.

Les Pères qui sont venus dans ces missions en 1845, au commencement, et qui en ont suivi les péripéties, connaissent à fond les Canaques; ils me confirment tous les détails que j'ai déjà donnés. Il ont fait plusieurs travaux en langue canaque et me montrent entre autres un catéchisme et une histoire sainte. Nous parcourons les jardins. Comme ceux de Saint-Louis, ils sont merveilleux d'ordre et de beauté. J'y vois entre autres de superbes framboises, des asperges à côté des caféiers et des bambous ; les merles et les perruches voltigent dans les orangers et les cocotiers. Je ramasse un très gros coco, et un des Pères le confie à un *forçat*, qui a bientôt enlevé la filasse et ouvert la noix. J'y trouve une eau rafraîchissante et la chair de la noix est agréable. C'est cette chair qui forme le coprah dont on extrait l'huile de coco, employé surtout dans la savonnerie. On en obtient du beurre en faisant bouillir la noix fraîche et en recueillant l'huile qui surnage. La première écorce détrempée durant quinze jours dans l'eau de mer donne cette filasse qui sert à faire des cordes, des nattes, des tapis.

Je m'aperçois à l'accent que le forçat est étranger, et lui demande son pays : *Io son da Parma*, me dit-il. — Et comment es-tu venu ici ? — *Mi han preso a Marsiglia.* — Tu as donc fait quelques sottise ? — Le Père me dit : Il a seulement tué sa femme. — Es-tu content ici ? — *Assai.* — Ta peine est-elle bien longue ? — *Non ho piu che 101 anni di lavori forzati !* Je n'ai plus que 101 ans de travaux forcés.

Nouvelle-Calédonie. — Pêcheurs Canaques.

Nous suivons notre promenade, et de la plage, j'aperçois une femme avec son enfant conduisant une pirogue. Ces pirogues sont des troncs d'arbres creusés. Deux pièces de bois transversales vont saisir au moyen de fourches une poutre parallèle à la pirogue, placée à la distance de 2 mètres. Cette poutre fait balancier et empêche la pirogue de chavirer. Les Canaques peuvent, de cette manière, aller au loin au moyen d'une voile et rester longtemps en mer. Ils augmentent l'espace au moyen de parois de planches sur la pirogue, et de planches transversales sur les autres pièces de bois ; ils arrivent ainsi à un radeau plus ou moins grand, très ingénieux et insubmersible.

Un peu plus loin un chef indigène lance son filet, et il est formé d'un fil fin, fort et régulier ; ce fil est fait à la main avec certaines lianes. Je n'en ai jamais vu d'aussi beau ni d'aussi fort. Les mailles du filet sont parfaitement régulières. Sur un côté, des cailloux liés de distance en distance le tiennent au fond de l'eau ; de l'autre côté, des petits morceaux de bambou le font surnager. Le Canaque jette ce filet avec une grande rapidité, forme un rond, joint les deux bouts et se place au milieu. Les poissons enfermés dans ce rond se sauvent et sont pris aux mailles. Quelques-uns pourtant sautent par-dessus à la manière des truites ; le pêcheur ramasse sa proie et recommence l'opération un peu plus loin.

Nous passons au village de la Conception. Une cinquantaine de cases sont groupées sous les cocotiers et habitées par 200 Canaques venus du Nord. Un peu plus loin, un autre village réunit les Canaques anciens habitants du district. La case du chef est un immense cône en forme de ruche d'abeilles. Toujours les mêmes sculptures au sommet et aux deux côtés de la porte. A l'intérieur, une table et quelques ustensiles indiquent le commencement de la civilisation ; les autres cases sont rondes ou quadrangulaires, formées d'écorces de niaoulis, de paille, de bois ou de maçonnerie ; elles sont presque toutes parquetées en planches ; dans une d'elles j'aperçois même un lit. Les jeunes mères s'occupent de leurs bébés. Le Père me montre trois belles-sœurs dont une est *tabou*, c'est-à-dire fille de chef, et considérée comme sacrée. Quelques hommes sont occupés à faire du filet ; un d'eux forme le fil en tordant par le frottement de la main sur les genoux des filaments de lianes. J'achète son fil, qui fera l'admiration de tous ceux qui le verront.

D'autres Canaques me vendent des casse-tête en forme de bec d'oiseau, des lances, des frondes avec leurs pierres ovales. Le sac qui leur sert à les porter est d'un superbe travail. J'achète aussi des lances et d'autres armes, et voyant aux mains d'un enfant une statue de femme sculptée sur bois, je cherche les parents pour la demander et l'acheter. La mère me renvoie au père, et celui-ci me dit : je ne la vends pas, je vous la donne ; je lui remets une monnaie pour acheter à l'enfant un autre joujou.

Désirant avoir une idée de la danse canaque, je les prie de faire un *pilou-pilou*, danse guerrière ; ils cherchent à s'exciter, s'appellent, poussent des cris, mais le plus grand nombre reste indifférent ; les jeunes sont au travail dans la montagne. Un d'eux pourtant saisit un casse-tête à bec d'oiseau, et le brandissant par-dessus la tête, se met à sauter à la manière des Kanguroos, en poussant des cris analogues à ceux du chat qui se défend contre les chiens. Les mamans et les bébés arrivent, et ce qui reste de monde au village est bientôt rassemblé ; quelques-uns battent la mesure en frappant d'un bois sur une planche, d'autres poussent des cris, mais faute de jeunesse, l'élan est bientôt éteint. Je quitte ces braves gens et le Père, et reprends mon coursier qui a bientôt franchi les 6 kilomètres séparant la Conception de l'orphelinat de Yahoné.

Il y avait autrefois à Yahoné une ferme-école, cultivant 600 hectares. L'établissement n'ayant pas prospéré, 525 hectares ont été loués à un colon, et sur les autres 75 hectares on a établi un orphelinat confié aux Petits Frères de Marie. Ils sont là une centaine d'orphelins, noirs, blancs et métis, entretenus aux frais de l'État. Les enfants sont occupés à la culture et aux ateliers de réparation. Dans le jardin je vois de beaux araucarias de l'île des Pins, des cèdres du Brésil à feuille épineuse, des acacias, des hêtres, de superbes bambous. La forêt voisine abonde en bois de sandal. C'est à Yahoné qu'on a établi le barrage pour la prise d'eau qui va à Nouméa.

Je quitte les bons Frères, et mon rapide coursier me ramène bientôt à Nouméa, distant de Yahoné de 10 kilomètres. Le reste de la journée se passe en visites de remerciements et de congé, auprès du gouverneur, de l'évêque et autres personnes qui m'avaient comblé de prévenances. Le lendemain, la matinée est occupée à acheter des photographies et objets indigènes. A onze heures, je suis sur mon navire, qui se met en route à midi.

C'est alors que je lis divers documents qui m'ont été remis. Dans l'annuaire, je trouve les conditions auxquelles les terres sont concédées. Le prix des terres du domaine, à donner en concession, est fixé à 24 fr. l'hectare payable en douze ans. On paie 50 centimes par hectare et par an pendant les trois premières années, 1 fr. pendant les 10e, 11e et 12e années. Ces versements sont faits par semestres anticipés, mais on peut toujours se libérer d'avance. Bien des personnes ont profité de ces conditions favorables pour acquérir plusieurs milliers d'hectares dans les meilleures situations. Les immigrants, quelle que soit leur nationalité, ont droit à une concession gratuite de 3 hectares de terre à culture, et de 5 hectares pour les familles composées de quatre personnes et au-dessus. De plus, ils reçoivent un lot de village, lorsqu'il en est créé un dans les environs de la concession. Ces immigrants sont tenus de résider pendant cinq ans sur la concession et de la mettre en valeur.

Les officiers, civils et militaires ou assimilés, les sous-officiers, ou agents assimilés, les militaires, marins et agents qui, après leur retraite ou congé veulent se fixer dans la colonie, reçoivent gratuitement une quantité de terre égale à celle donnée aux immigrants et aux mêmes conditions.

Trois hectares de terre à culture sont aussi donnés aux jeunes immigrants patronnés par le département de la marine et des colonies, et aux jeunes filles et garçons élevés dans les orphelinats de la colonie au moment de leur mariage ou de leur majorité.

Nouméa possède un Conseil municipal élu ; les autres centres sont administrés par une commission municipale composée de trois membres, dont un peut être étranger. Ils sont désignés par la population et nommés par le gouverneur qui choisit le président et l'adjoint. Nouméa jouit de l'entrepôt à domicile des marchandises durant trois ans.

Une contribution foncière de 1 % ad valorem grève les terrains urbains et ruraux. Les commerçants paient un droit de patente qui va de 50 fr. à 1,200 fr. Les droits d'enregistrement sont de moitié inférieurs au tarif fixé pour la mère-patrie. Il y a en outre les droits de pilotage, du phare et du balisage ; les droits sur les liquides, sur les licences, sur les concessions de cuivre et exportation de minerai et les diverses contributions municipales. Celles-ci, pour la commune de Nouméa, atteignent en moyenne la somme d'environ 275,000 fr.

Le chiffre d'importation est d'à peu près 15,000 millions. L'exportation de 8 millions ; 160 navires fréquentent annuellement les ports de la Nouvelle-Calédonie, donnant une jauge de 100,000 tonneaux environ.

L'industrie minière est celle qui fournit le plus à l'exportation. On exporte en moyenne 500 tonnes de nickel, 125 tonnes de cobalt, 2,800 tonnes de cuivre, 1,500 tonnes de fer chromé, 1,000 tonnes de fonte de nickel, 250 tonnes de fonte de cobalt, et aussi un peu d'or.

Le bétail, quoique éprouvé par la sécheresse, dépassera bientôt les besoins de la colonie.

La colonie reçoit de la mère-patrie une subvention annuelle de 200,000 fr. environ.

Pour l'instruction publique, il y a un collège (enseignement secondaire) à Nouméa.

L'enseignement primaire compte une école de garçons et une de filles à Nouméa, une de garçons et une de filles à Païta, et une école mixte dans chacune des localités ci-après : Dumbea, Bouloupari, Moindou, Houïlou, Pounérihouen, Ouégoa. L'enseignement libre a ouvert des écoles de garçons à Nouméa, Bourrail, Païta, Nathalo (Lifou), Saint-Louis, Vao (îles des Pins), et des écoles de filles à Nouméa, Conception et Bourrail.

La justice est administrée par un tribunal supérieur, composé de trois membres avec procureur de la République ; par un tribunal de première instance et un de commerce. Il y a, en outre, des justices de paix à Nouméa, à Canala, à Ouégoa et aux Loyalty.

Le clergé colonial compte 1 évêque, vicaire apostolique, 5 curés, 7 aumôniers et 26 missionnaires apostoliques. Le culte réformé a un pasteur protestant. La colonie est administrée par un gouverneur assisté de son conseil, faisant fonction de conseil général.

Un autre document important qui m'a été remis est le rapport d'une commission nommée par le gouverneur, pour étudier les divers moyens de faire prospérer la colonie. Elle était composée de 28 personnes choisies parmi les fonctionnaires, négociants, éleveurs, médecins, ingénieurs, colons, etc.

Cette commission a fait un travail consciencieux. Les utopies qui nous sont trop habituelles y ont été émises, mais la majorité s'est arrêtée aux solutions du sens pratique.

La Commission signale comme une des causes du peu de succès de la colonisation le manque de suite dans l'administration. Les gouverneurs se succèdent à courts intervalles ; chacun a ses idées, et souvent le temps se passe à défaire ce qui a été fait par l'administration précédente. Sur la question des déportés, elle se prononce pour le maintien temporaire des condamnés parce qu'ils constituent des consommateurs qui profitent à la colonie, et, par l'exécution des routes et autres travaux publics auxquels ils sont employés, sont des producteurs utiles. Aussitôt que les routes seront finies, la commission demande leur transfert sur un autre point de l'Océan. Elle insiste sur la nécessité d'appeler 4,000 immigrants libres auxquels on payerait le voyage, on donnerait six mois de vivres, 4 hectares de terre cultivable et 20 hectares de terre à pâturage. On répandrait dans ce but à profusion, surtout dans les districts ruinés par le phylloxera, des brochures sur les avantages de l'immigration en Nouvelle-Calédonie, comme on le fait pour les Etats-Unis et autres colonies. La Commission se prononce pour le rétablissement de l'immigration des noirs des Nouvelles-Hébrides, la protection des enfants métis, l'envoi en Nouvelle-Calédonie des enfants assistés, etc.

On ne saurait nier que si toutes ces indications étaient suivies, la colonie arriverait bientôt à un haut degré de prospérité. Mais la commission aurait pu s'élever plus haut et chercher les causes pour lesquelles la France fournit peu ou point d'émigrants. Elle aurait reconnu que ces causes sont graves et multiples et nécessitent la réforme de plusieurs de nos lois. Si de toutes les colonies partaient les mêmes observations, on finirait par ouvrir les yeux dans la mère-patrie. Nous n'avons pas d'émigrants parce que nous n'avons plus de nombreuses familles, et nous n'avons plus de nombreuses familles parce que nous avons détruit les bases de la famille. Nous avons annulé l'autorité paternelle le jour où, par le partage forcé, nous avons constitué les enfants propriétaires et les parents usufruitiers ; nous avons voulu supprimer les aînés, et les parents, pour conserver l'aîné, suppriment les cadets. Notre instruction et notre éducation sont également à refaire. Le petit nombre de ceux qui voyagent sont des oisifs aux poches bien remplies, qui se promènent sans profit pour eux ni pour les autres, dans le seul but de s'amuser. Pour l'éducation, les parents généralement s'en déchargent sur les instituteurs. L'enfant quitte le collège après son baccalauréat, à 18 ans, ayant trouvé chaque jour ses trois repas servis sans savoir ce qu'il en coûte pour les procurer. A ce moment où il aurait le plus besoin d'aide et de conseils, les parents et les instituteurs lui manquent à la fois ; car il doit se rendre dans une grande ville pour la continuation de ses études. Il faudrait une nature extraordinairement bien douée pour que, dans ces conditions, l'enfant inexpérimenté ne passe pas son temps à faire des bêtises ou des sottises ; et ce n'est que vers 25 ou 30 ans qu'il commence à comprendre que la vie est une lutte, et qu'il doit, par le travail et la vertu, chercher à s'y faire une place honorable. Les plus belles années de la vie ont été ainsi perdues, et plusieurs périssent dans le naufrage. Si l'enfant complétait son éducation par un voyage autour du monde, il saurait quels sont les pays qui présentent les meilleures ressources à une vie large et facile. Il compterait moins sur les lambeaux du bien du père et de la mère, et trouverait dans l'émigration le moyen de se créer de bonne heure les ressources nécessaires au au maintien d'une nombreuse famille. Nous aurions alors des émigrants ; et, le jour où nous aurions une bonne émigration dans le

Saint-Denys et le Cap Bernard.

classe moyenne, elle serait bientôt suivie de l'émigration des travailleurs par les relations créées et les besoins de leur concours. On prêche l'extension coloniale. Mais à quoi serviront de plus grandes terres, puisque nous avons à peine du monde pour la France et que nous ne savons pas en envoyer dans les colonies que nous possédons déjà. Que tous les colons, que tous les Français qui aiment leur pays élèvent leurs regards à ces hauteurs, et si à la lumière des faits nos yeux peuvent s'ouvrir, nous aurons le courage d'initier les bonnes réformes à la suite desquelles la France pourra reprendre la place qu'elle n'aurait jamais dû perdre.

Pendant que j'écris ces lignes, le navire s'éloigne, roulant son hélice dans les eaux d'une mer calme sous une température de feu. Tout à coup, un grand bruit se fait entendre, le tube qui marque le niveau d'eau dans la chaudière s'est brisé et la vapeur s'enfuit avec fracas. Il faut vider la chaudière et réparer l'avarie, ce qui nous fait stopper six heures.

25 janvier. — Le lendemain, la mer continue à être calme; les passagers sont gais et contents. Il y a parmi eux le chef d'une des loges maçonniques de Nouméa, car il y en a deux dans cette petite ville. Il me raconte que, la loge française ayant voulu tenir le chapitre avec la loge anglaise, on en a référé au grand chef à Londres, le prince de Galles. La réponse a été négative ; toute communication officielle des loges anglaises avec les loges françaises est interdite tant que le Grand Orient de France persiste dans sa déclaration que la croyance en Dieu n'est pas nécessaire pour entrer dans la franc-maçonnerie.

Le 26 janvier, la mer se met de mauvaise humeur; le 27, la tempête continue et une trombe d'eau s'élève et tourbillonne non loin de nous. Le 28, nous devions arriver; mais le vent debout ne nous laisse filer que sept nœuds, et nous n'entrons dans la baie de Sydney que le 29 janvier, au matin, avec un jour de retard.

Chapitre Dixième.

La Chambre des députés. — Les meetings. — Le ministre et les agitateurs. — Le jour de l'an des Chinois. — Le jeu des sapèques. — Les fumeurs d'opium. — Habitations chinoises. — Retour à Albury et à Melbourne. — Une comète. — Le Musée. — La galerie de peinture. — La Bibliothèque. — Les partis politiques. — Le suffrage quasi-universel. — Le Treasury. — Le Parlement. — Un rebelle devenu speaker. — Les premiers colons. — L'hôtel de ville. — Williamstown. — Départ. — La navigation. — Arrivée à Adélaïde.

A L'ENTRÉE de la rade, le médecin de la santé monte à bord ; il veut voir tout le personnel. Passagers, matelots, cuisiniers, tout le monde se range ; il en sort de tout côté. Il nous passe en revue comme une armée en bataille. Il trouve que nous avons tous bonne mine et nous admet en libre pratique.

Le navire qui doit me ramener en France part à une heure. J'ai juste le temps d'y installer tous mes bagages. Pour quelques fourrures, j'arrive même en retard ; il a quitté le môle ; mais, comme il manœuvre lentement, je le rejoins avec une barque. Je le quitte encore pour le retrouver à Melbourne.

Le reste de la journée se passe en visites de congé et à écouter les orateurs à la Chambre des députés. Comme en Angleterre, l'installation est des plus simples; les députés tiennent leur chapeau sur la tête. Les orateurs parlent de leur siège ou s'avancent au milieu de la salle. Ils s'adressent au *speaker* ou président. Leurs discours sont brefs et incisifs. Il s'agit d'un projet de loi tendant à accorder le passage gratuit en chemin de fer aux enfants qui se rendent à l'école publique. Les catholiques qui ont partout créé leurs écoles demandent que la même faveur soit accordée à leurs élèves.

La discussion se passionne et s'envenime entre orateurs catholiques et protestants. Au moment où ils vont au thé, j'aborde un député catholique et je lui demande son jugement sur le sujet. Il regrette cette discussion irritante ; il pense que dans peu de temps on aurait pu, avec chance de succès, demander la modification de la loi scolaire et obtenir que chaque communion religieuse reçoive une somme au *prorata* des élèves instruits par elle, et qui auraient subi avec succès les examens généraux devant une commission nommée par l'État. Les protestants reconnaissent eux aussi les inconvénients d'une instruction d'où l'élément religieux est banni. Les Sunday's schools (écoles dominicales) font de leur mieux pour combler la lacune, mais il reste quand même une quantité d'enfants privés de toute instruction religieuse, et ils sont autant d'éléments de dissolution dans la société.

Le soir, en rentrant d'une réunion charitable, je vois à l'entrée d'un parc un groupement autour d'un orateur. Celui-ci, debout sur le piédestal d'une statue, s'élève contre l'importation d'immigrants, il dit que le prix des journées diminue, que le travail manque aux ouvriers et qu'on leur ôte le pain, en amenant de nouveaux travailleurs aux frais du public. Il y a quelque temps, durant une crise, à la suite de plusieurs meetings, les ouvriers exaltés s'étaient portés au nombre de mille environ devant l'habitation du Président du Conseil des ministres, réclamant du travail. Celui-ci paraît au balcon et les harangue : « Ce n'est pas l'affaire du gouvernement, dit-il, de chercher du travail à l'ouvrier ; mais, pour une fois, nous voulons bien faire exception au principe. Nous allons ouvrir une carrière de pierres ; que tous ceux qui sont sans travail s'inscrivent, on les payera 4 sh. (5 fr.) par jour. » Des réclamations s'élèvent de tout côté ; je suis charpentier, dit l'un ; je suis imprimeur, ajoute l'autre ; nous ne saurions travailler à la pierre. — « Ah ! vous ne sauriez travailler à la pierre, ajoute le ministre, eh bien ! moi qui suis ministre, j'y ai travaillé en arrivant dans la colonie. Que ceux qui veulent s'inscrire s'inscrivent, ceux qui ne le veulent pas sont libres, mais ils prouvent qu'ils n'ont pas envie de travailler. » Sur les mille, deux cents à peine se firent inscrire, et quelques jours après ils avaient presque tous disparu. La présence d'esprit et l'aplomb du ministre avaient ainsi fermé la bouche aux agitateurs.

C'est le jour de l'an des Chinois ; il est onze heures du soir. Nous

Village de Berbera en face d'Aden.

rencontrons un *détective* dont nous avions fait la connaissance. Il avait arrêté la veille un filou qui avait pris plusieurs objets dans sa chambre ; je le prie de nous faire visiter le quartier chinois. Les portes sont fermées ; il frappe, on ouvre, il décline ses nom et qualités, et nous passons. Nous sommes chez un riche marchand; il nous conduit à l'étage supérieur. Une grande table contient toute sorte de bonbons et de liqueurs qui font le bonheur de plusieurs enfants. Au fond de la salle quelques cierges brûlent devant une statue de Bouddha. La femme, qui est Anglaise, nous passe des gâteaux et nous offre du vin. Nous saluons ces braves gens et continuons notre course. Une petite porte s'ouvre au milieu d'une devanture de magasin ; nous nous courbons pour y passer, et dans l'arrière-boutique, nous trouvons une quantité de Chinois jouant aux sapèques. Le système est le même qu'à Macao. Les joueurs placent leur mise devant eux ; le banquier prend une poignée de sapèques et les élimine 4 par 4 au moyen d'un bâtonnet. A la fin il en reste 4 ou 3, ou 2, ou bien une, et sur cette donnée du hasard, le banquier ramasse les mises des uns, paie le double ou le quadruple aux autres. A notre approche, les joueurs cachent les sapèques, et il faut que notre *détective* les rassure pour qu'ils consentent à jouer devant nous.

Dans une autre boutique, nous trouvons les fumeurs d'opium accroupis et plongés dans leurs rêves. Je n'avais jamais vu fumer l'opium ; un fumeur veut bien allumer sa lampe, prendre au bout d'une aiguille la goutte d'opium dans le petit flacon, la brûler et préparer à la lampe pour la tranformer en une sorte de petit pois ; il le place sur le trou minuscule d'une boule de fer attachée à un tuyau gros comme une flute. Il approche l'instrument de la lampe, aspire deux ou trois gorgées et l'opération est finie.

Dans cet établissement nous voyons les nombreuses cases des Chinois qui y logent ; toutes les chambres, de la cave au grenier, sont remplies d'étagères superposées servant chacune de lit à un enfant du Céleste Empire ; quoi d'étonnant à ce que, faute d'air, ils meurent presque tous poitrinaires.

Nous visitons encore quelques établissements tous à peu près semblables ; le *détective* nous raconte les finesses des *larrikins* (voyous) pour dépister la police et éviter d'être pris en flagrant délit. Puis je rentre à l'hôtel prendre un repos bien nécessaire.

Le 30 janvier, je fais encore quelques excursions et des visites d'adieux. Je salue les Pères Maristes qui reçoivent ce jour même leur Supérieur revenant d'Europe. Ils ont remarqué qu'à l'arrivée ici des navires de guerre français, les matelots édifient ou scandalisent la population suivant qu'ils s'abstiennent de tout désordre ou qu'ils s'adonnent à l'ivrognerie ; et que cela dépend beaucoup de ceux qui les commandent. Enfin, le soir à cinq heures, je monte en wagon et passe la nuit dans le sleeping-car. Je ne décrirai pas une seconde fois la route entre Sydney et Melbourne ; elle est de 576 milles et dépasse sur certains points les 2,000 pieds d'altitude.

Le matin, je descends à Albugy où j'ai un ami. Celui-ci m'attendait à la gare avec sa voiture; il me conduit chez lui à la campagne. Après le déjeuner il me ramène à Albury et me présente à M. le curé. Celui-ci nous fait visiter ses écoles de garçons qui comptent 150 élèves, et le couvent des Sœurs de la Merci qui en a plus de 200.

A une heure, je reprends le train qui me dépose le soir à Melbourne La comète qui m'avait suivi depuis Nouméa brille en ce moment sur la ville.

Le lendemain, je parcours les musées que je n'avais pas eu le temps de voir lors de mon premier passage. Ils sont intéressants et instructifs. Au Musée industriel, tous les modèles des machines employées dans les mines initient le public aux méthodes d'extraction et manipulation des divers minerais. Une pyramide de lingots, imitation or, représente la quantité d'or extrait de Pleasant Creek dans une période de 10 années. La Compagnie a broyé 250,000 tonnes de minerai et en a obtenu 300,000 onces d'or, soit plus de 9 tonnes d'or.

La galerie de peinture montre beaucoup de bonne volonté pour les arts dans la jeune colonie. De nombreux Chinois s'extasient devant quelques tableaux de bataille. A la bibliothèque, très bien fournie, je remarque plusieurs lectrices dans un compartiment réservé aux dames. Une grande salle réunit de nombreuses curiosités indigènes provenant de la Nouvelle-Guinée, des Salomons, de la Nouvelle-Angleterre et Nouvelle-Islande, de la Nouvelle-Calédonie et autres îles.

Je fais quelques achats, quelques visites d'adieu et me rends chez le botaniste du gouvernement. Ce bon vieillard, qui plus que tout autre, a vulgarisé l'eucalyptus en Europe, me reçoit avec bienveillance, m'entretient de ses nombreux travaux scientifiques et me donne des lettres de recommandations pour un député.

Je suis assez heureux pour rencontrer chez lui ce bon député, à l'autre bout de la ville. Il veut bien causer politique avec moi. Le Parlement est divisé en deux partis qui s'équilibrent à peu près. Le ministère est un ministère de compromis, composé de membres des deux partis, c'est pourquoi tout chôme : la lutte est nécessaire pour stimuler l'activité. Le suffrage est à peu près universel : l'électeur doit savoir lire et écrire, posséder une propriété d'une certaine valeur, ou payer tant de contribution. Tout le monde sent l'inconvénient d'un suffrage si étendu, mais personne n'ose y toucher. Le peuple en a goûté; il serait difficile de le lui retirer.

Le 2 février, à neuf heures du matin, grâce à l'appui du député, je puis visiter les ministères. Le vaste et superbe bâtiment qui les renferme est connu sous le nom de Treasury. Tous les ministères y sont installés confortablement. Du haut de la construction, on domine les jolis jardins qui l'entourent, et la ville avec ses nombreux faubourgs.

Je passe ensuite au Parlement ; une vaste et superbe salle des pas-perdus est décorée au centre de la statue de la Reine. La Chambre des députés et celle des sénateurs sont aussi riches et confortables que celles des parlements européens. Je demande à mon guide pourquoi les législateurs n'ont pas devant leur siège une estrade ou bureau ; il me montre un petit tiroir sous le siège de chacun. On a beaucoup proposé de faire cette amélioration, mais on a répondu que ce n'était pas l'usage en pays anglais. Est-ce du conservatisme ou de la routine ?

On me montre le siège de l'Alderman. Celui-ci est l'homme d'armes chargé de faire exécuter la loi et les décisions de la Chambre. Si un député est exclu ou condamné à la prison par ses collègues, c'est lui qui doit l'appréhender, l'expulser ou l'enfermer.

Mon aimable cicerone me présente au speaker ou président de la Chambre ; il n'a qu'un bras, et je lui demande ce qu'il a fait de l'autre. En 1853, il était à Bathurst à la tête de l'insurrection des mineurs ; il reçut une balle et dut être amputé. Le gouvernement l'avait déclaré rebelle et mis sa tête à prix ; maintenant il préside le Parlement.

Vicissitudes humaines !

La salle du Congrès, dans laquelle à certaines occasions, se

Aden. Les fortifications.

réunissent les deux Chambres, est magnifique. Le buffet ne manque pas. La salle de la majorité, celle de la minorité pour concerter leurs votes, et bien d'autres commodités, montrent que les députés et sénateurs des Antipodes aiment aussi le confort. Les sous-sols renferment les innombrables liasses des archives pour la future histoire du pays. Elle sera curieuse. Les premiers colons furent des lutteurs à tout oser. Pour répondre à leur demande de séparation de la Nouvelle-Galles du Sud, l'Angleterre décida de leur donner une représentation au Parlement du Sydney en nommant quelques députés; ils trouvèrent le remède illusoire, et pour bien le faire sentir, ils nommèrent pour leur unique député le ministre des colonies anglaises. L'ironie fut sentie et justice leur fut rendue.

Nous passons à l'hôtel de ville de Melbourne ouest, le Melbourne est a aussi le sien. La grande salle est ornée d'une douzaine de tableaux, portraits des premiers maires. Une vaste pièce pouvant contenir 3,000 personnes sert aux *Oratorios*. Ce sont des concerts populaires de musique classique. Un orgue de premier ordre orne le fond de la salle. La municipalité la loue dans certaines occasions ou la prête pour des concerts de bienfaisance.

A midi, je me rends à la gare de Spencer Street. Dans une demi-heure, le train me conduit à Williamstown, où s'arrêtent les grands navires. Sur les deux côtés du même môle sont deux grands steamers prêts à partir.

Je visite l'un d'eux; l'espace réservé aux passagers est grand; les cabines de première classe sont vastes et bien aménagées; celles qui ont vue sur la mer ont de l'air respirable, de même que celles qui regardent à l'intérieur; le sabord qui ouvre sur la mer est une vraie fenêtre, et mon lit n'est pas moins bon que ceux des meilleurs hôtels; la cuisine, installée sur le pont, est vaste et propre; un *bar* élégant sert la bière et les liqueurs; les baignoires sont en marbre, les chambres de bain spacieuses; partout l'espace, l'air, l'ordre, la propreté; le service est de premier ordre et le personnel poli et prévenant. De l'aveu de tous les voyageurs, la Compagnie des Messageries maritimes est la première du monde pour l'aménagement de ses navires, pour la table et le service. Preuve de plus que lorsque le Français veut s'en donner la peine, il peut réussir et faire mieux que les autres.

A une heure précise, la cloche dit aux visiteurs qu'il est temps de quitter le navire; les amis embrassent les amis et s'éloignent du môle. Pendant que les mouchoirs s'agitent, un amateur à bord joue sur le cornet à piston un adieu touchant; lorsque les dernières notes mélancoliques ont cessé de se faire entendre, nous marchons dans Port-Philippe à grande vitesse. Cette immense baie ressemble un peu à la vaste nappe d'eau du lac de Constance. Un dernier salut est échangé avec un navire de guerre, puis bientôt les nombreux faubourgs de Melbourne disparaissent à nos yeux. Après quatre heures de marche, le navire stoppe près de la passe; un petit steamer nous accoste et reçoit plusieurs de nos passagers ; c'étaient les parents et les amis qui étaient venus accompagner un jeune couple qui s'en va en Angleterre en voyage de noces.

Au sortir de la baie, nous trouvons la mer en courroux. Des vagues grandes comme des montagnes soulèvent la vaste coque du navire et s'en font un jeu; le spectacle est sublime, mais les estomacs ne sont pas à l'aise.

3 février. — La mer a été agitée toute la nuit et aujourd'hui elle est toujours en fureur, mais vers deux heures, lorsque nous approchons de l'île de Kanguroo et que nous passons le détroit de Backstairs, les eaux sont calmes et notre navigation dans le golfe de Saint-Vincent est tranquille.

4 février. — A huit heures du matin, le navire jette l'ancre dans Largs-bay, en face le sémaphore. La presqu'île sablonneuse Lefèvre sépare la baie du port d'Adélaïde ; les petits navires seuls peuvent l'atteindre par la rivière Torrrens. Après les formalités d'usage, un petit steamer nous porte à la jetée, où nous prenons le chemin de fer pour Adélaïde.

La petite plaine qui sépare la capitale de *South Australia* de la mer est franchie en une demi-heure. J'ai pour compagnons un Napolitain, maître de musique, établi depuis vingt-quatre ans à Sydney, où il est marié et a créé une nombreuse famille ; un Hollandais, qui a fait vingt ans le squatter entre le cap de Bonne-Espérance et le Zululand, se joint à nous. Dans ces dernières années, les guerres continuelles qui ravageaient la contrée l'ont poussé à vendre sa station pour se retirer dans son pays natal ; mais les brouillards et les frimas de la Hollande ne pouvaient plus convenir à son corps habitué depuis si longtemps aux chaleurs de l'Afrique, et il s'est décidé à venir se fixer en Australie.

Le chemin de fer parcourt une avenue plantée de pins, traverse des villes. A neuf heures et demie, nous sommes à Adélaïde.

Chapitre Onzième.

La ville d'Adélaïde. — Les Sœurs Dominicaines. — Les Sœurs de la Merci. — Le jardin botanique. — Le Secrétaire d'Etat. — La colonie de South-Australia. — Situation. — Histoire. — Surface. — Population. — Revenu. — Dépense. — Exportation — Chemins de fer. — Télégraphe. — Dette. — Contribution. — Climat. — Produits. — Armée. — Constitution. — Immigration. — Main-d'œuvre. — Système agraire. — La colonie de West-Australia. — Dimensions. — Histoire. — Population. — Bétail. — Revenu. — Commerce. — Voies de communication. — Constitution. — Système agraire.

ADÉLAÏDE, capitale de la colonie de l'Australie *sud*, est une des villes les plus gracieuses du monde. Les rues tracées au cordeau ont, les unes 30, les autres 40 mètres de large et sont plantées de ficus semblables aux magnolias. Des squares gracieux sont placés symétriquement de distance en distance. De vastes parcs et jardins divisent la ville en deux parties, et la rendent plus saine. Les tramways facilitent la circulation. L'hôtel de ville, la poste, les ministères et les diverses banques sont des monuments qui ne dépareraient pas une capitale de l'Europe. King-William Street, la rue la plus commerçante, étale dans ses magasins toutes les marchandises de luxe des deux mondes; le climat est tempéré.

Après avoir parcouru la ville, je quitte mes compagnons et me rends à l'Evêché; un conseiller municipal de Londres m'avait remis une lettre pour l'évêque. Celui-ci m'accueille avec une bonté paternelle et me confie à un de ses jeunes prêtres pour voir les œuvres catholiques. Notre première visite est au couvent des Sœurs Dominicaines. Ici, comme dans les autres colonies océaniennes, les catholiques n'ont pu se résoudre à envoyer leurs enfants aux écoles publiques d'où est banni l'enseignement religieux; ils ont créé partout leurs écoles à leurs frais. Les bonnes Sœurs du Tiers-Ordre de Saint-Dominique ont ici 400 élèves. Garçons et filles en bas âge sont instruits dans les mêmes classes. Elles ont, en outre, 25 demoiselles pensionnaires : les classes sont vastes et bien aérées. A côté de la cathédrale, sont d'autres écoles tenues par les Sœurs de la Merci : elles ont 250 élèves et préfèrent séparer les garçons et les filles.

Une voiture nous conduit au jardin botanique, dont le directeur nous conduit lui-même à la visite des vastes jardins, arrangés dans un ordre parfait. Une partie est consacrée à l'ornementation : on y voit toutes les fleurs, tous les buissons et arbres des pays tempérés. Il me semble être dans un des jardins de Nice. Une autre partie est consacrée à l'étude de la botanique ; les plantes y sont classées par familles pour l'étude des jeunes médecins pharmaciens et botanistes. Un petit lac ajoute à l'ornement et on y voit plusieurs oiseaux aquatiques indigènes Les plantes tropicales sont sous serre et arran-

Australie du Sud. — Groupe d'indigènes.

gées en bon ordre. La pièce la plus intéressante est un musée technique, dans lequel on a introduit toutes les plantes du pays, telles que blé, olivier, vigne, mûrier, chanvre, etc., avec toutes les opérations qu'elles subissent avant de se transformer en produits pour la consommation. Cette organisation est certainement la meilleure pour faciliter l'instruction populaire. Dans le même musée, un herbier des plus complets comprend les plantes recueillies sur tous les points du globe.

Une direction si intelligente et un travail si persévérant a fait du Jardin botanique d'Adélaïde un des plus beaux et même en son genre le plus beau des jardins australiens. Avant que je quitte son son domaine, le Directeur me fait cadeau d'un volume contenant toutes les plantes du jardin et son dernier rapport, orné de nombreuses photographies des plus jolis points de vue de l'établissement ; j'examinerai à loisir ce document au premier moment libre.

Aux bureaux du gouvernement, en l'absence de M. le Secrétaire d'Etat, le sous-secrétaire nous reçoit avec bonté, et, sur ma demande, il va préparer une collection de lois et documents concernant la colonie ; ils me seront très utiles pour me donner une idée exacte des progrès accomplis dans cette partie de l'Australie.

Une visite aux principaux magasins de fourrures et armes indigènes, et de perroquets australiens, nous prend encore un bon moment. Tous ces objets viennent du nord et ont un prix double de celui qu'on en demande à Sydney et à Brisbane.

A deux heures, Monseigneur nous attendait pour le dîner. La table est entourée de 8 prêtres et on lit le martyrologe. Ensuite la conversation roule sur les progrès du diocèse ; il compte 50,000 catholiques, la plupart Irlandais ou descendants d'Irlandais ; il y a aussi quelques Français qui ne sont pas très fervents, et un bon nombre d'Italiens : joueurs d'orgues, fabricants de statues de plâtre, marbriers ou montreurs de singes. En 20 ans, Monseigneur a pu construire 50 églises, 76 prêtres réguliers ou séculiers desservent son diocèse et aussitôt qu'il aura achevé les écoles, il veut s'occuper de la fondation de conférences de Saint-Vincent de Paul dans tous les centres un peu importants. Il a pris part aux œuvres de la Société à Dublin dans sa jeunesse ; il sait combien elles sont utiles et me prie de lui en faire parvenir douze manuels.

Après le repas, Monseigneur me conduit dans son jardin où je remarque de belles vignes, et de superbes oliviers de la même qualité que ceux d'Aix en Provence. Les olives donnent une bonne huile au goût du fruit très estimé dans le pays.

Je prends congé de Monseigneur et arrive aux bureaux du gouvernement où je trouve cette fois l'honorable secrétaire d'Etat. Il regrette mon court séjour, il est membre du Parlement et aurait pu me mettre en relation avec les principaux hommes d'Etat du pays: J'aime toujours à échanger avec ces personnes marquantes une conversation sur les principales questions sociales et législatives ; on y apprend bien des choses, et on communique parfois quelques idées utiles.

Les documents promis sont réunis et envoyés dans ma voiture ; je remercie ces Messieurs et me dirige à la gare. Le train me ramène à Largs-bay où le petit steamer me reconduit au navire. C'est là que j'étudie les documents reçus et que j'en extrais ces quelques notes rapides sur l'Australie du Sud.

Elle serait bien mieux nommée Australie centrale, puisqu'elle a d'un côté la colonie de *West Australia* et de l'autre les colonies de Victoria, New-South Wales et Queensland ; au sud et au nord l'océan, en tenant compte du territoire nord qui lui a été annexé.

Cette colonie a été fondée en 1834. Elle a subi des épreuves dans les premières années à cause surtout du peu d'expérience administrative des gouverneurs militaires envoyés par la mère-patrie. Mais, dès qu'en 1856 elle reçut une constitution et put se gouverner elle-même, elle progressa aussitôt. Les immigrants arrivèrent et s'adonnèrent à la culture des terrains fertiles. Des minerais d'or, de cuivre et d'autres furent découverts et enrichirent beaucoup de monde. La seule mine de cuivre de Moonta, qui n'a rien coûté à ses propriétaires, leur a donné plus de 30 millions de francs de dividende.

En 1861, James Chambers, après plusieurs essais infructueux, finit par traverser le continent et arriva à Port-Darwin le 24 juillet.

Ce fait remarquable fit donner à la colonie le territoire du nord. Une ligne télégraphique, longue de 2,000 milles, et un

Australie Ouest. — Chef indigène.

chemin de fer y ont été exécutés. Sur une surface de 903,690 milles carrés, la colonie compte 300,000 habitants dont 60,000 dans la capitale.

Son revenu dépasse 2 millions de l. stg. (50 millions de fr.) L'importation atteint presque 7 millions de l. stg. et l'exportation dépasse 5 millions de l. stg., 1,000 milles de chemin de fer et plus de 5,000 milles de télégraphe sont en exploitation. La terre cultivée atteint 2 millions d'acres. Il y a dans la colonie 175,000 chevaux, 35,000 têtes de gros bétail, 6,500,000 moutons, 100,000 porcs.

Le climat est frais dans le sud et chaud dans le nord. Au sud, on récolte le blé, les céréales diverses et les fruits de l'Europe.

Dans le nord, le gouvernement donne des primes pour la culture de la canne à sucre et autres produits tropicaux. Il a offert un prix de 100,000 fr. pour les deux premiers bateaux à vapeur à petit tirant d'eau qui ont remonté le Murray.

1,300 volontaires composent toute l'armée du pays. On a construit quelques batteries pour la défense du côté de la mer.

La Constitution est démocratique. Le pouvoir exécutif est exercé par le gouverneur nommé par la reine et par les ministres responsables. Le pouvoir législatif est confié à deux Chambres électives : le Conseil législatif et l'Assemblée ; le premier compte 24 membres, 6 pour chacun des 4 districts, nommés au scrutin de liste. Il se renouvelle par tiers chaque 3 ans. Les candidats doivent être âgés de 30 ans, naturels ou naturalisés et habitant la colonie depuis 3 ans ; les membres élus choisissent leur président. Les électeurs du Conseil législatif doivent être majeurs, ave une résidence de 6 mois et posséder une propriété de la valeur 1,250 fr., ou payer un loyer de terre de 500 fr. ou bien un loyer de maison de 625 fr.

La Chambre des députés ou Assemblée compte 46 membres élus pour 3 ans par 22 districts. Les candidats comme les électeurs doivent simplement être majeurs et inscrits depuis six mois sur la liste électorale. La Chambre des députés peut être dissoute par le gouverneur.

Les fonctions des membres du Conseil législatif et de l'Assemblée sont gratuites.

Les immigrants au-dessous de 45 ans qui payent leur passage ont droit à recevoir une quantité de terre de la valeur de 20 l. stg.; ils en reçoivent en outre pour 12 l. stg. pour chaque enfant au-dessus de 12 ans. Le prix des journées varie de 8 à 12 sch. par jour selon les métiers.

La terre est mise aux prix de 1 l. stg. l'acre. Si l'enchère n'est pas couverte, on peut la vendre de gré à gré. L'acheteur conditionnel ou sélecteur peut choisir 1,000 acres payables par acomptes dans l'espace de 10 ans.

La terre non vendue est louée par blocs de 2 milles carrés et pour 21 ans au prix annuel de 10 sch. par an par mille carré, avec le droit d'acheter durant les dernières années au prix de 1 l. stg. l'acre. Depuis le commencement de la colonie ont été vendues 10 millions d'acres de terres publiques.

Aden. — Le Marché.

Cette partie de la colonie est encore régie par des dispositions particulières.

Il me reste à dire deux mots de West-Australia, la cinquième colonie d'Australie. Elle est la plus vaste des cinq avec les îles adjacentes; elle a une surface de 1,057,250 milles carrés, soit 8 fois la surface du Royaume-Uni d'Angleterre. d'où elle est séparée par 10,950 milles; le développement des côtes est de 3,500 milles.

Elle a été commencée en 1826, mais quoique la plus vaste, elle est la moins avancée, Une grande partie de son territoire consiste en déserts sablonneux comme le Sahara et en lagunes d'eau salée. Sa population n'est que de 40,000 habitants; la capitale est Perth. Le revenu est de 350,000 l. stg. et l'exportation de 600,000; la dette est de 500.000 l. stg.

Il y a 150 milles de chemin de fer et 4,500 milles de lignes télégraphiques.

La terre cultivée comprend 56,000 acres. La colonie possède 31,000 chevaux, 65,000 têtes de bétail, 1,200,000 moutons, 16,000 porcs.

La colonie est administrée par un gouverneur nommé par la Reine, assisté d'un Conseil exécutif et d'un Conseil législatif, composé de 7 membres nommés par le gouverneur et de 14 membres élus par le peuple.

La terre peut être sélectée jusqu'à concurrence de 1,000 acres par sélecteur au prix de 10 sch. l'acre. On la loue aussi pour 15 ans, par bloc de 20,000 acres, au prix de 5 sch. pour les premiers 7 ans, et de 10 sch. pour les autres 8 ans, pour chaque 1,000 acres.

Une grande quantité de terre contient des herbes qui sont un poison pour le bétail et pour cette terre on a adopté des dispositions spéciales.

Reprenons maintenant le récit du voyage.

Nous avons 4,517 milles pour rejoindre Port-Louis (île Maurice). Le navire file de 12 à 14 nœuds à l'heure; nous espérons l'atteindre en 13 jours.

6 février. — La mer est calme et la température froide. Cinq musiciens australiens et une australienne accompagnent un entrepreneur qui montre par un stéréoscope perfectionné les principaux faits de la guerre du Zululand et d'Égypte. Tous les soirs, cette petite bande nous joue son meilleur répertoire; on chante

et on danse. Nous rencontrons un navire de l'Orient Company, qui s'en va en Australie.

7 février. — La mer continue à être calme et la navigation prospère.

8 février. — Nous rencontrons un baleinier, 3 hommes se tiennent au bout des trois mâts pour découvrir la baleine. Au sortir des eaux d'Australie, nous voyons un autre trois-mâts.

La mer devient houleuse ; un roulis désagréable nous empêche de rester debout.

9 février. — Un petit yacht portant pavillon de la Reine passe près de nous. Il est horriblement ballotté, mais il n'embarque point d'eau. En descendant l'escalier je suis jeté à terre, et n'écrase qu'un peu mon nez ; un autre passager est plus malheureux ; il dégringole l'escalier du plus haut et met son bras en écharpe.

10 février. — Le roulis augmente au point que, sur le pont même, en se cramponnant au parquet, on est entraîné à tribord. Le navire penche beaucoup de ce côté.

11 février. — Le roulis diminue ; on refait de la musique, on recommence à danser.

12 février. — La mer est tout à fait calme. Nous apercevons une baleine.

13 février. — La chaleur augmente ; une grande humidité nous indique que nous marchons vers l'équateur.

14 février. — Le soleil devient plus chaud, le ciel est nuageux. A un moment donné, les nuages tombent en déluge. Un poisson volant arrive à bord ; un jeune docteur le montre aux dames ; la pauvre bête se débat, mais aucune des spectatrices ne demande grâce pour elle et je ne puis obtenir sa liberté ; elle sera rôtie.

15 février. — Nous apercevons un trois-mâts qui s'en va à pleines voiles vers le cap de Bonne-Espérance.

16 février. — Navigation monotone, chaleur progressive.

17 février. — C'est dimanche ; les Australiens se refusent à tout jeu ; la musique ne joue que des morceaux religieux. Un jeune capitaine, qui a servi en Egypte, se laisse tenter et fait une partie de palet. Il en a scrupule et me dit : je suis un mauvais Anglais.

Chapitre Douzième.

Arrivée à Port-Louis. — Le Port. — Aspect. — La ville. — Les Hindous. — Les Chinois. — Le sucre. — Les paris aux courses. — La campagne. — La ville et le jardin de Pamplemousse. — Le tombeau de Paul et Virginie. — La plantation de cannes de la Maison-Blanche. — Culture. — L'usine. — L'île Maurice. — Situation. — Dimensions. — Histoire. — La conquête. — Le code Napoléon. — Le système de Liberté. — Les cyclones. — Animaux. — Oiseaux. — Reptiles. — Arbres. — Fruits. — Légumes. — Fleurs. — Minéraux. — Population. — Langue. — Monnaie. — Produits. — Navigation. — Importation. — Exportation. — Armée. — Administration. — Religion. — Écoles. — Les dépendances. — Le départ.

Le 18 février, à sept heures et demie, nous arrivons devant Port-Louis, capitale de l'île Maurice. Nous avons devant nous un vrai chaos de pics volcaniques couverts par la végétation luxuriante des tropiques. Il me semble revoir Saint-Thomas (Antilles danoises). Une presqu'île de sable, près du port, est revenue dernièrement à la surface à la suite d'un cyclone ; nous voyons le chemin de fer traverser les forêts de cocotiers et de filaho, et passer sur un hardi viaduc, dont le tablier léger et élevé avait été emporté par un des derniers cyclones. Deux batteries sont à l'entrée du port et plusieurs forts adossés à la colline. Un sémaphore occupe une des principales élévations au-dessus de la ville. On voit, dans la campagne, les nombreuses cheminées d'usines à sucre.

Le temps est orageux, la pluie tombe par intermittence ; un arc-en-ciel porte l'espoir d'un temps meilleur. La bande musicale venue avec nous monte sur la passerelle et joue ses meilleurs morceaux. Un remorqueur nous emmène dans le port. Des centaines de barques entourent le navire, attendant les passagers. Elles sont conduites par des Hindous à la figure plus ou moins bronzée, et par des Malgaches. Le port est garni de grands navires de toute nationalité ; j'en vois portant le drapeau anglais, français, américain, italien, etc. Un bateau à vapeur fait le courrier avec la Réunion et Madagascar. Maurice n'est qu'un îlot, mais comparativement à sa surface il est plus peuplé que la Belgique, point le plus peuplé de l'Europe, et la quantité d'affaires sur ce petit point du globe est prodigieuse.

De grands chalands apportent le charbon, d'autres l'eau, et d'autres arrivent vides pour prendre les marchandises. Quelques barques sont chargées des fruits du pays : melons, mangos, bananes, oranges, etc. Le téléphone est bientôt installé à bord et on converse avec les personnes à terre. Le commandant devait me présenter à quelques-uns de ses amis. Ils ne peuvent venir à bord ; nous les avons surpris. Nous sommes en avance de trois jours, et ils ont leur correspondance à rédiger. Ils s'attendaient peu à notre arrivée ; le navire qui nous avait précédés, surpris par un cyclone à deux jours de Maurice, avait été ballotté durant trois jours, et était arrivé seize jours après son départ d'Adélaïde, pendant que nous arrivons après treize jours de traversée. Le commandant me prie de l'attendre, pour aller à terre avec lui après son déjeuner ; mais, au moment de monter en baleinière, une dépêche lui apprend qu'un de ses amis, personne marquante du pays, qui devait prendre passage à bord pour rentrer en France avec sa femme, est sur le point de mourir. L'orage de la nuit lui avait donné un accès de fièvre chaude, et il s'était tiré un coup de revolver dans le front. Je laisse donc le commandant aller consoler sa famille et je me rends à la poste où je trouve avec bonheur des lettres de ma famille.

Je parcours la ville ; les rues ne sont pas très larges, mais elles sont propres. Je traverse plusieurs jardins publics ornés de statues, de cocotiers et de banhians magnifiques. Parmi les statues qui décorent la ville, je remarque celle de Mahé de Labourdonnais, homme de valeur et de bien, qui a laissé un grand souvenir sur tous les points de l'Océan indien. La grande construction du collège royal est d'un magnifique effet, avec son jardin ; des femmes indiennes, aux bras et jambes couverts de bracelets avec des anneaux d'or au nez et aux oreilles, piochent avec le pic la terre que d'autres femmes emportent dans des corbeilles. La population est un mélange de créoles, d'Hindous, de Malgaches, de Chinois. Ceux-ci viennent ordinairement sans femmes et se marient dans le pays. Ils sont tous bons maris et bons papas. Les Hindous arrivent avec leur famille. Ils viennent de Bombay, de Calcutta, de Madras. Ils sont engagés pour cinq ans au prix 4 — 4,1/2 — 5 — 5,1/2 — 6 roupies (1) par mois de la première à la cinquième année, nourriture et logement compris. Après cinq ans, ils sont libres, et, s'ils restent dans le pays, ils demandent ordinairement des gages plus élevés ou bien ils achètent un morceau de terre qu'ils cultivent en légumes et en cannes avec leur famille ; ils élèvent des poules et vendent les œufs et les poulets.

Je vois partout d'immenses entrepôts remplis de sacs de sucre. Les plantations du Queensland ont fermé le marché d'Australie, et on ne sait en ce moment où l'expédier. Il a baissé de prix, et la première qualité se vend à peine 8 piastres (40 fr.) les 100 kilog. Les quais sont couverts de grands paquets de cordes de cocos, et s'encombrent en ce moment de pommes de terre, fruits et farines que notre navire apporte d'Australie. Dans tous les comptoirs, les négociants sont absorbés par leur correspondance, et se hâtent d'achever pour prendre les derniers trains qui les ramèneront chez eux dans les diverses parties de l'Ile. A la suite d'un trop grand déboisement, la ville est devenue fiévreuse dans la saison des pluies, et, durant les chaleurs de l'été qui ont lieu ici de novembre à mars, tout le monde fait sa demeure dans les divers bourgs de l'île. Les nombreux trains permettent de venir le matin et de retourner le soir.

Le président de la Société d'acclimation me dit : Que n'étiez-vous ici il y a quelques jours ! Nous avons eu une grande chasse au cerf. Si vous pouviez au moins voir nos courses ! Je n'ai pas de peine à croire qu'elles sont un événement dans le pays ; elles n'ont lieu qu'en août, et le matin j'avais assisté à une conversation entre créoles à ce sujet. Un d'eux arrivait d'Australie, amenant un superbe cheval et venait de parier 500 livres qu'il serait le vainqueur aux courses prochaines ; mais d'autres lui faisaient observer que sa confiance était si petite que déjà il avait parié ailleurs 500 livres qu'il ne serait pas le vainqueur. Bonne précaution qui fait qu'on ne gagne ni ne perd.

Mon hôte, occupé à sa correspondance, me donne un de ses

(1) **La roupie,** monnaie des Indes, dont la valeur varie souvent, a une valeur nominale de fr. 2,50.

commis pour m'accompagner au jardin botanique de Pamplemousse, à une demi-heure de chemin de fer. Il recommande de me faire visiter près de là l'usine à sucre de la Maison-Blanche.

Nous traversons une plaine couverte d'aloès, de mimosas, de lanthanas et de buissons de toute sorte. Par-ci, par-là, quelques plantations de cannes près d'un village indien. Ces villages sont une réunion de petites cabanes de paille, comme je les avais vues dans les environs de Bombay et de Calcutta. Nous avons à gauche un des trois groupes de montagnes de l'île. Un pic s'élève au-dessus des autres et se termine en une aiguille fort ressemblante à un doigt de la main. Cette disposition a fait donner à ce pic le nom de pouce.

A la gare de Pamplemousse, mon guide me fait remarquer l'endroit où a été déposée la dépouille mortelle de Paul et Virginie, immortalisés par la plume de Bernardin de Saint-Pierre. Nous verrons tout à l'heure dans le jardin botanique les statues des deux héros de ce touchant récit. Voilà là-bas la pointe de sable où s'est échoué le navire qui ramenait Virginie. C'est sur cette plage qu'on a ramassé son corps après le naufrage.

Je ne puis me défendre d'une certaine émotion; j'avais lu et relu dans mon enfance le volume de Bernardin de Saint-Pierre, et toutes les fois j'avais mouillé de larmes de nombreux mouchoirs. Je ne pensais pas alors qu'un jour la Providence m'aurait conduit sur les lieux où se sont écoulées les premières années de ces deux jeunes cœurs si bons et si aimants!

De la gare nous nous rendons au jardin botanique. Un portail de fer monumental en marque l'entrée. Nous circulons dans un labyrinthe d'allées ornées d'arbres gigantesques et variés. Ici, ce sont les palmea gigantea qui, au bout d'un tronc lisse, portent leurs plumets à 55 mètres de hauteur; là, c'est l'areca gigantea de Madagascar avec ses palmes immenses; plus loin, le bois damier dont le fruit donne une amande qui sert à faire du nougat, les teaks, les banhians étendent en tout sens leurs grandes branches. Le bois de natte donne une graine portant une colle qui sert à prendre les oiseaux. Certains berceaux sont impénétrables aux rayons du soleil. Des touffes de bambous aux tiges de 20 centimètres de diamètre ont 15 mètres de haut. Les flamboyants avec leurs fleurs rouges, les lauriers de toutes les couleurs, les safrans marrons et une infinité de buissons fleuris étalent partout les teintes les plus variées et les plus étincelantes; le sagoutier, les fougères de toute espèce, les parasites nous font passer de merveille en merveille ; des pièces d'eau parsemées d'îles gracieusement découpées, ont leurs arbres garnis de cardinaux, de tourterelles, de sarcelles, de gasses, de martins qui chantent chacun de leur mieux pendant que dans les eaux, les poissons rouges et les gurami prennent leurs ébats et viennent sans crainte demander au visiteur quelques mies de pain qu'ils disputent aux cygnes blancs et noirs.

Au centre du jardin, une pyramide porte les noms des hommes illustres qui ont rendu des services à l'île Maurice.

Une allée est bordée de fucus elastica dont les racines restent sur le sol. Le pommier jaco, le nephelium de Chine ou longanier, le goyavier, le cocotier, donnent chacun leurs fruits délicieux, et le camphrier envoie au loin le parfum de ses feuilles. L'utile n'est pas séparé de l'agréable. Un peu plus loin, nous voyons une collection des cannes à sucre des Fitji, du Brésil, de Chine, des Antilles, etc. Quelques limaçons, longs de 10 centimètres, grimpent sur les marches qui les supportent.

C'est avec peine que je quitte ces jardins enchanteurs pour me rendre à la Maison-Blanche. Notre voiture parcourt une plaine parsemée de maisons entourées de jardins; c'est la petite ville de Pamplemousse. Une modeste construction porte le titre de *Government school*. C'est la première fois que je vois une affiche en anglais. Toutes celles de Port-Louis étaient en français, et tout le monde, y compris les Chinois et les Hindous, baragouinaient le créole français.

Plusieurs boutiques chinoises et hindoues sont bien fournies. Favorisés par le système de liberté, les Chinois développent leurs aptitudes commerciales, commandent et reçoivent de Chine des cargaisons de riz qu'ils vendent en bloc sur place aux négociants créoles.

Enfin, nous arrivons à l'usine de la Maison-Blanche. Son propriétaire nous accueille d'une manière fort hospitalière dans le beau jardin qui entoure sa maison, et nous fait visiter l'usine. Sa propriété compte 2,400 arpents, et le tiers environ par an donne récolte. Il emploie 700 Hindous, et achète à d'autres Hindous, propriétaires, leurs cannes au prix de 20 fr. la tonne. Dans les écuries, je vois une centaine de belles mules de Montévideo, pour le charroi des cannes. La plantation est faite à la pioche. De trop

Aden. — Les Citernes.

nombreuses pierres ne permettent pas l'action de la charrue. On fait un petit creux pour chaque morceau de canne qu'on plante ; les racines qu'elle pousse dans la terre dure lui permettent de mieux résister aux ouragans ; dix mois après la plantation, la canne est bonne à couper : elle repousse et on la coupe une deuxième fois après douze mois ; elle repousse encore et on a la troisième récolte au bout de douze autres mois : puis on replante. Le bout de la canne, découpé en petits morceaux, sert à nourrir les mules. Les autres feuilles sèches et le déchet après l'extraction du jus servent de combustible aux chaudières.

Comme dans les usines que j'ai décrites précédemment, le jus en tombant des cylindres va par des conduits dans des chaudières pour une première ébullition, puis il est pompé dans deux grandes chaudières sphériques pour l'ébullition dans le vide, et, après quelques heures de cuisson, il va se refroidir dans des étangs. De là on le porte en neuf turbines qui séparent le sucre de la mélasse. L'opération se répète sur celle-ci pour extraire le sucre de deuxième qualité et se renouvelle ensuite encore une fois pour le sucre de troisième qualité, puis on vend le résidu aux distillateurs pour le rhum.

Il m'est dit que, malgré la rareté des cyclones dévastateurs depuis quelques années, le pays est peu prospère, au moins pour les créoles et les Européens. Les Hindous y deviennent propriétaires et commerçants, et appellent toujours de nouveaux compatriotes. La main d'œuvre, nourriture comprise, est calculée 2 fr., et le prix du sucre a baissé de moitié.

L'Indien, qui vit de peu, va presque nu, travaille son champ et se loue chez le voisin, fait de bonnes affaires, mais le créole a de la peine à joindre les deux bouts.

En rentrant en ville, je vois manœuvrer 200 soldats du 41° ; leur tunique est rouge, le casque et le pantalon blancs.

J'assiste ensuite à une séance de charité. Quelques bons confrères m'invitent à dîner, et nous passons la soirée à causer sur Maurice. On me dit ce qu'elle est, ce qu'elle a été, ce qu'elle sera.

Cette petite île, au centre de l'Océan Indien, est située juste sous le tropique du Cancer, à la latitude sud. Elle est de forme ovale ; sa plus grande longueur du cap Malheureux à la pointe des Citronniers est de 37 milles 1/2 ; sa largeur depuis la côte de petite Rivière jusqu'à la pointe des Quatre-Cocos est de 28 milles ; la longueur de ses côtes est de 110 milles. Sa surface est de 708 milles carrés ou 432,680 arpents de 200 pieds de côté, ou mieux de 190,000 hectares.

L'Ile Maurice est à 115 milles de l'île de la Réunion, à 500 milles de Madagascar, 1,100 milles des côtes d'Afrique, à 300 milles de l'île Rodrigues, à 915 milles des Seychelles, à 2,000 milles du cap de Bonne-Espérance. à 3,000 milles du cap Comorin, à 2,300 milles du cap de Bonne-Espérance, à 3,000 milles du cap Cuvier, le plus près d'Australie, à 11,000 milles de la France par le cap de Bonne-Espérance, et à 7,000 milles par le canal de Suez.

Cette île a été découverte en 1505 par Don Pedro Mascareiguhas, officier portugais au service du gouvernement des Indes. Il découvrit en même temps l'autre île voisine, la Réunion, et l'appela de son nom Mascareiguhas pendant qu'il donna à Maurice le nom de Cerne, à cause des grands oiseaux ressemblant à des cygnes qu'il y trouva.

En 1580, Philippe II, roi d'Espagne, ayant conquis le Portugal, ces îles passèrent à l'Espagne.

En 1598, une expédition hollandaise en route pour les Indes y fut jetée par une tempête, et l'amiral Warwich la nomma Mauritius, du nom du comte Maurice de Nassau, stathouder de Hollande. Warwich planta les armes de Hollande au tronc d'un arbre, sema divers grains dans un enclos, et partit. Les Hollandais tentèrent trois fois de former un établissement à Maurice, mais sans succès. Ils l'abandonnèrent à la fin pour s'établir au cap de Bonne-Espérance. Les Français en prirent possession en 1715 sous le capitaine du Fresne, et la nommèrent île de France. En 1734, Labourdonnais fit tracer les routes, élever les fortifications, les quais, les hôpitaux, arma les nègres contre les marrons et les tint ainsi en échec. Il développa le commerce et l'agriculture, transporta à Port-Louis le siège du gouvernement et rendit la colonie très prospère. Pour récompense de tant de bienfaits et de sagesse, il fut accusé à son retour en France, en 1740, mais il put dominer ses détracteurs et partit pour les Indes, chargé de l'exécution de son plan qui devait assurer à la France la domination de l'Orient. Il aurait certainement réussi si la jalousie des courtisans et l'inaptitude du gouvernement de Louis XV n'avait fait rappeler sa flotte au moment où le succès était sur le point de couronner ses efforts.

La Bourdonnais quitta Maurice en 1746. Depuis cette date jusqu'à la Révolution de 1789, la colonie prospéra. En 1789, elle adopta le drapeau tricolore. Durant ces temps de trouble, les pirates s'y donnaient rendez-vous et le commerce anglais des Indes en souffrait une perte de 75 millions de francs par an. Sur les conseils de lord Mornington, gouverneur général des Indes, on décida la conquête de l'île. En 1818, le général Abercrombie y arriva avec 12,000 hommes, débarqua sans opposition à la grande baie, et, après une escarmouche avec les avant-postes, arriva devant Port-Louis. La place se rendit à condition que la propriété fût respectée et que le peuple pût pratiquer en paix sa religion et conserver le Code Napoléon. Plus tard les Mauriciens, s'apercevant que ce Code était, par le partage forcé, une source de faiblesse en tant qu'il anéantissait et appauvrissait les familles, ils demandèrent de changer la législation; mais l'Angleterre se garda bien d'accepter leur demande. Lorsqu'elle avait voulu anéantir la puissance des Irlandais catholiques, elle avait elle aussi décrété pour eux le partage forcé pendant qu'elle laissait aux Irlandais protestants la faculté de transmettre l'héritage à un des fils.

Malgré cela, la colonie, sous le régime de liberté, a continué de prospérer, et, si on laissait le choix aux créoles de revenir à la mère-patrie, il est douteux qu'il voulussent accepter ; car ils voient que sous le système d'une minutieuse réglementation, et de l'administration tracassière habituelle à notre pays, la colonie voisine qui nous reste est moins prospère.

Le climat est chaud, mais les vents alizés tempèrent l'ardeur du soleil. Le grand nombre de coolies qui arrivent de tous les points de l'Inde ont apporté les épidémies du choléra, de la rougeole, petite vérole et fièvre intermittente qui font souvent des ravages.

Durant l'été, c'est-à-dire de novembre à mars, tous ceux qui le peuvent quittent Port-Louis pour s'établir à la campagne.

L'île est souvent visitée par les cyclones. Ces tourbillons de vents soufflent entre le 8° et le 30° latitude sud. Ils se lèvent presque toujours à la limite où finissent les alizés S.-E. et où commencent les moussons N. W. Ils sont donc le produit de la rencontre de ces deux courants opposés, sous l'action de la chaleur solaire et de la rotation terrestre. Le mouvement a lieu de gauche à droite, le centre est calme et la vitesse augmente vers les bords; ces mouvements rotatoires embrassent souvent un espace de plusieurs milles de diamètre ; ils balayent tout sur leur passage, et coulent parfois les navires. Les 11 et 12 mars 1868, le cyclone jeta à terre trois églises à Port-Louis, une catholique et deux protestantes. Le nombre de maisons détruites fut si grand dans l'île, que 50,000 personnes se trouvèrent sans abri.

Lorsque les Portugais arrivèrent, ils ne trouvèrent ici que le rat. Depuis on y a introduit le porc, le chat, le chien, les chevaux, ânes, mules, le cerf, le lièvre, le singe, le lapin, etc. Les bœufs ont été à peu près tous anéantis il y a quelques années par une épidémie et on les importe maintenant de Madagascar. Cette épidémie s'était même communiquée aux cerfs et en avait fait périr un grand nombre.

Les oiseaux sont de 45 espèces indigènes ou importées. Parmi les indigènes, les principaux sont : le mangeur des poules, l'oiseau blanc, l'oiseau manioc, le merle, le coq du bois, le cuisinier, le cardinal, l'oiseau banane, le cateau, la perruche, le pigeon hollandais, le ramier, le gasse, le corbigeau, le paille en queue, le frégate, le pélican et plusieurs oiseaux marins.

Parmi les importés on compte : le martin, le bengali, le serin, le moineau de l'Inde, la tourterelle, la perdrix, trois sortes de cailles, la poule d'eau, trois sortes de canards. Le *dodo*, oiseau de très grande dimension, est éteint depuis deux cents ans.

Le pays n'a point de fauves ni de reptiles venimeux ; on y voit un petit lézard, la grenouille, et quelques insectes peu nuisibles. L'abeille s'y est bien acclimatée.

Les principaux poissons sont : le rougé, la sardine, les carpes, thons, lions, lunes, lubines, capitaines, coteaux, cordonniers, boiteux, chirurgiens, trompettes, sapsap, etc., le requin et la baleine.

Dans l'ordre végétal on compte quarante espèces de bois, dont les principaux sont : le bois de natte, le puant, le tatamaka, le benjoin, le colophane, le pommier, le cannellier; une grande variété de palmiers, le bois-clou, le chauve-souris, le néflier, le tambalocoque, l'ébène, le bois de fer, le goyavier, le manguier, le veloutier, plusieurs sortes d'acacias, la fougère arborescente, etc.

Parmi les plantes importées on compte : le bois d'oiseau, le badamier, le tamarin, le filaho, le flamboyant, le caféier, la canne à sucre, le maïs, le riz, le coton, la vanille, le tabac, les quatre épices, la noix de bétel, la muscade, le girofle, le genièvre, le cinnamou, le poivre, les pois, les haricots, la pomme de terre, le cambarès, le manioc, la patate douce, l'artichaut, la pistache.

Parmi les fruits on voit : l'avocat ou beurre végétal, la banane, le citron, le coco, la datte, le mango, le melon, l'orange, la grenade, les mûres, le coing, la framboise, le pamplemousse, le cœur de bœuf, la fraise, la bibasse, la figue, la pêche, la goyave. Le raisin donne deux récoltes par an, mais il produit peu et n'est pas très bon.

On voit aussi au marché les divers légumes d'Europe : asperges, choux, betteraves, épinards, salades, oignons, ails, radis, raves, etc. et les fleurs des pays tropicaux avec plusieurs importées, telles que la rose, la renoncule, le jasmin, le dahlia, la verveine, le chrysanthème, l'héliothrope, les géraniums, etc.

En fait de minéraux, on avait trouvé un peu de fer, mais en trop petite quantité pour couvrir les frais de l'exploitation. Il y a de bonnes pierres de construction, et le corail du bord de la mer donne une chaux excellente.

La population est d'environ 400,000 habitants; elle augmente tous les jours par l'immigration hindoue, qui forme le plus grand nombre. On y trouve un mélange des trois races : caucasienne, mongole et noire. La race dominante, comme direction, est la créole, provenant des premiers colons français. La ville de Port-Louis compte environ 75,000 habitants. La langue officielle est l'anglais, la langue habituelle est le patois français.

L'île est divisée en districts.

L'agriculture occupe 75,000 ouvriers. Le produit principal est la canne à sucre. Elle fut importée de Java et du Brésil par les soins de Labourdonnais; plus tard, on ajouta celle de Ceylan et des détroits. On en récolte 120,000 tonnes par an, travaillées par 250 manufactures et distilleries.

600 navires, jaugeant ensemble 300,000 tonnes, entrent chaque année dans Port-Louis. La monnaie en usage est la roupie des Indes. Pour les mesures, on a adopté le système décimal. Il est à souhaiter que ce système soit bientôt reçu par toutes les nations; car c'est le plus rapide et le plus facile. Quel avantage pour le commerce si on pouvait avoir partout la même monnaie, les mêmes mesures et la même langue.

Les importations atteignent le chiffre de 25 millions de roupies (la roupie vaut 2 fr. 50). L'Inde envoie le riz, le blé, le tabac, etc.; l'Angleterre, les étoffes, la quincaillerie, les machines, les jambons, la bière, les rails, le charbon, les voitures. — L'Australie envoie la viande conservée, la farine, les chevaux, les pommes de terre. La France, les soies, le vin, les souliers, les modes et les articles de Paris; le Cap, le poisson salé et les moutons; Madagascar, les bœufs; Pondichéry, les épices; Singapore, les bois de construction; Ceylan, le café et les cordages, etc.

L'exportation comprend principalement le sucre, le rhum et la vanille. Elle atteint le chiffre de 40 millions de roupies. Sur ce chiffre, le sucre entre pour environ 30 millions de roupies.

Environ 70 milles de chemin de fer conduisent l'habitant en plusieurs trains par jour sur tous les points de l'île.

Sous le rapport militaire, l'île possède 350 soldats, plus les volontaires, et dépend de la station maritime des Indes dont le centre est à Bombay. La colonie n'a pas encore de *self government*, elle dépend du ministre des colonies et est administrée par un gouverneur entouré d'un Conseil de seize membres. Sur ce chiffre, huit sont nommés à vie par le gouverneur, les autres sont des membres nés : le commandant des troupes, le secrétaire colonial, le procureur et l'avocat général, le receveur général, l'auditeur général, le protecteur des immigrants, l'ingénieur en chef et le directeur des douanes. Les cinq premiers forment le Conseil exécutif.

La liberté religieuse est complète; le gouvernement subventionne les cultes catholique et protestant. Parmi les créoles et Européens, la grande majorité est catholique; parmi les Hindous, domine le brahmanisme et le mahométisme; les chinois sont ou boudhistes ou confucionistes. Les Pères Jésuites s'occupent spécialement d'enseigner la religion catholique à ceux, parmi les païens, qui montrent le désir de l'apprendre. L'Hindou n'envoie pas volontiers l'enfant à l'école. Sur les 75,000 enfants entre 5 et 14 ans, à peine 15,000 fréquentent les écoles publiques ou privées.

Maurice a pour dépendances les Seychelles, Rodrigues, Saint-Brandon, Diégo Garcia, les six îles, Trois-Frères, les îles Salomon, Perhops Bauhos, Legour, George et Roquepiz, Agalega, Coetivi, les Amirantes, l'île Alphonse, Providence, Jean de Noves, Saint-Pierre, Saint-Laurens, Astove, Cosmoledo, Assomption, Aldabra, Natal, île de Sable, Saint-Paul et Amsterdam.

Il est neuf heures et demie du soir, lorsque je quitte ces bons amis. Ils me conduisent au quai à travers les rues éclairées au gaz. et, en montant sur la chaloupe, je leur dis adieu. A dix heures, je suis sur le navire, que je trouve encombré de passagers.

Chapitre Treizième.

Arrivée à Saint-Denys. — Aspect. — Le débarquement difficile. — L'île de la Réunion. — Les deux Pitons. — Situation. — Surface. — Les ports de Saint-Paul et de Saint-Pierre. — Produits. — Administration. — Représentation. — Justice. — Instruction publique. — Assistance publique. — Exportation. — Importation. — Religion. — Œuvres catholiques. — Madagascar. — La ville de Saint-Denys. — Pourquoi Maurice avance et la Réunion recule. — Le Musée. — L'Epiornis de Madagascar. — Promenade aux environs de Saint-Denys. — L'hôpital communal. — Un mort faute de place. — Le directeur de la poste. — L'école des frères. — Leur géographie. — Les bonnes méthodes d'enseignement. — La navigation. — Un baron matelot. — Arrivée à Mahé. — Un service funèbre. — Les capucins. — Le jardin du gouverneur. — L'archipel des Seychelles. — Situation. — Histoire. — Climat. — Population. — Le coco de mer. — La tortue. — Produits. — Arbres. — Fruits. — Exportation. — Importation. — Les écoles. — L'assistance publique.

Le 19 février, à huit heures et demie du matin, nous sommes devant Saint-Denys, capitale de l'île de la Réunion. Nous avons devant nous une ville noyée dans la verdure. Quelques grands bâtiments publics émergent seuls au-dessus des arbres. La ville est adossée à une chaîne de montagnes séparée en deux par un profond ravin, qui rappelle la Suisse. La rade est peu sûre ; quatre voiliers se tiennent au large pour éviter d'être jetés à la côte. Pas une seule chaloupe à vapeur, les embarcations de la Santé et de l'agent de la compagnie ont de la peine à nous atteindre ; la mer roule des vagues comme des montagnes et la pluie est diluvienne. Aucun passager n'ose se rendre à terre ; le délégué de la poste lui-même y envoie son matelot, mais il me permet de monter dans sa chaloupe. Enveloppé dans une couverture, je me risque. Nos huit malgaches rament avec vigueur, luttent avec constance, et dans vingt minutes nous entrons sains et saufs dans le petit bassin de Barrachon.

Bœufs Malgaches.

L'île de la Réunion est un peu plus grande que l'île Maurice, 250,000 hectares, au lieu de 190,000; elle est surtout beaucoup plus montagneuse. Une haute chaîne la sépare en deux parties, appelées partie du vent et partie sous le vent. Le Piton des neiges, point culminant, atteint 3,069 mètres; c'est un volcan éteint dont le sommet est presque toujours couvert de neige. A l'autre extrémité de l'île, le Piton fournaise atteint 2,625 mètres. C'est un volcan qui jette encore de temps en temps une quantité de laves.

L'île, de forme ovale, est située à 115 lieues de Maurice, à 130 lieues de Madagascar, entre le 20° 50' et le 21° 23' latitude sud et 52° 56' et 53° 34' longitude est du méridien de Paris. L'île, d'abord nommée Sainte-Apollonia, reçut le nom de Mascareigne en 1645, d'île Bourbon en 1649, île de la Réunion en 1794, île Bonaparte en 1806, puis encore île Bourbon en 1815, et île de la Réunion en 1848, changeant de nom avec les gouvernements exactement comme les rues de nos villes et de nos villages.

La compagnie Lavalley a entrepris la construction d'un port à la pointe des Galets, près de Saint-Paul, relié à Saint-Denys par un chemin de fer à voie étroite. Un autre port plus petit est en construction à Saint-Pierre. La colonie et l'État ont voté pour cela une garantie qui s'élève à près de 2 millions de francs l'an.

Un ruban de terre d'alluvion, de la largeur moyenne de 10 kilomètres, borde l'île; c'est là que sont les principales agglomérations et les meilleures plantations. L'île est entourée d'un banc de corail. Le phénomène des marées est peu sensible, le maximum entre les basses et hautes mers n'est que de 1 mètre 15 centimètres. Dans les montagnes, les trois sources thermales alcalines ou sulfureuses de Salazie, Cilaos et Mafatte attirent tous les ans beaucoup de baigneurs. On trouve sur ces montagnes un climat tempéré; la chaleur diminue d'environ un degré par chaque 200 mètres d'altitude. Les cyclones ravagent la Réunion comme l'île Maurice; on les prévoit à l'abaissement du baromètre, à un ciel cuivré, calme profond, horizon menaçant et quelques rafales. L'avance de l'heure sur Paris n'est que de 3 heures 32 minutes.

Avant 1820, les colons cultivaient le blé, le riz, le café. Aujourd'hui ils cultivent surtout la canne à sucre et la vanille. Les sucreries, au nombre de 102 en 1862, ne sont plus qu'une cinquantaine en activité. Il y en a, en outre, une quarantaine pour le rhum. La végétation est la même qu'à l'île Maurice. La colonie compte 175,000 habitants, dont plus de 65,000 sont des travailleurs immigrants : Cafres, Indiens, Malgaches. La population moyenne est de 67 habitants par kilomètre carré; elle est de 508 par mille carré à Maurice. La colonie nomme au Parlement à Paris un sénateur et deux députés. Elle est administrée par un gouverneur dépendant du ministre de la marine et des colonies, assisté d'un conseil privé consultatif. Ce conseil est composé de l'ordonnateur, du directeur de l'intérieur, du procureur général, d'un secrétaire archiviste, de deux habitants notables; ceux-ci ont des suppléants. On peut y appeler l'évêque, le vice-recteur, le protecteur des immigrants lorsqu'il s'agit de questions intéressant leur département.

Les forces militaires comprennent 400 à 500 hommes. L'Amérique, l'Angleterre, l'Italie, le Portugal et la Belgique ont des consuls à la Réunion.

Les deux arrondissements de l'île comprennent 14 communes et 2 agences municipales. L'administration de la justice compte un procureur général, une Cour d'appel à Saint-Denys, et une Cour d'assises ; un tribunal de première instance et 5 justices de paix.

L'instruction publique dispose d'un lycée de deuxième classe avec 500 élèves, de plusieurs collèges communaux ou libres, de plusieurs internats et externats de jeunes filles et d'un musée. L'enseignement primaire est donné dans 160 établissements. Le nombre d'élèves des deux sexes atteint 12,000.

Madagascar. — Indigène jouant du bob.

Pour l'assistance publique, on compte un orphelinat de filles, un pénitencier de garçons, un hospice de vieillards et infirmes, une léproserie.

On exporte par an 25,000 kilogrammes de vanille, 25 millions de kilogrammes de sucre, 550,000 kilogrammes de café, 55,000 kilogrammes de girofle, 1,400 kilogrammes de cacao, 200 kilogrammes de muscade et 1,200 hectolitres de rhum. Les importations atteignent 50 millions de francs. 250 navires en moyenne viennent tous les ans en rade.

La population catholique est de 125,000 âmes ; le reste est protestant ou mahométan, ou bouddhiste. La colonie a été érigée en évêché en 1850. Les associations charitables sont celles des sociétés de secours mutuels, de Saint-François Xavier, de Saint-Joseph, de Saint-François d'Assise ; toutes associations ouvrières ; l'association des anciens élèves du Lycée, celle des anciens élèves des Frères, les Conférences de Saint-Vincent, des Dames de la Charité, etc.

Saint-Denys compte 30,000 habitants, Saint-Paul 25,000 et Saint-Pierre 25,000. Ils n'ont pas tous la même activité ; un dicton indigène dit : Saint-Denys danse, Saint-Paul dort, Saint-Pierre travaille.

La Réunion est en relation avec les diverses îles de l'Océan indien, avec l'île Rodriguez à 300 milles de Maurice, avec l'île Maurice, avec les îles Saint-Paul et Amsterdam et surtout avec Madagascar, séparé de la côte d'Afrique par le canal de Mozambique. Les Hovas y dominent ; ce sont des Malais arrivés vers le Xe siècle ; la France y planta son drapeau en 1642 et y forma divers établissements dont les principaux étaient Fort-Dauphin, Sainte-Luce, Tamatave, Foulepointe, Sainte-Marie, la Pointe à Larrée, Louisbourg. Madagascar a une population de 5,400,000 habitants, et est aujourd'hui une possession française.

Nous revenons à Saint-Denys. A peine débarqué, je parcours la ville ; les rues sont étroites, les trottoirs inachevés, l'herbe pousse partout. Les négociants sont sur les dents. Ils n'attendaient le navire que dans deux jours et n'ont que la journée pour la correspondance. La malle part à cinq heures.

Au restaurant, je déjeune avec des officiers de marine venant de Madagascar. C'est la saison des chaleurs et des pluies et beaucoup de soldats y prennent les fièvres. A ma droite, je trouve le directeur du Musée, circonstance heureuse, car cet établissement n'est pas ouvert tous les jours au public. Le directeur veut bien m'accompagner lui-même. Nous parcourons une longue rue, et, chemin faisant, mon guide me fait remarquer le palais de ville, grand et bel édifice, l'hôpital militaire, le palais épiscopal et la résidence du consul anglais. Cette belle maison, me dit-il, qui avait coûté 200,000 fr., a été vendue pour 20,000 fr. Les loyers, qui étaient fort élevés, sont tombés ; le pays est en souffrance.

Je demande comment il peut se faire que l'île voisine soit en progrès ; pendant que celle-ci, avec la même végétation, va en arrière. On me répond qu'à Maurice le commerce est plus libre, les idées plus larges, les capitaux plus abondants.

J'avais entendu plusieurs fois cette même réponse; il serait donc à désirer que les personnes compétentes et qui aiment le pays signalent par la presse, et au besoin par le pétitionnement, les réfor-

Madagascar. — Musiciens.

mes utiles, afin qu'une bonne fois nous ne nous laissions pas devancer par les voisins.

Après vingt minutes de marche, par une chaleur humide et étouffante, nous arrivons au jardin botanique. Il est petit, mais bien disposé; au fond s'élève le Musée à façade monumentale.

Le directeur a disposé les diverses collections des animaux et minéraux dans l'ordre scientifique. Je remarque surtout une belle collection d'objets de Madagascar, parmi lesquels un grand œuf de l'oiseau monstre l'*épiornis*, espèce aujourd'hui disparue. Il a des fragments de ses œufs et veut bien m'en donner quelques-uns. Les objets sont nombreux, mais l'espace est petit; un riche herbier, accumulé depuis de longues années dans un cabinet, attend une salle et des étagères.

Au sortir du Musée, je m'arrête à l'évêché, où on me fait un excellent accueil. L'évêque demeure à la campagne sur les hauteurs, et, lorsque le matin il a vu venir le navire, il a fait onze kilomètres à pied pour préparer et expédier sa correspondance.

J'aurais voulu faire quelques excursions au loin; la chose me semblait d'autant plus facile que le chemin de fer va, d'une part à Saint-Pierre, et d'autre part à Saint-Benoît, parcourant les deux tiers du contour de l'île; mais ici les trains ne sont pas fréquents comme à Maurice; un seul départ a lieu le matin à 6 heures et demie, et un retour le soir. Je me résigne donc à parcourir en voiture les environs de Saint-Denys. La végétation est partout luxuriante, mais la moitié de la campagne est déserte; je vois des parcs, des jardins où les allées sont effacées par l'herbe. La propreté laisse souvent à désirer; rien d'étonnant à ce que la fièvre et autres maladies sèment la mort dans la population. Un soleil brûlant et un climat humide feront toujours surgir des myriades d'insectes invisibles, des détritus qu'on expose imprudemment à leur action.

Chemin faisant, je visite l'hôpital communal. Les lits s'entassent dans une salle au rez-de-chaussée : la salle du premier sert de refuge à 40 vieillards; une salle séparée est destinée aux femmes. Je vois à terre un gros paquet couvert; on a dû pousser deux lits pour lui faire place, je demande ce qu'il y a sous la couverture qui le cache. C'est un mort, me dit-on. Ce pauvre malheureux s'est présenté hier et n'ayant pu être reçu faute de place, il a passé la nuit dans le jardin, a reçu tout l'orage, et ce matin on l'a trouvé mort. Je demande pourquoi dans cette situation la municipalité n'agrandit pas son hôpital. Elle n'a pas d'argent, fut la réponse; mais d'autres observaient qu'elle en trouve pour subventionner le théâtre. La presse comprend-elle son devoir à Saint-Denys?

A cinq heures, j'avais rendez-vous à la poste pour rentrer avec les dépêches. Chemin faisant, j'achète une collection de vues photographiques et visite l'école des Frères de la Doctrine chrétienne, qui compte 850 élèves: j'achète quelques livres élémentaires, et à cinq heures je suis au rendez-vous. Le directeur de la poste, comme un général sur le champ de bataille, donne ses derniers ordres. Le registre des chargements est-il au courant? Faites une dernière visite, regardez dans les boîtes, sous les boîtes, sur les tables, et que rien ne manque. Je prends congé de cet excellent homme, et arrive au Barrachon avec onze sacs de dépêches. Des retardataires, me prenant pour l'agent des postes, me portent leur lettre. La mer s'est calmée; à cinq heures et demie nous sommes à bord, et peu après le navire lève l'ancre.

Le soir, je parcours les livres que j'ai apportés. Dans la petite géographie à l'usage des écoles, je lis, à propos de l'Australie : « Ce pays forme un continent dont le littoral, aux Anglais, se divise en sept États. Ces États ont pour capitales: Melbourne, Sydney, Brisbane, Adélaïde, Perth, Hobart-Town et Wellington. » Faire de la Nouvelle-Zélande et de la Tasmanie une partie du littoral du continent australien, c'est trop fort. Il n'est pas étonnant qu'on se plaigne du peu de connaissances géographiques de nos élèves. La plupart des cartes qu'on met encore entre leurs mains ne portent même pas les ports de Shangaï, de Yokohoma, de Melbourne, de Wellington, etc. Les congrégations, par leurs membres répandus sur tous les points du globe, ont une grande force qu'elles n'utilisent pas toujours. J'ai vu les Frères, dans les deux Amériques, profiter des moyens en usage dans ces pays et employer les tableaux pour apprendre aux enfants non seulement la lecture et le calcul, mais encore l'histoire, l'histoire sainte, l'histoire naturelle, la géographie, etc.; l'enfant apprend bien mieux et bien plus vite par les yeux que par de longues explications; partout les maîtres en convenaient et pourtant ils n'avaient pas importé le système en France. J'ai vu d'autres congrégations, en Océanie, enseignant le latin au moyen de manuels comme pour les langues vivantes, et les élèves apprenaient au bout de trois ans ce que nous mettons sept ans à leur faire entrer dans la tête ; ces professeurs en convenaient et ils n'ont pas importé le système en France.

Ce serait donc du bon patriotisme que d'introduire chez nous ce qui est conforme à la raison ; ce qui, d'après les données de l'expérience, donne ailleurs de bons résultats.

20 février. — Mer calme, température brûlante. Les passagers que nous avons pris à Maurice et à la Réunion n'ont pas encore leur estomac à l'aise; quelques-uns ont été embarqués malades.

21 février. — Quelques écrous se dérangent à la machine et nous stoppons au moment où nous allons dépasser un autre steamer parti avant nous. Le soir quelques chants et un peu de musique ; dans le jour, quelques parties de palet. Deux jeunes novices ont le soin de l'arrière-pont ; ils le balaient plusieurs fois par jour. L'un est le neveu d'un des officiers, l'autre un jeune baron de Paris. Il s'ennuyait à la maison et il a eu assez d'énergie pour se soumettre à la vie de matelot. Sur les boulevards il aurait trouvé la ruine ; dans le travail il trouvera la vertu et l'honneur !

22 février. — Navigation calme, mer d'huile, température de feu. Le soir, à dix heures et demie, nous entrons dans la baie de Mahé. On ne nous attend pas, et il faut canon, fusée, sifflet, feu de Bengale, pour éveiller les habitants et faire arriver qui de droit. Nous apprenons avec plaisir que nous avons *libre pratique* et que le lendemain nous pourrons débarquer.

Quelques passagers, pour ne pas se voir refuser à bord, se sont mis en quarantaine préalable à l'île qui sert de lazaret et nous arrivent à minuit. A six heures du matin, je monte sur le pont ; je vois autour de moi un ensemble d'îles montagneuses et de rochers granitiques couverts d'une végétation tropicale. Les pics au-dessus de Mahé atteignent 1,000 mètres d'altitude. Plusieurs canots arrivent avec les provisions : ce sont des bananes, des ananas, des citrons et oranges, de la volaille et des légumes frais.

Je monte sur un de ces canots, et, après trois quarts d'heure, les rameurs me déposent à Port Victoria ou Mahé, capitale du groupe des Seychelles. La population, comme à Maurice et à la Réunion, est de toutes les couleurs. Je vois quelques Chinois, beaucoup de mulâtres et d'Indiens, voire même quelques Arabes, et peu de blancs ; il n'y a que quatre Anglais dans la ville. Tout ce monde parle français et anglais. Des mulâtresses portent sur la tête au marché des fruits à pain, des fruits de cythère, des ananas. Près de la plage, couverte de crabes, des pêcheurs jettent leur filet et prennent les nombreux poissons qu'ils ouvrent et sèchent au soleil.

Les cloches appellent à l'église. La population s'y rend de tout côté. Devant un catafalque, un Capucin célèbre la grand'messe. Un des principaux négociants de l'île est là dans son cercueil. Quelques chantres sur la tribune exécutent le plaint-chant : *Libera animas omnium fidelium defunctorum...* Ce chant est émouvant et qui ne se sent ému en présence de la mort !

Après le service, un jeune Capucin anglais, puis les autres Pères m'accueillent avec bonté, me donnent une carte de l'archipel tracée par les soins de l'évêque, et le rapport qu'il vient de publier sur sa mission.

En quittant les Pères, je rencontrent plusieurs de nos passagers et je vais avec eux visiter le jardin du gouverneur. Son

Passe de Fort-Dauphin.

petit *cottage*, entouré d'une véranda, est littéralement noyé dans la verdure la plus luxuriante qu'on puisse concevoir. Il me semble être à Singapore. Nous ne sommes en effet qu'à 4° de l'Equateur. Les cocotiers, les arbres à fruits, l'arbre du voyageur, le palmier bambou, les bambous gigantesques, le cocotier des mers, les teak, le poussenhaut, le bois de fer, élèvent leurs cimes aux cieux, pendant que le *red leaves*, le *shoe black flowers* et une infinité d'autres buissons ont autant de fleurs que de feuilles. L'eau coule de tout côté et monte en jets de petites colonnes par-ci par-là. Le gouverneur est lui aussi à la campagne, mais nous pouvons juger de son esprit positif par l'arrangement même de son jardin. Au pied de chaque arbre grimpe une plante de vanille, et là où elle ne grimpe pas, elle développe ses longues gousses sur une cage en bois. C'est allier l'utile à l'agréable. Dans la partie postérieure du jardin, adossé à la montagne, nous voyons le cimetière avec ses nombreuses croix. Le gouverneur a ainsi autant de souci des vivants que des morts, mais les morts lui donnent moins de peine.

A neuf heures et demie, je reviens sur la plage. Je n'ai trouvé aucune vue photographique dans le pays. Je monte dans un canot creusé dans un tronc d'arbre, et quatre Malgaches me ramènent à bord au moment où le navire allait reprendre sa route. Je parcours le rapport de l'évêque, travail intéressant d'où j'extrais les notes ci-après :

Quarante-quatre îles forment le groupe des Seychelles dont le gouvernement a fait une dépendance de Maurice. Elles sont divisées en trois groupes : les Seychelles proprement dites ; les Amirantes ; Agaleya et Cœtivy. Toutes ensemble ne forment pas une grande surface. Elles sont situées dans la partie occidentale de l'Océan Indien, entre le 3°30' et le 7°30' latitude sud et le 50° et le 54° longitude est.

Les Seychelles avaient été visitées par les Portugais qui, les trouvant inhabitées, les abandonnèrent. En 1742, Mahé de La Bourdonnais en fit prendre possession au nom de la France par le capitaine Picot. Celui-ci nomma l'archipel La Bourdonnais et Mahé l'île principal. Des colons de l'île de France et de l'île Bourbon vinrent les peupler et y amenèrent leurs esclaves. Durant la Révolution, le baron Hérault de Seychelles appela l'archipel de son nom; en 1794, ces îles passèrent aux Anglais et le traité de 1814 leur en reconnaissait la propriété. En 1838, les esclaves furent émancipés.

Le climat est celui de la zone équatoriale ; le thermomètre atteint une moyenne de 35° au bord de la mer et 24° centigrades sur la montagne. Leur conformation géologique fait supposer qu'elles sont les pics d'un continent submergé. Des rochers à formes bizarres et à base granitique sont parsemés sur tous les points. Ces îles sont environnées de bancs de corail.

La population des trois groupes compte en ce moment environ 20,000 âmes. Quelques-uns sont blancs, Français ou Anglais ; le plus grand nombre sont Malgaches ou Mozambiques venus de Madagascar, ou descendants des anciens esclaves. Il y a aussi bon nombre d'esclaves capturés par les Anglais, dans la poursuite des négriers, et affranchis ici. Les créoles sont issus de croisements de blancs et de nègres. Les Indiens, quoique en petit nombre, sont les plus commerçants et les plus riches.

Ces îles abondent en grosses tortues du poids moyen de 60 kilog.; les indigènes se nourrissent de leur chair semblable à celle du bœuf. Une autre espèce de tortue, qui donne la nacre la plus fine, n'est pas mangeable.

Le produit principal du pays est le coco, dont l'huile est expédiée en Europe. On voit partout d'immenses plantations de cocotiers. Malheureusement une espèce de vers s'attaque parfois à cet arbre et le rend malade. D'autre part, l'arrivée des huiles minérales et d'autres huiles de graine a fait baisser de beaucoup le prix de l'huile de coco en Europe. Ces deux faits ont ruiné les planteurs des Seychelles et ils s'adonnent surtout maintenant à la culture de la vanille.

Parmi les cocotiers, celui de mer *(Laodicea Seychellarum)* qui est spécial au pays, est d'une beauté remarquable. Ses feuilles ont la forme d'immenses éventails et servent à faire des chapeaux, des écrins, des corbeilles. Son fruit est énorme, il met sept ans à mûrir et donne une gelée blanche délicieuse. L'arbre ne produit son fruit qu'après vingt ou trente ans qu'il a été planté. On cultive aussi le manioc, le tabac, le maïs, le riz, la canne à sucre.

Les arbres de haute futaie sont représentés par le capucin (*syderaxidon*), le takamaka (*cotaphillum inophillum*), le bois de fer (*diptero carpex*), le gayac (*afzalia bijuga*), le badamier (*terminalia badamia*), le bois de natte (*umbricaria petiolaris*), le bois rouge *wormia ferruginoœa*), le filaho (*casnarina equisitofolia*), le bois de Sandal *(*espèce *rubiacea*), et l'acajou (*anarcadum* occidentale).

Parmi les fruitiers, on compte le manguier, l'oranger, le goyavier, le fruit cythère, le letchis, le bananier, l'arbre à pain, l'avocat *(persea gratissima)*, le carambole, le bilimbi, le jak, le tamarin, l'alte, le carosol, le cœur le bœuf *(anona squamosa ricata* et *reticulata)*.

Parmi les plantes vénéneuses, on compte le tanghin *(tanghina venenifera)*, le calebassier *(strychos nantae)*, le calocasse *(colocassia macrorhiza)*.

L'exportation atteint le chiffre annuel de 800,000 fr. et comprend l'huile de noix de coco, la nacre, la vanille, le café, le cacao, les épices, les sacs de nacoa. L'importation atteint le chiffre de 775,000 fr. Faute de moyens de transport et de concurrence, quelques accapareurs achètent pour rien les produits du pays.

Sous le rapport religieux, les quatre cinquièmes de la population sont catholiques. La mission a été confiée à l'Ordre des Capucins de la province de Savoie, en 1851 ; elle possède 12 prêtres et quelques laïques. 19 Sœurs de Saint-Joseph de Cluny instruisent les jeunes filles et les Petits Frères de Marie, les garçons ; le gouvernement anglais subventionne les écoles et fournit le traitement à quelques prêtres.

Les 20 écoles du Vicariat réunissent plus de 1,200 élèves ; il y a 13 églises et chapelles et un hôpital. Une léproserie, confinée dans une des îles, recevait les lépreux des Seychelles comme ceux de Maurice ; mais, sur les réclamations des habitants de l'archipel, ceux de Maurice n'y sont plus envoyés.

Chapitre Quatorzième.

Sous l'équateur. — Plus de bibliothèque. — La route et le *point*. — La navigation. — La machine. — La côte d'Afrique. — Le Race-Shenariff. — Le naufrage du *Mei-Kong*. — Le cap Guardafuï. — Les Somalis. — Le golfe d'Aden. — Le Yarra. — Arrivée à Aden. — Steamer-point. — La ville. — Le marché. — Les citernes. — Le camp. — Les forts. — Le Somali et sa prière. — Les Parsis. — Les Hindous. — Les Arabes. — Les Juifs. — Les cafés Moka et le sultan de Hatge. — Cham-Cham. — Les vendeurs ambulants. — Les petits plongeurs. — Bab-el-Mandel. — Le fruit de cythère. — L'Ile Périm. — La mer Rouge. — Les naufrages. — La baie de Massouah. — Les mauvais chants. — Suakim et le Mahdi. — Djeddah et la Mecque. — Le Dédalus et les phares.

Le 23 février, nous sommes en plein pot-au-noir, c'est-à-dire sous l'équateur. Il y fait toujours sombre : nuage, et pluie. Plusieurs passagers regrettent la suppression de la Bibliothèque dans les bateaux des Messageries; elle est remplacée par un dépôt de livres de la maison Hachette qu'on peut obtenir en les achetant. Cette mesure a été motivée par le peu de soin que plusieurs passagers avaient des livres, mais ce peu de soin avait évidemment pour cause le peu d'ordre dans l'administration de la Bibliothèque. Si, comme cela a lieu auprès des autres compagnies, on avait confié la bibliothèque au docteur qui a si peu à faire, ou à tout autre officier responsable, on aurait eu un jour et une heure pour prendre et rendre les livres, et le règlement aurait mis à la charge de l'emprunteur toute dégradation. Les journées de navigation sont si longues pour les passagers, qu'on les soulage en leur donnant des livres instructifs sur les pays qu'ils vont visiter. Mais si ce genre d'instruction utile leur a été enlevé, la compagnie leur en fournit un autre non moins précieux. Dans le fumoir une grande carte des mers parcourues occupe une des parois ; tous les jours, après midi, l'officier chargé du *point* vient le marquer sur la carte en traçant la route parcourue ; c'est un excellent moyen pour se reconnaître dans l'immense Océan. Cela fournit aussi l'occasion de poser quelques demandes aux officiers et d'acquérir quelques notions de nautique. C'est toujours bien vulgariser la science !

24 février. — Dernier dimanche de carnaval ; nous sortons de l'équateur. Le temps est encore sombre; partie des passagers sont de race anglaise et ne jouent pas le dimanche ; ils ne font pas de musique ; c'est pour eux le jour de repos absolu et de méditation. Peu de gaieté pour le dimanche gras !

25 février. — Navigation calme, température brûlante, je passe plus d'une heure dans la machine pour me rendre compte des derniers perfectionnements. Ces immenses machines ont atteint la précision des montres. Notre hélice fait 75 tours à la minute, elle peut en faire 80 lorsqu'on la presse ; alors le navire file 15 nœuds, mais on brûle trop de charbon. La moyenne est de 50 tonnes, soit de 50,000 kil. par 24 heures pour faire bouillir les 16 chaudières. Un appareil distillatoire change en eau potable l'eau de la mer ; un ensemble de pompes pourvoit à tous les besoins ; l'arbre de l'hélice a 0^{m}35 de diamètre et 50 mètres de long. Pour graisser on emploie, selon les latitudes, l'huile d'olive, de coco, de colza ou de ricin.

26 février. Mardi gras. — Le navire tourne plusieurs fois sur lui-même ; c'est la manœuvre pour essayer et régler les boussoles. Depuis peu, on fait usage d'un système nouveau d'invention anglaise. Les naïfs croyaient que le navire faisait ainsi la valse à cause du mardi gras.

Nous avons à gauche la côte d'Afrique. Nous nous en approchons peu à peu. Vers trois heures, de grandes taches de sable blanc paraissent sur le fond noir des rochers, puis nous voyons les roches bizarres du Race-Shenariff. Elles changent de forme à chaque instant ; tantôt on croirait voir un sphynx de dimensions énormes ; peu à peu les mêmes rocs présentent la forme d'une grande reine assise sur un trône avec majesté. C'est le faux cap Guardafuï qui, faute d'un phare, induit pendant la nuit les marins en erreur. Le vrai cap se prolonge plus au loin par une presqu'île sablonneuse peu élevée. C'est là, et par suite de cette erreur qu'en 1876, le *Mei-Kong*, navire des Messageries venant de Chine, se jeta à la côte à onze heures de nuit. Le navire et les passagers furent pillés par les indigènes, mais les vies furent respectées. Seul un novice et le commissaire moururent le lendemain d'insolation ; tous les autres, au nombre de 200 à 300, après une marche pénible pour traverser la presqu'île et se mettre à l'abri, furent recueillis par un bateau à vapeur et ramenés à Aden. C'est par une sorte de pacte que les Somalis de la côte s'approprient les effets des naufragés et respectent leurs personnes; il y a quelque temps non seulement ils prenaient les effets mais ils mangeaient les naufragés. L'Egypte prétend avoir un droit de souveraineté sur la contrée, mais plusieurs petits sultans y dominent sur de nombreuses tribus, et ils furent longtemps en guerre à propos du partage du grand butin que leur apportait le naufrage du *Mei-Kong*.

Plus heureux que le *Mei-Kong*, nous approchons de la côte en plein jour et par un temps serein. Nous voyons au loin quelques barques de pêcheurs qui, probablement, font des vœux secrets pour nous voir échouer. Des bandes d'oiseaux marins, les uns blanc et noir, les autres tout à fait noirs, entourent le navire, attendant qu'on leur jette les résidus. Vers quatre heures, nous rasons le cap Guardafuï à quelques mètres de distance. La nature est bien stérile ici; des sables, des rocs et à peine quelques maigres buissons ; c'est le désert africain, et, pour compléter le tableau, quelques chameaux tournent vers nous leur longue tête et nous regardent avec étonnement. Quelques cabanes de pêcheurs au bord de l'eau nous disent que l'homme vit sur ces plages arides.

Nous voyons même quelques Somalis marcher çà et là. Un officier me montre l'endroit où le commissaire du *Mei-Kong* gît sous le sable attendant le jour de la résurrection. Nous avons quitté l'Océan indien; nous naviguons dans le golfe d'Aden.

Vers sept heures du soir, un immense steamer paraît à l'horizon ; c'est un nouveau bateau des Messageries qui fait son premier voyage en Australie. Dernier construit des navires de la compagnie, il en est le plus grand et le plus confortable; il a lumière et sonnerie électrique. Ceux qui vont être construits prochainement seront encore plus perfectionnés; les passagers de première occupent le centre du navire où le mouvement est moins fort et les odeurs moins sensibles. Nous allumons à proue un feu de Bengale pour saluer le navire frère ; il répond bientôt par un autre feu de Bengale, puis les deux steamers s'éloignent en sens inverse avec une extrême rapidité, et dans quelques minutes, les feux ont disparu à l'horizon.

27 février. — Navigation calme; on rencontre quelques bateaux à vapeur. Vers le soir, lorsque le soleil disparaît, le ciel devient rouge et rappelle, quoique de loin, les fac-similés d'aurore boréale qui ont lieu en Australie depuis le tremblement de terre de la Sonde. Cette rougeur a été aperçue à Maurice et à la Réunion, durant une vingtaine de jours. Comme je l'ai dit, les savants supposent que ce sont les molécules lancées dans l'air par l'explosion volcanique qui produisent ce phénomène. Vers huit heures, nous entrons en rade d'Aden ; un pilote nous mène au mouillage et aussitôt un canot me conduit à terre où je trouve mes lettres à la poste.

Le départ est fixé au lendemain à huit heures, mais le navire chargera du charbon toute la nuit. Pour éviter le bruit et la poussière, je dors à l'hôtel de l'Univers. On nous apprend qu'un navire de la Péninsulaire, qui a quitté Melbourne deux jours avant nous, n'a passé ici que ce matin et a continué sa route vers Suez sans s'arrêter. Nous l'avons donc de beaucoup gagné de vitesse, puisqu'il passe par Ceylan et que sa route est plus courte.

Vers trois heures du matin, deux coups de canon annoncent l'arrivée du courrier de Bombay, et une heure après l'arrivée de celui de Brindisi, tous deux de la Péninsulaire. A quatre heures et demie, je quitte ma couche dure et presse quelques compagnons de se hâter. A cinq heures, nous montons en voiture en route pour les citernes. Nous avions assisté la veille à l'engagement de plusieurs chauffeurs. Presque toutes les compagnies qui parcourent la mer Rouge les recrutent à Aden, parce qu'ils résistent mieux à la chaleur. Or, après un long voyage, ils aiment bien retrouver ici leurs femmes, leurs enfants et leurs parents ; la plupart demeurent assez loin de la plage. On nous avait dit qu'à huit heures ils ne seraient pas rentrés, mais, ne pouvant compter sur ce retard, nous nous mettons en marche avant l'aube. Les steamer s'arrêtent en rade devant *Steamer-point*, occupé par des hôtels, des magasins, des entrepôts ; mais la ville d'Aden se trouve à l'intérieur à quelques milles. On y arrive par le camp, en traversant deux tunnels, ou par la porte d'Aden où deux rochers élevés se rapprochent et sont unis par un pont à la hauteur d'une centaine de mètres. C'est une gorge d'un effet très pittoresque, surtout lorsque la lumière d'un demi-jour dessine le vide.

A notre appel, un sergent ouvre la porte de fer et nous demande la *passe*. — « Nous sommes passagers du courrier français et allons voir les citernes. » Là-dessus, il nous laisse passer. Un grand nombre d'Arabes et de Somalis attendent avec leurs ânes et leurs chameaux que l'heure de l'ouverture arrive pour se rendre à Steamer-point.

Nous traversons la ville d'Aden encore endormie ; un grand nombre d'habitants dorment étendus dans la rue, simplement enveloppés dans une couverture. Non loin de la ville nous trouvons les citernes. Ce sont de grandes excavations dans le roc ; l'eau de la pluie s'y amasse et sert à alimenter la population. Il y en a de différentes grandeurs et de formes diverses ; les unes sont circulaires, les autres ovales, d'autres irrégulières. Elles sont superposées de manière que les plus élevées, une fois remplies, se déversent dans les inférieures.

Elles sont cimentées, mais l'eau exposée aux rayons d'un soleil brûlant doit nécessairement s'évaporer. Une réparation bien entendue consisterait à les couvrir, soit en maçonnerie, soit en chaume. De la citerne la plus élevée on jouit d'un superbe coup d'œil sur la ville. Nous y sommes d'autant plus sensibles que le soleil monte à l'horizon en ce moment et fait taire les nombreux coqs qui n'avaient cessé de nous étourdir toute la matinée. Près des citernes, on a planté quelques arbres qu'on arrose tous les jours et qui, par leur verdure, font constraste aux rochers volcaniques qui les entourent. Ces citernes ont été creusées par les Arabes, il y a quelques milliers d'années : les Anglais les ont réparées et rendues à leur première destination. Il serait facile, au moyen de tubes en fer, de faire passer l'eau de l'une à l'autre, et même de la faire arriver à la ville, au camp et à la rade ; mais peut-être, pour qu'on en apprécie mieux le prix, à certaines ouvertures, quatre Somalis s'attellent à la corde d'une poulie et en montent plein une poche de cuir qu'ils déversent dans un canal à l'adresse de l'étang voisin, ou bien dans les petites outres que les ânes et les chameaux portent à la ville. Dans un endroit, pourtant, j'ai vu un chameau attelé à une corde, monter une poche plus grande ; c'est déjà un progrès. Le camp lui-même alimente ses dépôts au moyen de tonneaux que des chameaux amènent des citernes. C'est du primitif.

Ces citernes perdent de leur importance depuis qu'à la côte on distille et on condense l'eau de la mer pour la transformer en eau potable. Au-dessus des citernes, voltigent de nombreux oiseaux de proie. La plupart se repaissent des cadavres que les Parsis, très nombreux ici, déposent sur la tour de leur temple voisin, comme à Bombay. En quittant les citernes, je vois un Somalis tourné vers l'est, faisant sa prière : il se prosterne à plusieurs reprises, lève le regard au ciel, en répétant des prières ; notre passage l'impressionne peu ; il ne se détourne même pas et s'inquiète peu de ce que pense l'étranger. Le musulman ne connaît pas le respect humain.

Nous rentrons en ville ; les rues sont étroites, les maisons en pierre, à un seul rez-de-chaussée et couvertes en terrasse comme dans tout l'Orient. Quelques édifices publics pourtant, comme l'hôpital, le palais de justice, la demeure des officiers, etc., sont de jolis corps de bâtiment. Nous voyons même une usine qu'on nous dit être une fonderie de fer. Aden compte 25,000 habitants de toute race. Les Arabes sont les indigènes, mais, depuis l'occupation anglaise, sont venus les Somalis, nègres de la côte opposée ; ils ne pas aussi noirs que les nègres de l'intérieur de l'Afrique; ils nettoyent sans cesse leurs dents blanches avec une racine ; leurs cheveux sont crépus, mais leur nez n'est pas aplati, ni leurs lèvres trop épaisses.

Somalis.

Viennent ensuite les Parsis et les Hindous arrivés de Bombay; des Arabes d'un peu partout et des Juifs avec leurs cheveux pendant en tirebouchon. Tout ce monde est vêtu très légèrement : une bande de cotonnade entoure leur corps et passe sur l'épaule ; les femmes aussi sont drapées légèrement, quoique avec coquetterie; elle portent leur bébé sur le dos, et souvent une grande amphore d'eau sur la poitrine et une autre sur le dos, à la manière des Mexicains. Ici comme partout où le christianisme ne l'a pas délivrée, la femme est condamnée aux travaux les plus durs et souvent remplit le rôle de portefaix.

Femme Somalis.

Au marché, nous voyons des centaines de chameaux : on dit que 3,000 arrivent tous les matins de l'intérieur, portant les ballots de café d'Arabie. connu sous le nom de moka. Pour la sûreté des caravanes, les Anglais ont fait un traité avec le sultan de Hatge, qui demeure à 25 milles dans l'intérieur. Ils lui payent 100,000 roupies par an et il répond de la sûreté des caravanes. C'est habile et c'est pratique, c'est même plus économique que d'entretenir des régiments. Mais le sultan de Hatge est, lui aussi, fort pratique. On dit qu'une année les Anglais avaient oublié l'échéance, et le sultan commença lui-même à piller. Depuis, le payeur a meilleure mémoire.

Une belle église protestante se dresse sur un rocher. Dans la ville, un bâtiment plus humble, mais plus vaste, sert d'église aux catholiques. Elle est desservie par des Capucins. Nous entrons dans leur couvent; nous le parcourons en tous sens, nous voyons des cellules, des salles qui semblent servir d'écoles; mais pas de moine. A la fin un Arabe paraît et nous dit que

Aden. — Parsi.

les Pères sont partis en mission dans les environs. A l'église, où nous pénétrons par la sacristie, nous trouvons encore au maître-autel l'assiette de cendres qui a servi la veille pour le *memento homo* traditionnel.

Aden. — Officier de police.

Continuant notre route, nous passons sous un tunnel qui ressemble fort à celui de Pausilippe à Naples, et nous entrons dans le camp. C'est une vaste place, où les cipayes s'exercent au tir et au maniement des armes; nous y voyons de nombreuses casernes ou baraques, beaucoup de canons et des entrepôts d'eau. Le camp est entouré de rochers noirâtres de toute forme et dimension, nous sommes en plein déchirement volcanique. Par-ci par-là, sur les hauteurs, s'élèvent des forts tous reliés entre eux par des chemins couverts. Sur le plus élevé des pics, on a construit le sémaphore qui signale l'arrivée des navires. Ce pic est appelé Cham-Cham par les indigènes; ils disent que c'est là l'endroit où Caïn s'est réfugié après avoir tué son frère Abel. Il ne pouvait choisir un endroit plus triste ni mieux gardé. On sait que c'est lui qui éleva la première muraille d'une ville pour se défendre.

Au sortir du camp, le corps de garde nous salue, c'est la consigne pour tous les Européens ; puis nous rencontrons de superbes moutons de la race afghane et de très belles chèvres ; nous passons devant le chantier et le dépôt des charbons des Messageries maritimes et arrivons bientôt à l'hôtel. En rade, 8 à 10 bateaux à vapeur viennent décharger leur charbon de Cardiff, et de nombreux petits côtiers indigènes ont une forme qui se rapproche de la jonque chinoise. A l'hôtel, de nombreux marchands ambulants nous offrent des plumes d'autruche, des peaux de panthère, des objets de Chine et des Indes, ou de la monnaie à changer.

En revenant à bord, nous voyons un navire de guerre portugais, et passons devant un chaland littéralement couvert d'oiseaux de mer ; ce sont les oiseaux à guano.

A huit heures, nous sommes à notre navire, mais les chauffeurs n'y sont pas. Il en manque encore 40; ils n'arrivent qu'à neuf heures et demie. — Durant ce temps, une multitude d'enfants sur des petites pirogues formées d'un tronc d'arbre creusé entourent le navire et ne cessent de crier : *A la mer, monsieur; à la mer, un schelling!* On leur jette une petite monnaie et ils plongent par vingtaines, ramenant toujours la pièce d'argent ou de cuivre. Ils traversent même le bateau sous la cale et plongent du haut de nos canots. Ils sont très habiles à manœuvrer leurs pirogues avec une seule pagaie, et, lorsqu'elle chavire, ils l'ont bientôt remise à flot et vidée par un mouvement saccadé qui fait sortir l'eau par les deux bouts. Des marchands ambulants ont porté jusqu'ici leurs paniers du pays, des scies d'espadon, des cornes d'antilope, des coraux, etc. On veut même me vendre pour une livre stg. une superbe biche vivante.

A neuf heures et demie, le déjeuner sonne et le navire se met en marche; mais toute la nuit il a chargé du charbon ; il s'est donc enfoncé un peu plus, et l'hélice remue la boue. Nous avons encore pour un bon moment devant les yeux les chaos volcaniques des rochers de la presqu'île d'Aden ; il n'y pleut que chaque deux ou trois ans, mais une pluie récente a fait pousser par-ci par-là un peu d'herbe ; rare et court spectacle pour les habitants.

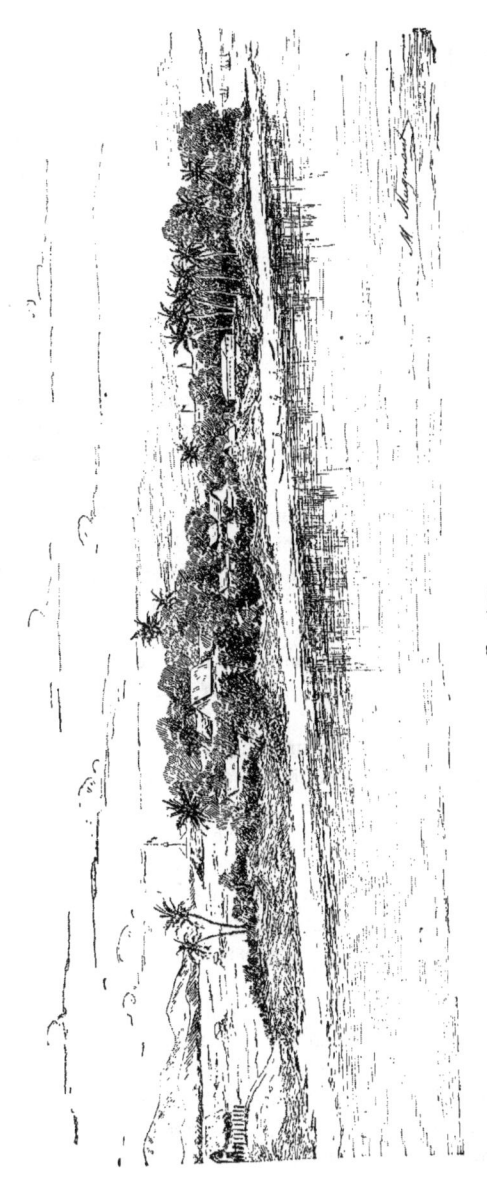

Tamatave.

A onze heures, nous côtoyons l'Arabie en route vers le détroit de Bab-el-Mandeb, mots arabes qui signifient porte de la désolation.

28 février. — Nous rencontrons un navire des Messageries maritimes qui s'en va en Chine, il apporte pour nous des fruits et légumes qu'il a pris à Naples et qu'il devait nous remettre à Aden, mais nous sommes de quatre jours en avance, et ses passagers mangeront nos fruits. Nous restons avec les confitures et le fruit de cythère. Cette espèce de pomme rouge et jaune est spéciale aux Seychelles ; l'apparence est belle et le goût est mauvais ; le noyau est rempli d'épines ; on dit que c'est là ce qui lui a fait donner son nom.

Nous passons devant l'île Périm et entrons dans la mer Rouge. L'île de Périm n'est qu'un rocher aride, mais il commande de ce côté l'entrée de la mer Rouge, et a par là une grande importance.

Notre gouvernement l'avait compris lorsqu'il envoyait un navire de guerre pour en prendre possession au nom de la France.

Malheureusement, le capitaine eut la légèreté de laisser connaître son projet à Aden. Les Anglais alors l'invitèrent à dîner, et, pendant qu'il buvait le champagne, ils prenaient eux-mêmes possession de l'îlot convoité.

Deux steamers naufragés montrent leur coque et leur mâts non loin de l'île. La mer Rouge n'est pas suffisamment éclairée et les naufrages sont fréquents.

Un peu au delà de Périm, sur la côte africaine, nous voyons une grande maison blanche. Elle appartient à la compagnie Fraissinet qui vient là charger le café qui arrive de l'intérieur.

Nous laissons à gauche la baie de Massouah fréquentée par les steamers de la compagnie italienne Rubattino. C'est de cette île que les Italiens lancèrent leurs troupes sur l'Abyssinie.

Nous distinguons plusieurs loutres, navires somalis qui font la navigation de la côte. Ils ressemblent un peu aux jonques chinoises.

29 février. — La température, qui était brûlante, se rafraîchit ; on sent déjà l'air qui a passé sur les neiges des Alpes.

Le soir, on chante ; parmi les nouveaux passagers quelques-uns donnent la préférence aux chansons légères ; ils croient ainsi faire de l'esprit. Tourner en ridicule les choses les plus graves, c'est porter atteinte au sens moral, c'est attenter à la société, et les gens qui applaudissent à ces ennemis du bien public sont naturellement leurs complices.

1ᵉʳ mars. — Nous continuons à naviguer entre l'Asie et l'Afrique. Nous laissons à gauche Suakim, sur la droite Djedah, port de la Mecque. C'est à ce port que tous les ans, vers la onzième lune, débarquent de cinquante à cent mille pèlerins musulmans qui arrivent de Turquie, de Perse, d'Algérie, des Indes, de Java et de la Chine.

Il est prescrit à tout musulman de faire son pèlerinage à la Mecque au moins une fois dans sa vie.

Or, Djedah est une petite ville de 20,000 habitants, sous un soleil de feu, et ne peut donner qu'un abri insuffisant à tant de monde. L'hygiène y est inconnue ; les rues servent d'égout.

Quatorze lieues séparent Djedah de la Mecque ; les Musulmans franchissent cette distance par étapes après avoir revêtu la robe blanche du pèlerin, et, dès ce moment, tout péché doit être expié par le sacrifice d'un mouton ; or, se fâcher ou principalement commander, constitue un péché.

La Mecque compte 35,000 habitants, et ne peut loger convenablement le grand nombre de pèlerins. Il est défendu sous peine de mort à tout chrétien d'en approcher à plus de sept à huit lieues.

Les sacrifices se font dans la campagne, à une lieue et demie de la Mecque dans un endroit appelé *Mena*, où, d'après les Musulmans, Abraham aurait conduit Isaac pour le sacrifice selon l'ordre de Dieu.

Les corps des centaines de mille bêtes sacrifiées pourrissent au soleil.

Ajoutez à cela que le plus grand nombre de pèlerins sont pauvres, exténués, âgés, car la plupart n'ont réussi qu'au déclin de la vie à amasser l'argent nécessaire pour le voyage.

Dans ces conditions, rien d'étonnant que le choléra s'empare d'eux et qu'au retour ils le portent aux quatre coins du globe.

Une Commission européenne a été instituée pour parer à ce danger ; les pèlerins doivent verser une roupie, à leur débarquement pour les frais de propreté ; mais les chrétiens ne pouvant résider à la Mecque, le contrôle est presque impossible pour assurer la réalisation des mesures sanitaires qu'elle prescrit.

Un remède radical serait la suppression du pèlerinage par voie de mer. Les trois caravanes qui, tous les ans par voie de terre, partent de Damas, du Caire et de Perse n'amenèrent chacune qu'environ un millier de pèlerins et sont moins dangereuses.

Un peu plus loin, nous apercevons Yambo, port d'où l'on va dans trois jours à Médina, autre ville sainte où vit le jour Mahomet, le fondateur de l'Islam.

Le soir, on remplace les chansons légères par les jeux de société et on rit aux dépens de ceux qui sont sur la sellette.

2 mars. — Premier dimanche de carême. Navigation paisible. Température agréable. Nous rencontrons plusieurs steamers, et passons devant le *Dedalus*, tour en fer isolée dans la mer et gardée par deux Arabes. On dit qu'ils furent une fois oubliés et que l'un d'eux mourut de faim. A partir de ce point jusqu'à ce Suez, la mer Rouge est éclairée par plusieurs phares élevés par l'Egypte. Demain, vers onze heures, nous comptons arriver à Suez et parcourir le canal jusqu'aux lacs Amers. Je pense descendre en Egypte pour une visite en Palestine avant d'aborder l'Europe.

Chapitre Quinzième.

Le Sinaï et l'Oreb. — Les fontaines de Moïse. — Suez. — Les Arabes. — Un concert de bienfaisance au désert. — Le canal de Suez. — Les lacs Amers. — Le lac Timsah. — Ismaïlia. — Le mirage. — Kantara. — On nous barre la route. — Bal de consolation. — Les ibis. — Port-Saïd. — Le port. — La ville. — Son avenir. — Les Franciscains. — Les Sœurs du Bon-Pasteur. — L'hôpital. — Le Lloyd autrichien. — Arrivée à Jaffa. — Le débarquement. — La ville. — Le peuple juif. — Palestine et Terre-Sainte. — L'hospice des Franciscains. — Les bazars. — Les écoles. — L'hôpital. — La prison. — La maison de Simon le Corroyeur. — La maison de Tabita. — Les colonies allemandes. — Les jardins. — Départ pour Jérusalem.

L E 3 mars, nous côtoyons l'Arabie Pétrée. Nous voyons pendant longtemps les pics de la chaîne du Sinaï et de l'Oreb, hauts de sept à huit mille pieds, couverts de neige, et cherchons à nous rendre compte de l'endroit où les Hébreux ont pu traverser la mer Rouge. A deux heures, nous passons devant les fontaines de Moïse, charmante oasis où de superbes palmiers poussent au milieu du désert. Des nuées d'Arabes montent sur le navire, et y étalent les marchandises de l'Orient et de l'Extrême Orient : tabacs, foulards, bonnets indiens et turcs, objets de corail, parfumerie arabe, etc. Sept navires sont près de sortir du canal, et nous y entrons vers quatre heures, à la suite de deux steamers de la Péninsulaire : l'un vient des Indes, et l'autre, un beau navire à quatre mâts, a quitté Melbourne deux jours avant nous.

J'attendais des lettres de Suez, poste restante, je donne une carte à un Arabe pour qu'il les retire et rejoigne à cheval le navire, qui, vu l'heure avancée, ne se garera pas bien loin. Nous suivons pendant longtemps des yeux les minarets et les blanches maisons de Suez, et à la nuit nous jetons l'ancre à 12 milles environ de l'entrée du canal. Le canal a environ 87 milles de long, il nous en reste 75 pour le lendemain.

Pour utiliser le temps, on organise un concert au profit des familles des marins naufragés ; les morceaux de piano, de cornet à piston alternent avec les chants des dames et des messieurs, et deux demoiselles font la quête. Puisse cet argent, recueilli au milieu du désert, soulager quelques infortunes !

4 mars. — A six heures du matin, on détache les amarres et on file six nœuds à l'heure. La nuit avait été froide ; le matin on cherche, pour se réchauffer, ce soleil que peu de jours avant on fuyait avec tant de soin. Par-ci, par-là, des groupes de travailleurs arabes réparent les berges ; l'eau, mise en mouvement par l'hélice, fait ébouler le sable qu'il faut draguer fréquemment. On tâche de le retenir, soit au moyen de murs en pierres à sec ou cimentées, ou par la plantation d'arbustes. La largeur du canal est de 30 mètres au radier, mais à la surface cette largeur varie selon la mobilité du sable. A huit heures, nous entrons dans les lacs Amers. On y navigue durant 12 milles, et ce temps nous suffit pour dépasser deux steamers. A onze heures, nous entrons dans le lac Timsah et prenons un nouveau pilote. Ismaïlia nous apparaît à gauche dans un bouquet de verdure. Or, il n'y avait là que du sable il y a quelques années, mais ce sable arrosé devient fertile. La Compagnie du canal a amené l'eau du Nil, et au moyen d'une pompe à vapeur l'envoie d'ici à Port-Saïd, dans des tuyaux de fonte.

Partout où l'œil se porte, on jouit du phénomène du mirage ; des monticules de sable, des bouquets de buissons paraissent détachés de terre et ressemblent à autant d'îlots, émergeant d'une eau tranquille. Le canal n'est pas encore assez large pour permettre aux navires de se croiser ; on a construit des gares de distance en distance où les steamers s'arrêtent pour laisser passer ceux qui viennent en sens inverse : nous en croisons plusieurs.

Je remarque sur la rive gauche un fort en ciment, que les Anglais ont construit au moment où ils combattaient Arabi. Nous continuons toujours notre route entre l'Afrique à gauche et l'Asie à droite. A quatre heures, nous atteignons la gare de Kantara, où les caravanes qui vont de Syrie en Egypte traversent en bac le canal avec leurs chameaux. De ce point, le canal va en droite ligne à Port-Saïd ; nous espérons l'atteindre en demandant la permission de suivre notre route durant la nuit. La Compagnie accorde cette permission, pourvu que la navigation soit aux risques et périls du navire qui la demande; celui-ci est donc tenu à réparer à ses frais les avaries qu'il pourrait occasionner au canal. On jette à l'eau une bouteille contenant une dépêche. Un batelier la recueille et à la prochaine gare nous apprenons que l'autorisation est accordée à un navire qui nous précède et à nous-même. Nous nous réjouissons, comptant arriver ; mais nous comptions sans l'hôte. Le capitaine du navire qui est devant nous dépasse la dernière gare et à la nuit il fait jeter l'ancre au milieu du canal, nous barrant la route. Il a

Jaffa. — La rade et la ville.

remis ses dépêches à Suez, d'où elles suivent par le chemin de fer et par voie d'Alexandrie ; il est donc moins pressé et se soucie peu que nous le soyons. Nous aurions pu arriver à Port-Saïd à sept heures et demie, faire du charbon, et, repartant à onze heures de nuit, arriver à Marseille le 9, avec cinq jours d'avance, on ne pourra arriver que le 10. Il faut nous résigner à passer la nuit en vue du phare et des mâts de Port-Saïd. On fait contre fortune bon cœur, et, pour nous consoler on organise un petit bal.

A la pointe du jour on se remet en route ; des vols d'ibis voltigent sur les lagunes et des multitudes de canards se tiennent sur les bords.

A sept heures, nous sommes à Port-Saïd. De nombreux navires y sont à l'ancre ou appareillent : ils vont ou viennent de Chine, des Indes, d'Australie. Plusieurs naviguent dans la Méditerranée. J'aperçois aussi deux navires de guerre : l'un égyptien, l'autre anglais.

Au dernier moment, je me décide à rester à Port-Saïd, pour de là faire une courte excursion en Palestine et au Caire. Le premier bateau qui part pour Jaffa est celui du Lloyd autrichien, qui passe ici dans quatre jours. J'utilise mon temps à m'entretenir avec quelques amis, à lire les journaux d'Europe, et à visiter les établissement de la ville. Elle compte 20,000 habitants, dont 4,000 catholiques latins et 3,000 grecs. Quelques-unes de ses rues sont larges et plantées d'arbres, d'autres étroites et assez sales, Le jour où le canal sera élargi, une dérivation du Nil aboutissant ici sera nécessaire, et alors Port-Saïd prendra, pour le commerce, la place d'Alexandrie. Une église provisoire, confiée aux Franciscains, sert aux catholiques ; à côté, une école française reçoit 150 garçons ; le bon Frère qui la dirige a créé pour eux une association de jeunesse avec fanfare et bibliothèque.

Les Sœurs du Bon-Pasteur d'Angers, au nombre de 29, dirigent un orphelinat qui reçoit 40 orphelines, une école payante avec 40 élèves, dont quelques-unes pensionnaires, et une école gratuite, qui compte aussi une quarantaine d'élèves, mais qui en aurait beaucoup plus si le local était plus vaste. Développer les œuvres françaises dans ce pays, sera toujours un excellent moyen de faire aimer le nom français.

La population de Port-Saïd est un mélange de toutes les nations, et il faut des sujets de tous les pays pour faire face à tous les besoins. Les Sœurs du Bon-Pasteur ont là des Françaises, des Autrichiennes, des Allemandes, des Belges, des Hollandaises, des Italiennes, des Maltaises, des Syriennes. Le gouvernement égyptien leur a confié le soin de l'hôpital. Cet établissement, construit pour 20 malades, en contient en ce moment 60 et ils n'y sont pas à leur aise. Quelques jeunes Turcs qui ne savent parler l'arabe ont de la peine à expliquer leur mal. Je vois aussi chez les Sœurs 12 repenties ou préservées.

Enfin le bateau du Lloyd autrichien arrive, mais il est au complet. Des Anglais, des Américains, conduits par Cook ou par Howard son concurrent, s'en vont en Palestine ; je prends quand même mon passage, j'aurai pour lit les bancs du salon.

Ile Sainte-Marie.

L'équipage parle l'italien, il est triestin ; on le reconnaît bien vite au *zé* qu'ils ont commun avec les Vénitiens.

De nombreux steamers entrent en ce moment dans le canal. Nous longeons la longue jetée de blocs de sable et ciment qui abrite le port et nous voilà en route. La mer est calme, le soleil se couche après une légère pluie, éclairant de ses derniers rayons un bel arc-en-ciel, présage d'heureux voyage. Les Arabes, les Grecs et autres nationalités qui encombrent le pont s'accroupissent çà et là sur les cordages. Après le dîner, un beau clair de lune permet de se promener longtemps sur le pont et de méditer à l'aise sur le ciel, la terre et la mer.

Le lendemain matin, à neuf heures, je m'éveille devant Jaffa.

Échelonnée sur un mamelon, vue de la mer, Jaffa a un aspect pittoresque. A droite et à gauche, des colonies prussiennes élèvent leurs maisons européennes à l'abri des palmiers.

Le débarquement est toujours dangereux. Il n'y a ni port, ni rade : les vagues balancent les canots difficiles à saisir ; mais les Arabes sont si habitués à cette manœuvre, qu'ils nous enlèvent dans leurs bras et nous déposent sains et saufs dans leur barque. Ils sont toujours nombreux pour lutter contre les hautes vagues qui nous assiègent : le moment critique est celui où, près d'arriver, ils passent entre deux rochers ; ils sont fort habiles à saisir le moment où la lame soulève la barque et à prendre le milieu ; tout autre, moins adroit, se briserait contre l'obstacle. Enfin, arrivés à la côte, il n'est pas rare qu'ils vous débarquent sur leurs épaules. En tout cas, ils enlèvent les bagages, portant jusqu'à 150 et 200 kilos sur leurs épaules, au risque d'en être écrasés. Une police qui aurait souci de la vie de l'homme, arrêterait cet abus.

Il est huit heures lorsque je mets le pied sur la Terre Sainte, et ce n'est pas sans émotion, quoique j'y fusse venu huit ans auparavant avec une caravane, à l'occasion des fêtes de Pâques.

Ce coin de terre est le berceau du genre humain et l'ancienne patrie des Juifs. Ce petit peuple a joué et joue encore un grand rôle dans l'histoire de la famille humaine. Ancêtre et ennemi du peuple chrétien, il conserve ces mêmes livres où sont prédits sa grandeur, sa chute et sa restauration à la fin des temps ; livres également sacrés pour les disciples du Christ. Le savant, l'historien a tout intérêt à visiter ce pays, le chrétien y éprouve des sentiments ineffables.

La terre de Chanaan, ou Terre promise, occupée par les enfants de Jacob, a subi de nombreuses vicissitudes. Sous David et Salomon, elle s'étendait depuis l'Euphrate jusqu'à l'Égypte ; les Grecs et les Romains l'appelèrent Palestine. Aujourd'hui, on comprend sous le nom de Terre Sainte, la portion de ce pays où se sont passés les faits de l'Évangile. Elle est située entre le 31°42' et le 33°34' latitude nord et le 35° 22' et le 35° 42' longitude est. Elle comprend une population d'environ 500,000 habitants : Syriens, Arabes, Turcs et quelques nègres. Dans ce nombre, on compte 20,000 catholiques, 30,000 Grecs non unis, 30,000 Juifs, 6,000 Druses, 8,000 Métoualis, 2,000 Arméniens. Le reste est musulman. Le pays fait partie intégrante de l'Empire ottoman.

Jaffa, ainsi appelée de Japhet, fils de Noé, qui la construisit après le déluge, est une des villes les plus anciennes du monde. D'après la tradition, Noé y aurait construit son arche. En ce moment, elle compte 20,000 habitants, la plupart mahométans. Les rues sont étroites, sales et en pentes raides ; les maisons couvertes en terrasse comme dans tout l'Orient.

Les drogmans de Cook confondent les bagages avec ceux de Howard, son concurrent, et avec ceux des autres passagers ; on crie, on cherche, on s'appelle. Au milieu de cette confusion, une partie de mes effets s'en vont à l'hôtel des colonies et je dois aller les chercher. Enfin, j'arrive à l'hospice des Franciscains, labyrinthe d'escaliers, de couloirs et de terrasses. A la petite église, le tableau du maître-autel représente saint Pierre sur la terrasse de Simon le Corroyeur repoussant la nappe remplie d'objets immondes. Les femmes du pays, enveloppées d'un calicot blanc, s'accroupissent à terre sur la natte. Gabriel Akaoui, arabe intelligent que j'avais connu il y a huit ans, m'accompagne dans la ville. Nous visitons l'école des Frères de la Doctrine chrétienne qui a de nombreux élèves ; puis l'école des Sœurs de Saint-Joseph, qui ont aussi un orphelinat, et enfin l'hôpital français. Je remarque dans cette construction de belles pierres tendres de Judée et des marbres de Carrare ; il a coûté plus de 300,000 francs. Un puits au milieu du jardin fournit l'eau nécessaire. La position dominant la ville le rend sain et pittoresque ; il est confié aux Sœurs de Saint-Joseph qui y ont un dispensaire.

Nous traversons les bazars, où je remarque de superbes légumes, et arrivons aux prisons. Un jeune allemand que son consul a fait enfermer pour dettes, se plaint d'être confondu avec les Arabes: il me raconte sa lamentable histoire et voudrait que je le tire d'embarras.

Dans l'après-midi, nous visitons la maison de Simon le Corroyeur, où habitait saint Pierre, lorsqu'il eut la fameuse vision qui l'appelait à s'occuper des païens. Elle est maintenant transformée en mosquée. De la terrasse qui lui sert de toit, on jouit d'une belle vue sur la mer. Nous voyons encore l'emplacement de la maison de Tabitha, et parcourons les jardins qui entourent la ville. Les Pères Franciscains en ont un magnifique. Les légumes de toute sorte; les orangers, les grenadiers, les bananiers prospèrent sur cette terre fertile, dès qu'on peut l'arroser. L'arrosage se fait au moyen de *norias* primitifs où les seaux sont encore en poterie. Les oranges, dont on fait une grande exportation, sont grosses et douces; on les vend en ce moment 30 francs le mille, et on en charge beaucoup pour Liverpool. Les Juifs qui viennent de Russie, achètent ici beaucoup de terrain avec l'argent, dit-on, de Rothschild et de Montefiori, et créent de nouveaux villages. Vers quatre heures, je monte dans un char à bancs, en route pour Jérusalem. Aux abords de la ville, je remarque les tentes de plusieurs familles de bohémiens, originaires des Indes; ils sont danseurs, forgerons, diseurs de bonne aventure et surtout voleurs.

Chapitre Seizième.

Retour des Juifs. — La plaine de Saron. — Les villages. — Les fours. — Le mobilier. — La nourriture. — Rôle de la femme. — Lydda. — La tour des quarante martyrs. — Ramleh. — Les maisons de Nicodème et de Joseph d'Arimathie. — Le récit d'un nègre. — La traite en Nubie. — Bab-el-Ouâdi. — Il faut numéroter les os. — Le brigand Abougosc. — La vallée de Térébinthe et Goliath. — Saint Jean in Montana. — Kalounieh. — Arrivée à la Casa nuova. — La ville de Jérusalem. — Les murs. — Les constructions nouvelles. — Population. — Le Saint-Sépulcre. — Les pèlerins russes. — La clef du Saint-Sépulcre. — Mission providentielle des Turcs. — La pierre de l'onction. — Le Calvaire. — Le Sépulcre. — Le crâne d'Adam. — Le Sacrifice d'Abraham. — La citerne de sainte Hélène. — La cérémonie de la Semaine sainte.

ES haies de figuiers de Barbarie servent ici de murs aux propriétés comme en Sicile. Des troupes d'enfants et de femmes portent sur la tête de grandes corbeilles d'oranges et marchent en cadence au chant d'une espèce de litanie arabe, dans laquelle les uns disent : *Dieu est présent*, et les autres répondent : *Il est pour toujours*. Sortis de la zone des jardins, la plaine est cultivée en blé : on voit aussi des champs d'une espèce de pois-chiche qui sert de nourriture aux chameaux. Les juifs projettent le percement de puits artésiens pour arroser leurs terres. La route traverse la plaine de Saron occupée jadis par les Philistins dans la partie qui longe la mer. Cette plaine, très fertile, a 30 lieues de long sur 8 de large. C'est là que Samson mit le feu aux récoltes des Philistins en lâchant 300 renards portant à leur queue des torches allumées. Cette plaine est encore aujourd'hui peuplée de chacals. Par-ci, par-là, quelques villages à l'aspect misérable : les murs des maisonnettes sont en pierre, mais la toiture est soutenue par des branches de bois. Lorsque la pluie a cessé au dehors, elle commence au dedans. Presque chaque maison a son petit four particulier. C'est une cabane en rameaux de bois recouverts de terre ; la dernière couche est en fiente de vache étendue en forme d'enduit ou de vernis qui préserve de l'eau. Dans cette cabane, une ou deux femmes disposent à terre de petits cailloux sur lesquels elles posent une cloche de terre ouverte par le haut. Autour de cette cloche elles allument de la fiente sèche de chameau ; la cloche et les cailloux se chauffent et cuisent à demi la pâte qu'elles y font passer par l'ouverture supérieure. Ces pauvres femmes, en surveillant l'opération, sont presque nues et cuisent un peu elles-mêmes avec leur pain.

Dans quelques-uns de ces villages, je m'arrête pour voir les maisons : la seule pièce qui la compose reçoit quelquefois le bétail avec les habitants. Les plus riches ont pour tout mobilier une outre pour l'huile, une grande cruche pour l'eau, une pierre à moudre le blé, comme celle des Romains, un tamis pour la farine, une natte par terre et un chiffon d'étoffe suspendu par des cordes à un des coins de la chambre en guise de hamac ; il sert de berceau au bébé. Le reste de la famille couche par terre sur la natte. Quelques-unes de ces cabanes ont aussi un grenier, espèce d'armoire en cloison dans laquelle on verse le blé par en haut, et on en retire la portion nécessaire à la journée par une petite ouverture dans le bas comme dans nos charbonnières. C'est le lot de la femme de réduire ce blé en farine ; elle y emploie deux heures par jour ; de cinq à sept heures du matin on la voit tourner la pierre ; elle doit ensuite aller chercher l'eau qui souvent est très loin ; elle l'apporte sur la tête dans une grande amphore qui contient 15 à 20 litres. Elle ira encore chercher le bois ou ramasser la fiente de chameau et préparera le pain. Quant à la nourriture, elle n'est pas compliquée. L'Arabe mange son pain avec des concombres l'été, et avec des olives et des oignons l'hiver.

Nous laissons à gauche l'ancienne ville de Lydda et arrivons à Ramleh. Un peu avant d'entrer dans la ville, je visite une ancienne tour appelée des quarante martyrs, d'où j'admire un superbe coucher de soleil. Au pied de cette tour, sont les ruines d'un vaste et vieux caravansérail.

Ramleh compte environ 5,000 habitants, presque tous musulmans On croit qu'elle est l'ancienne Arimathie, patrie de Nicodème et de Joseph, qui ensevelirent Jésus-Christ. Le couvent des Pères Franciscains est construit sur les ruines des maisons de ces personnages.

C'est dans ce couvent que Bonaparte logea en 1799, lors de l'expédition de Syrie.

J'y trouve un jeune nègre grand et beau garçon. Pendant qu'il me prépare à souper, je le questionne sur son pays d'origine et sur les circonstances qui l'ont amené ici. Je suis de la Nubie, me dit-il, et j'appartenais à une tribu qui comptait 8,000 âmes réparties en trois villages. Un chef d'une tribu voisine ayant été tué, elle nous attaqua. Presque tous nos guerriers périrent dans le combat, les femmes et les enfants furent emmenés captifs. Des pillards prirent dans les villages tout ce qu'ils y trouvèrent et y mirent le feu.

Jérusalem. — Fumeur de narghileh.

Mon père a été tué et ma sœur a disparu. J'ai revu ma mère le jour où on a passé la revue des captifs pour en faire le triage. Les petits enfants qui n'étaient pas en état de marcher furent remis à leur mère, les autres durent s'acheminer vers l'Égypte. Nous y arrivâmes après quatre mois de marche. Bien des fois je fus sur le point de succomber en route, et alors on me mettait pour un peu de temps sur un chameau. Arrivés au Caire, nous fûmes échangés contre des armes, des cotonnades et autres étoffes destinées au chef vainqueur. Pour moi, je fus acheté par un riche marchand de Jérusalem qui, à sa mort, me rendit la liberté. Des faits comme celui que me raconte ce nègre se passent journellement en Afrique. On n'attend pas toujours une guerre, et souvent la tribu plus forte donne la chasse à une tribu plus faible pour se procurer des esclaves, seule monnaie du pays.

Des Arabes ont même la spécialité de cerner les villages, de massacrer les premiers habitants qui en sortent pour terroriser les autres et les amener sur la côte où ils les vendent. Les grands déclamateurs d'humanité et de philanthropie ne pourraient-ils faire quelque chose de mieux que leurs phrases pour faire cesser ce trafic inhumain et révoltant? Le cardinal Lavigerie a fondé la Société anti esclavagiste, qui obtient de sérieux résultats; on ne saurait trop la soutenir.

Après le souper nous continuons notre route jusqu'à Bab-el-Ouâdi, où nous arrivons vers minuit.

On fait là un deuxième arrêt pour laisser manger les chevaux. Le canapé de la mauvaise auberge me sert de lit de camp. A trois heures, au chant du coq, on remonte en voiture et on gravit au pas les montagnes de Judée. Les quelques Arabes qui sont dans la voiture chantent des cantiques sur l'air des lamentations de Jérémie. Pour moi, accablé de fatigue, je sommeille sans faire attention à la pluie qui me détrempe. Le char à bancs n'a que des demi-ressorts, car il doit résister aux cahotements des rochers. Nous sommes horriblement secoués. Un passager craint de ne pouvoir arriver tout entier et crie : numérotons nos os.

Cela me rappelle qu'à ma première visite à Jérusalem, en 1876, une dame, son neveu et un curé de l'île Maurice, pour éviter ce cahotement, voulurent prendre au retour une voiture à ressorts; elle se brisa à une descente, le cocher eut le bras cassé et les voyageurs furent meurtris. A l'aube, nous sommes à Abougosc. Ce village est ainsi appelé du nom d'un célèbre brigand, qui prélevait un péage sur tous les pèlerins. Je vois là une église en ruines au-devant de laquelle pousse un magnifique palmier. De distance en distance, nous apercevons toujours les tours construites par les Turcs pour garder la route; ces tours, maintenant abandonnées, tombent en ruines.

Arrivés sur un point culminant, nous apercevons de l'autre côté de la vallée de Térébinthe, perché sur le penchant de la colline, Saint-Jean *in montana*. C'est là qu'habitait sainte Élisabeth et que sa sainte cousine l'y visita et y composa le *Magnificat*. C'est là

Ramleh. — Vue générale.

encore que Zacharie, lorsqu'il recouvra la parole, entonna le *Benedictus*.

Nous prenons une tasse de café au petit village de Kalouniéh et traversons le torrent de Térébinthe, où David abattit d'un coup de fronde le géant Goliath. Puis, après avoir gravi une montagne, nous avons au loin devant nous Jérusalem avec ses murs, ses minarets et ses coupoles. Ici, les pèlerins qui viennent en caravane ont l'habitude de mettre pied à terre et d'entonner le psaume : *Lætatur sum in his quæ dicta sunt mihi.*

Il est neuf heures du matin lorsque je descends à Jérusalem, à la porte de Jaffa. Le garde turc me fait son salut à l'orientale, portant la main à la bouche, au front et au cœur; je réponds de même, puis m'achemine à l'hospice des Franciscains, à la Casa Nuova, pour prendre un repos bien mérité.

Lorsque je visite la ville, je trouve Jérusalem ce que je l'avais laissé il y a huit ans; rues étroites et sales, bazars immondes; les abords couverts de cimetières et d'immondices avec de longues files de lépreux qui vous montrent leurs plaies en criant : *Cawagia! Cawagia!* Seigneur! Seigneur! pour demander l'aumône. Mais, hors les murs, une ville nouvelle est en construction. Les Prussiens, les Anglais, imitant les Latins et les Russes, ont construit écoles, hôpitaux et maisons. Les Juifs multiplient leurs habitations et arrivent toujours en plus grand nombre, surtout après la persécution qu'ils ont subie en Russie. Sur la route de Jaffa, les constructions nouvelles occupent déjà une grande étendue : il est regrettable qu'elles soient faites sans ordre; il en résulte un labyrinthe à peu près égal à celui de la ville ancienne. Celle-ci est bâtie sur les cinq monts de Gareb, Bezetha, Moria, Akra et Sion. Les murs reconstruits par les Croisés sont parfaitement conservés; ils sont en pierres calcaires avec créneaux et d'un bel effet. L'enceinte actuelle s'étend un peu plus vers le mont Gareb; celle du temps évangélique s'étendait un peu plus vers le mont Sion, de sorte que la surface des deux villes est à peu près la même. Elle n'est pas très grande et sa population n'a jamais dépassé de beaucoup 100,000 habitants, hors le temps de la célébration des fêtes. On sait en effet que, pour la Pâque et autres solennités, tous les Juifs étaient tenus de venir à Jérusalem faire leur adoration au temple. Aujourd'hui, elle compte environ 30,000 âmes y compris la population hors les murs.

Ma première visite est pour le Saint-Sépulcre.

Des gens de toute sorte et de toute couleur se pressent pour prier en ce lieu. J'y vois surtout un grand nombre de Russes pauvres, mais très édifiants. Il faut que leur esprit de foi soit bien grand pour venir de leur pays si éloigné et le plus souvent en famille ; j'en avais rencontré sur les bateaux venant de la mer Noire, encombrant le pont. Le soir et le matin, ils faisaient ensemble pieusement leur prière et chantaient en chœur des cantiques d'une harmonie ravissante.

A l'entrée du Saint-Sépulcre, accroupis sur la natte dans une espèce de niche, je trouve toujours les mêmes Turcs fumant le narghileh et gardant la porte. Saladin, à la conquête de Jérusalem, donna comme récompense la clef du Saint-Sépulcre à un guerrier qui s'était distingué à l'assaut. Sa famille l'a toujours conservée et la garde encore ; elle est divisée maintenant en quatre branches qui se partagent les jours de garde et le bénéfice. Les Grecs,

Moine arménien.

les Latins, les Arméniens et les Cophtes ont droit de demander l'ouverture de la Basilique ; il y a la petite et la grande ouverture.

Moine grec.

Pour la petite, on ouvre seulement pour un peu de temps et on donne aux gardiens du café, du riz, de la cire pour la valeur d'environ un franc ; pour la grande ouverture, la porte reste ouverte du matin au soir et on donne aux gardiens du riz, du café, de la cire et de l'argent pour environ 6 francs. Dans les grands concours, j'ai vu ces gardiens, armés d'un nerf, faire circuler à force d'arguments frappants. Dans les jours ordinaires, ils restent sous leur niche, fumant leur tabac et buvant leur café.

Les Turcs m'ont paru bien remplir une mission providentielle en Palestine ; ils conservent le *statu quo*. C'est pour eux une nécessité, au milieu des jalousies qui agitent les diverses communions. Dans les luttes sans cesse renaissantes, leur meilleur moyen de se tirer d'affaire, c'est de demander comment les choses se passaient hier et d'exiger qu'il en soit de même aujourd'hui. Il est bon qu'à travers les siècles, les diverses générations puissent voir et constater sur les lieux la vérité des choses qui ont été écrites.

La Basilique du Saint-Sépulcre, construite par sainte Hélène et plusieurs fois réédifiée, renferme le Saint-Sépulcre, le Calvaire, la citerne où furent retrouvées les croix et les instruments de la Passion, et plusieurs autres lieux rappelant des souvenirs de la Passion ou des faits s'y rapportant. Elle est divisée entre les cinq communions des Latins, Grecs, Arméniens, Abyssins et Cophtes. Les Syriens y ont aussi une chapelle; les Grecs et les Latins un couvent (1). La première chose qu'on a devant soi en entrant dans la Basilique, c'est une grande pierre un peu surélevée du sol et au-dessus de laquelle brûlent plusieurs lampes; c'est la pierre dite de l'onction sur laquelle le corps de Notre-Seigneur a été lavé, parfumé et enveloppé dans le linceul. A droite, on monte sur le Calvaire par une dizaine de hautes marches. Sainte Hélène, pour enfermer tous ces lieux mémorables sous une voûte, a été obligée de niveler le terrain en taillant le roc; elle n'a conservé intact que le rocher du Calvaire et celui du Saint-Sépulcre; la différence de niveau entre l'un et l'autre n'est que de 5 à 6 mètres, et la distance de 30 à 40 mètres.

Sur le Calvaire, on vénère l'endroit où fut plantée la Croix du Rédempteur, l'autel qui s'élève au-dessus appartient aux Grecs; à côté, les Latins ont un autel à l'endroit où a eu lieu le crucifiement et un autre à la place où se tenait la Mère de Jésus à côté de son Fils mourant. Près du trou qui a reçu la croix, le rocher est fendu; la fissure descend profondément et traverse une petite caverne à quelques mètres au-dessous de la croix. D'après la tradition, ce serait dans cette caverne que Noé aurait déposé le crâne d'Adam, et le tremblement de terre à la mort du Rédempteur aurait permis à son sang de couler à travers la fissure sur le crâne du premier homme prévaricateur. C'est pour perpétuer cette tradition qu'on place souvent un crâne au pied du crucifix. On croit que c'est là aussi qu'Abraham, figurant le grand sacrifice, se montra prêt à immoler

---

(1) On appelle Latins en Orient les catholiques Romains; sous le nom de catholiques on comprend les Grecs-Unis.

Jérusalem.

son fils Isaac pour obéir à Dieu. On trouve souvent dans le plan divin des coïncidences merveilleuses.

Sous la coupole de la Basilique est creusé dans le roc le tombeau que Nicodème avait préparé pour lui et dans lequel il déposa le Christ. Lui-même a été après sa mort déposé non loin de là avec Joseph d'Arimathie dans d'autres caveaux qu'on montre encore aujourd'hui.

Le Saint-Sépulcre a une petite antichambre au milieu de laquelle est un morceau de pierre sur laquelle se tenait l'ange qui annonça la résurrection. La chambre sépulcrale, toute taillée dans le roc vif, a environ 2 mètres de long sur 2 de large et contient une banquette de pierre qui reçut le corps du Sauveur. On y pénètre en se courbant sous une porte basse, au-devant de laquelle on poussa la grosse pierre que les Juifs scellèrent avec le sceau de Pilate. Cette énorme pierre, épaisse de un mètre environ, sert aujourd'hui d'autel à l'église des Grecs. Une grande quantité de lampes brûlent jour et nuit dans la chambre sépulcrale, et les diverses communions s'y succèdent pour les cérémonies. Les pèlerins font souvent queue pour y pénétrer, prier, y faire bénir leurs objets de piété. Mais c'est surtout durant les cérémonies de la Semaine sainte que le concours est grand. Les pèlerins arrivent là de tous les points du globe, et comme ils ne peuvent tous tenir dans l'espace étroit, souvent il y a des disputes et des querelles pour se faufiler et se presser. Plusieurs ont vu en cela quelque chose de scandaleux ou de peu édifiant; pour moi, je n'y vois qu'un grand acte de foi. Le Samedi saint, pendant la cérémonie des Grecs, qu'ils appellent du feu sacré, j'ai même vu des spectateurs qui, faute de place, montaient et se tenaient sur les épaules des autres.

La coupole actuelle qui couvre le Saint-Sépulcre est en fer. Elle a été élevée après l'incendie de 1868, aux frais de la France, de la Russie et de la Turquie. Les murs sont en calcaire et percés par les arcs de nombreuses galeries. Beaucoup de pèlerins ont l'habitude de passer la nuit en prières au Saint-Sépulcre, surtout la nuit du jeudi au vendredi saint.

Au-devant du Saint-Sépulcre, les Grecs ont leur magnifique chapelle dans le chœur qui, sous les Croisés, servait aux chanoines. Les Latins ont leur chapelle à l'endroit où on conserve une moitié de la colonne de la Flagellation.

Dans un coin de la Basilique, par un escalier taillé dans le roc, on descend dans un souterrain, d'où on pénètre par un autre souterain dans une vieille citerne creusée aussi dans le rocher. Elle est en tout semblable aux nombreuses citernes qu'on rencontre dans le pays. C'est là que les Juifs, attendu que c'était la veille de Pâques, firent jeter les croix et les instruments de la Passion, retrouvés par sainte Hélène trois siècles plus tard.

Rien de plus émouvant que d'assister en ces lieux aux cérémonies de la Semaine sainte, et d'entendre la lecture de ces vieilles prophéties, dont on voit si bien aujourd'hui l'accomplissement.

Chapitre Dix-Septième.

L'hospice des chevaliers de Saint-Jean. — Les bazars. — Les Frères de la Doctrine chrétienne. — Les Sœurs de Saint-Joseph. — Les Sœurs de Sion. — L'arc de l'*Ecce Homo*. — Les orphelinats. — L'hôpital français. — Danse juive. — La voie douloureuse. — L'hospice autrichien. — L'église de Sainte-Anne et les missionnaires de Notre-Dame d'Afrique. — La vallée de Josaphat. — Le tombeau de Marie. — La grotte de l'Agonie. — Le jardin des Oliviers. — Les fouilles des Pères Dominicains. — Le Cénacle. — Le climat. — Une réception arabe.

En sortant du Saint-Sépulcre, je remarque à gauche les ruines de l'hospice des chevaliers de Saint-Jean. Elles sont couvertes d'immondices. Une partie a été donnée à la Prusse, qui n'y a encore rien fait.

Voulant rentrer à Casa-Nuova, je m'égare dans le labyrinthe des bazars; j'y vois des ferblantiers, des chaudronniers, des fabricants de babouches, des vendeurs de verroteries de Venise, de tabac; des chibouks, des légumes, des étoffes, des moutons, des confitures, des fabricants de saucisses, etc., le tout au milieu d'une saleté infecte.

Les quelques jours que je passe à Jérusalem sont employés à revoir les divers sanctuaires et lieux historiques et à la visite des nombreux établissements d'éducation ou de bienfaisance. Le Patriarche et le Consul me reçoivent avec bonté. Je vois avec plaisir une vaste maison que les Frères de la Doctrine chrétienne ont élevée à côté du Patriarcat. Ils y instruisent les enfants de Jérusalem, quelle que soit leur religion; aussi la langue française est bien près d'être en ce pays la langue européenne dominante.

Les Sœurs de Saint-Joseph ont un orphelinat avec 30 élèves et

130 bébés à la salle d'asile. Les Sœurs de Sion élèvent toujours 90 orphelines. Elles avaient un externat très fréquenté par les petites musulmanes ; mais, à la suite des réclamations des derviches, le Pacha de Jérusalem a établi pour elles une école arabe obligatoire ; néanmoins, les anciennes élèves retournent peu à peu à leur école de prédilection.

Les Sœurs de Sion occupent toujours sur la voie douloureuse l'emplacement d'une partie du palais de Pilate. Une portion de l'arc dit de l'*Ecce Homo* est enfermé dans leur maison. On le nomme ainsi

Jérusalem. — Le Patriarcat latin.

parce que, de cet arc, le proconsul montra le Christ couvert de plaies après sa flagellation.

La partie de l'arc à cheval sur la rue est occupée par un derviche de Boukara. Les Sœurs ont aussi retrouvé et mis à découvert le pavé primitif de la rue où se tenaient les Juifs, lorsque, réclamant la mort du Christ, ils criaient : *Crucifige!* que son sang retombe sur nous et sur nos enfants! Ce sang pèse encore bien lourdement sur eux.

Il a été construit aussi un orphelinat pour garçons hors la porte de Jaffa. J'y ai vu 56 jeunes gens de Palestine et de Syrie, appliqués aux métiers de boulanger, cordonnier, sculpteur, tailleur, menuisier, tisserand ; on a renouvelé ici la ruse qui a si bien réussi à Saint-Jean, où il y a aussi un grand orphelinat de garçons et un orphelinat de filles ; ce dernier confié aux soins des Sœurs de Sion. On a laissé croire qu'on voulait construire l'établissement sur le mont des Oliviers, où la princesse de la Tour d'Auvergne avait donné un petit terrain. Les Juifs se sont empressés d'acheter tout le terrain voisin pour le vendre à prix d'or, lorsque, tout à coup, on apprend qu'on a acheté et qu'on construit dans le quartier opposé, de l'autre côté de la ville. Sur les 1,800 catholiques romains qui habitent Jérusalem, 1,600 environ reçoivent le logement et le pain des Pères de Terre sainte ; il est à espérer que la nouvelle génération vivra de son travail.

Je puis visiter le bel hôpital élevé grâce à la générosité de M. de Biellat, entièrement à ses frais ; il est desservi par les Sœurs de Saint-Joseph. J'y trouve une trentaine de malades, arabes ou turcs, et une pharmacie, dans laquelle les Sœurs distribuent tous les jours gratuitement des remèdes à tous les pauvres qui se présentent.

En me rendant à la poste autrichienne à travers un dédale de rues immondes, j'entends la musique d'un violon et d'un violoncelle et je monte l'escalier de la maison d'où venait le son. Dans une chambre, deux vieux juifs portant les tire-bouchons, le bonnet à poil et la sale tunique des juifs polonais dansent devant un lit où se tient une femme couchée. Lorsqu'ils m'aperçoivent, l'un d'eux s'arrête, mais l'autre continue à gambader s'avançant vers moi avec toutes sortes de grimaces des lèvres, de la tête et des mains. La femme sort elle aussi sa tête de derrière les rideaux pour me regarder. Je leur demande l'explication de leur danse, mais je ne puis rien comprendre à leur langage et je m'éloigne, en supposant qu'à la manière orientale, ils exécutaient une *fantasia*, probablement à l'occasion de la naissance d'un enfant.

Dans l'après-midi, je suis la voie douloureuse où Notre-Seigneur a porté sa croix. Les stations ne sont connues que des chrétiens ; les Juifs les profaneraient si elles étaient marquées de quelque signe. Je visite en passant l'hospice autrichien construit sous le patronage de l'empereur d'Autriche. Il l'a lui-même habité. Les pèlerins pauvres y sont reçus et nourris gratuitement, les pèlerins riches donnent une aumône à volonté. Un peu plus loin, j'arrive à l'église Sainte-Anne, desservie par les missionnaires de Notre-Dame d'Afrique, fondés par le Cardinal Lavigerie. On croit que c'est là qu'habitaient Anne et Joachim, et que c'est là qu'a été conçue et qu'est née la sainte Vierge Marie qui, plus tard orpheline, fut mariée à Joseph et nous donna Jésus-Christ. Dans ce moment, 8 Pères et Frères, dans une construction qu'ils ont élevée à côté de l'église, enseignent le grec, le français, l'arabe, les lettres et les sciences à 30 garçons grecs-unis pour former un clergé grec à la hauteur de sa mission.

En sortant de la ville par la porte de Saint-Etienne, j'ai devant moi la vallée de Josaphat, limitée par le mont Moria d'une part et par le mont des Oliviers de l'autre : elle est si étroite que si un jour

Jérusalem. — Femme fumant le narghileh.

Notre-Seigneur doit y juger le genre humain, il sera certainement obligé de pousser l'une ou l'autre des deux montagnes.

Après avoir traversé le torrent de Cédron, j'aperçois un Grec qui venait de fermer la porte du tombeau de la sainte Vierge ou de Sidi-Mariam (Madame Marie) selon leur appellation. Je lui fais signe, et il vient m'ouvrir. Nous descendons de nombreuses marches. A mi-chemin, il me montre le tombeau qui aurait reçu la dépouille mortelle de saint Joseph. Au fond, dans un caveau taillé dans le roc, brûlent de nombreuses lampes; c'est là que la sainte Vierge aurait été déposée après sa mort, et c'est là que les anges seraient venus prendre son corps pour le porter dans le ciel. Le tombeau de Marie est en ce moment en possession des Grecs.

Un peu plus loin, j'entre dans une grotte convertie en chapelle : un Franciscain y est en prières. On l'appelle grotte de l'Agonie, parce que c'est là que Notre-Seigneur, faisant sa prière la veille de sa passion, y tomba en agonie et fut fortifié par un ange. Une centaine de mètres plus loin, dans un lieu clos de murs, on voit 9 vieux oliviers, dont un a environ 2 mètres de diamètre ; c'est là que se tenaient Jean, Pierre et Jacques, auxquels Jésus-Christ reprocha de ne pouvoir veiller une heure, et c'est là que le traître Judas arriva avec sa bande à laquelle il désigna le Christ par un baiser. Les Franciscains ont converti ce lieu en jardin planté de fleurs et y ont érigé le long des murs un chemin de la Croix. Plusieurs protestants y arrrivent pendant que je m'y trouve, ils gardent la meilleure contenance et marquent le plus grand respect pour les pèlerins latins qui y font leurs prières. Le sentiment religieux est très développé chez les Anglo-Saxons.

Les Pères Dominicains ont acquis hors la porte de Damas un terrain sur lequel ils pratiquent des fouilles. On croit que c'est à l'endroit où fut lapidé le diacre Étienne. Je m'y rends en promenade ; le temps est mauvais, les ouvriers ne sont pas au travail ; je marche sur le pavé déblayé d'une ancienne église, lorsque, d'une cave à côté, sort un grand nègre armé d'un bâton à l'air menaçant ; il se radoucit vite, heureusement. Les nègres sont choisis de préférence comme gardiens, à cause de leur fidélité à tenir la consigne. Les fouilles mettent à découvert de nombreuses citernes et de grandes voûtes. On croit que sous celles-ci on retirait les animaux et qu'on logeait les gens dans les appartements au-dessus.

Cet établissement peut avoir été construit et réédifié par les Croisés. Les Pères Dominicains se proposent d'y établir un hospice pour les ecclésiastiques et laïques qui voudront venir étudier l'Ancien et le nouveau Testament sur les lieux témoins des faits qu'ils racontent.

Non loin de ces fouilles, les Juifs construisent de nombreuses maisons, et il en résulte un petit village, mais horriblement sale selon leur habitude.

J'aurais désiré renouveler une visite au Saint Cénacle. Il est sévèrement gardé par les musulmans qui croient que David y a son tombeau. J'aurais aussi voulu revoir dans les environs de Jérusalem bien des lieux historiques et religieux que j'avais déjà visités ; mais le temps est toujours pluvieux et souvent la pluie se change en

Jérusalem. — L'Arc de l'Ecce Homo sur la voie douloureuse.

grêle ou en neige. Je n'ai pas plus de 10° centigrades dans ma chambre, et, par ce temps, les divers sanctuaires sont humides, les routes défoncées. Il est vrai qu'on s'accorde à dire que cet hiver est exceptionnel, et que d'habitude le mois de mars est beau et chaud èn Judée. D'autres ajoutent que la température de ces contrées a baissé depuis l'ouverture du canal de Suez, qui a amené dans l'atmosphère des courants nouveaux.

Quoi qu'il en soit, je suis forcé d'utiliser souvent le temps chez moi, faute de ne pouvoir sortir. Un jour, un Arabe chrétien m'invite à entrer chez lui pour prendre une tasse de café; faute de chaises, je croise comme lui mes jambes sur la natte. Pendant qu'une de ses jeunes filles prépare le café, une autre m'offre des liqueurs et des confitures, allume le narghileh (1) et me le passe. Après une longue conversation sur les mœurs et coutumes, lorsque je me relève pour partir, la posture, à laquelle j'étais peu habitué, fait que j'ai de la peine à me tenir sur mes jambes.

(1) On appelle narghileh une pipe à long tuyau en caoutchouc par lequel les Orientaux aspirent la fumée qui passe à travers l'eau d'une bouteille. Le chibouk est la pipe ordinaire au long tuyau de bois.

Chapitre Dix-Huitième.

Départ pour le Jourdain. — Béthanie et le tombeau de Lazare. — Aboutis. — Mon escorte Ali. — La route. — Les Bédouins et leurs exploits. — Le fort de Khan-el-Ahmar. — Le printemps — Le Kelt. — La vallée du Jourdain. — La fontaine d'Elisée. — La montagne de la Quarantaine. — Jéricho. — L'hospice des Grecs. — Le couvent de Saint-Jean-Baptiste. — Galgalla. — Le Jourdain. — Les Montagnes de Moab. — Chrétientés de Bédouins. — La mer Morte. — La Pentapole. — Redjom-bahr-el-Louth. — La mosquée et le pèlerinage de Nébi-Moussa. — Légende musulmane sur la mort de Moïse. — Le petit Yaja. — Le général Gordon. — Le village de Siloé. — Une fantasia à l'occasion d'un mariage.

URANT plusieurs jours j'avais cherché quelques pèlerins pour faire ensemble une excursion à la mer Morte. Les uns y étaient déjà allés, les autres n'avaient jamais monté à cheval, ou craignaient les Bédouins. Je ferai donc ce voyage tout seul; j'aurai ainsi plus de loisir pour méditer durant la route sur les événements qui se sont passés en ces lieux.

Le matin du 14 mars, le drogman Jean Aüad est à la porte de Casanova avec deux chevaux; il sont harnachés à l'orientale; un anneau de fer dans la bouche remplace le mors. Sur l'un, il met les besaces contenant les provisions pour deux jours et s'y perche lui-même. Je monte sur l'autre et nous voilà en route.

Nous sortons par la porte de Jaffa, passons devant l'hôpital français et longeons les murs de la ville jusqu'à la porte de Saint-Etienne. Nous descendons dans la vallée de Josaphat, traversons le torrent de Cédron et arrivons à Béthanie. Là sont des ruines qui rappellent l'emplacement des maisons de Lazare et de Simon le lépreux. Les Grecs ont élevé une construction sur la pierre dite du Colloque. Suivant la tradition, Notre-Seigneur aurait là rencontré

Marthe, lorsque celle-ci lui dit : « Maître, si vous aviez été ici, mon frère ne serait pas mort. »

C'est aussi à Béthanie qu'on voit encore le tombeau où Lazare avait été enfermé durant quatre jours. Le rocher dans lequel il était creusé étant devenu très mou par l'action de l'eau, on a construit, pour le soutenir, une voûte en maçonnerie. Des enfants me suivent et m'offrent des chandelles et des allumettes pour avoir *bacchich* (1). Je descends par de mauvaises marches à une profondeur d'environ 10 mètres et, par une petite ouverture, je pénètre dans la pièce carrée qui servait de tombeau. Lorsque je sors, j'étais pris d'un *lumbago*, et on est obligé de m'aider pour monter à cheval. Le vent était froid, et les divers sanctuaires sont humides : les chambres même dans lesquelles on couche ressemblent à des caves : il paraît qu'il les faut ainsi pour préserver de la chaleur pendant l'été et du froid durant l'hiver; les cheminées et les poêles sont inconnus ici. Dans ces conditions, rien d'étonnant à ce que les rhumatismes soient faciles à prendre.

Béthanie, aujourd'hui, n'est qu'un petit bourg sale et moitié en ruines, peuplé de 300 mahométans.

A quelques pas de Béthanie, nous rencontrons l'escorte qui doit nous accompagner. C'est un habitant d'Aboutis, village voisin, qui, depuis de longues années jouit du privilège de fournir les escortes. Ali est le mien ; ce jeune homme a six pieds de haut. Sa tête est enveloppée dans un foulard tenu par une grosse corde ; il porte la longue chemise ou soutane du pays, liée aux reins par une ceinture de cuir ; sur les épaules il passe un manteau de grossière toile de laine rayé blanc et noir, à la manière des Bethléemites. Il tient en bandoulière un vieux fusil à deux coups, un coutelas à la ceinture et un casse-tête à la main ; il a les jambes nues et des babouches aux pieds.

A partir de ce point, la route descend jusqu'à Jéricho, dans la vallée du Jourdain. Cette vallée est à 392 mètres au-dessous du niveau de la Méditerranée et à 1170 mètres plus bas que Jérusalem. Le long de la route, je rencontre souvent des femmes portant sur le dos et suspendus au front par une lanière, des outres de lait aigri ou d'énormes fardeaux d'épines ou de litière. La plupart sont

---

(1) Le voyageur en Orient se voit assailli sans cesse par toute sorte de gens qui lui demandent un pourboire, en arabe *bacchich*.

tatouées aux lèvres ; quelques-unes ont la peau blanche et sont fort bien. Les hommes labourent ou gardent les troupeaux ; tous ont le fusil en bandoulière. Les Bédouins poussent jusqu'ici leurs déprédations. Les petits espaces cultivables sont semés de blé ou d'orge chaque deux ans. Entre les rochers poussent des plantes aromatiques excellentes pour le bétail.

Passé la Fontaine des Apôtres, nous sommes rejoints par un Arabe monté sur une superbe jument. Il est armé d'un fusil, d'un coutelas et d'un grand sabre. Il échange quelques mots avec mon

Béthanie.

drogman et prend le devant. Qui est-il et que veut-il? dis-je au drogman. — C'est un Bédouin d'au delà du Jourdain. Il me demande qui vous êtes et où nous allons. Je lui ai répondu que nous allons par le monde, et que, quant à savoir qui vous êtes, cela ne le regarde pas ; il a répliqué : — Je vois que vous allez par le monde, mais en quel endroit ? — A Jéricho. — Et pas ailleurs ? — Non, pas ailleurs. — Je suis obligé de prendre ces précautions, ajoute le drogman, car, quoique maintenant ces Bédouins d'au delà du Jourdain commencent à être plus dociles, lorsqu'ils le peuvent, ils font encore quelques sottises. Il y a quelque temps, ils surprirent trois Américains vers le Jourdain, ils leur demandèrent du tabac ; le drogman servait d'interprète. Ensuite, il exigèrent *bacchich*, puis les armes et tous les vêtements. Un des Américains leur dit : Moi *dervish* ; c'est pourquoi ils lui rendirent sa chemise. Dans cette toilette légère, les voyageurs rentrèrent à Jéricho.

Anciennement, ils étaient plus dangereux. A l'époque des troubles du Liban, j'accompagnais ici six officiers français ; ils prenaient leurs ébats dans le Jourdain, lorsque je vis paraître un Bédouin sur l'autre rive, puis deux, puis plusieurs. Je fis signe aux officiers de sortir ; ils se couvrirent à la hâte, prirent leur épée d'une main et le revolver de l'autre ; en même temps nos six hommes d'escorte tenaient leur fusil à l'épaule. Un d'entre eux était Kurde, et crie aux Bédouins : Gare à vous ! le premier qui met les pieds dans l'eau est mort. Tant de résolution arrêta ces voleurs. Après quelques instants d'observation, ils s'éloignèrent. Je crois que si le danger se présentait, mon Ali serait moins vaillant. Souvent des perdrix, des tourterelles, sont parties à ses pieds sans qu'il ait songé à les tirer ; peut-être même son fusil n'est pas chargé. Pour moi, je n'ai jamais porté une arme, et si les Bédouins arrivaient, à moins que nos chevaux ne soient plus rapides qu'eux, nous aurions plutôt le sort des trois Américains.

Nous continuons notre route au chant des bergers qui font paître les troupeaux et aux cris des laboureurs qui poussent les bœufs ; leur petite charrue est en bois avec pointe de fer ; c'est la charrue romaine. Parfois, ils attellent l'âne à côté du bœuf. Les bergers conduisent de superbes moutons à large queue ou des troupeaux d'ânes ; les chèvres aussi sont d'un beau noir avec poil très long. Je remarque quelques ânons auxquels on a cousu ensemble le bout des oreilles ; c'est pour qu'ils s'habituent à les tenir bien droites. Où donc la coquetterie va-t-elle se nicher ?

A tous les passants je donne le salut oriental *salamalec*, ou bien *salamaleki*, si c'est une femme. Ce mot arabe signifie : la paix soit sur vous. Ils me répondent toujours : *Allec-Salam*, la paix sur vous-même ; et ils portent leur main au front, aux lèvres et au cœur. Ils ont l'air de braves gens, très pauvres.

Vers midi, nous arrivons au fort de Khan-el-Ahmar. Le gouvernement turc a fait réparer ce fort destiné à garder la route. C'est ici que la tradition place le fait du bon Samaritain secourant le voyageur dévalisé et blessé par les voleurs.

Des pierres portant un trou sortent du mur d'enceinte ; nous y attachons nos chevaux et prenons notre repas. Les pauvres bêtes n'auront de nourriture que le soir ; c'est l'habitude du cheval arabe. A mesure que nous continuons à descendre, la température devient moins froide ; l'herbe est partout fleurie ; des tulipes rouges, des fleurs jaunes, violettes, blanches, égayent la vue. Le figuier pousse ses feuilles ; l'hirondelle voltigeant semble dire qu'elle ramène le printemps. Nous longeons un torrent qui bouillonne au fond d'une gorge ; c'est le Kelt que nous traversons un peu plus loin, et nous sommes dans la vallée du Jourdain.

Nous nous dirigeons à gauche vers la fontaine d'Elisée. Cette belle source d'eau pure et claire sort au pied d'un mur indiquant d'anciennes constructions. On dit qu'Elisée, à la prière des habitants de Jéricho, rendit douce cette eau auparavant saumâtre. Je trouve là six visiteurs ; deux Anglais avec leurs femmes et deux Allemands. Un peu plus loin, sous une tente, deux autres Anglais attendent qu'un nègre dans une tente voisine ait préparé leur dîner.

Près de la fontaine s'élève la montagne de la Quarantaine ; elle est remplie de grottes naturelles percées dans le rocher comme dans beaucoup de montagnes en Judée. La tradition rapporte que dans une de ces grottes Notre-Seigneur aurait fait son jeûne de quarante jours, après lesquels il fut tenté par le démon.

En revenant, je remarque un monticule où des Anglais ont pratiqué des fouilles, à côté de plusieurs ruines de moulins ; un d'eux était une usine à sucre. La canne à sucre était cultivée anciennement dans la vallée, et y viendrait encore bien aujourd'hui. Ce qui empêche les gens de cultiver, c'est le manque de sécurité.

Nous laissons à gauche les ruines de la maison Zachée et arrivons à Jéricho, ou plutôt à l'hospice des Grecs, car il ne reste maintenant plus rien de l'ancienne Jéricho. Le village qui porte ce nom est un amas de misérables cabanes en pierres couvertes d'épines, où vivotent quelques bergers toujours pauvres, parce qu'ils sont toujours dévalisés par les Bédouins.

L'hospice grec est une construction neuve avec belles chambres et vaste divan ; on y reçoit tous les pèlerins moyennant une petite rétribution.

Je trouve là de nombreux visiteurs anglais et allemands, et un peintre russe qui se dispute avec son *moucre* ; celui-ci a eu maille à partir avec l'autre *moucre* qui s'est sauvé, et on ne peut le remplacer.

Il fait rarement frais dans la vallée du Jourdain ; je ne trouve pour toute couverture qu'une toile en coton. C'est trop peu pour transpirer et soulager mon *lumbago*. Je place sur mon lit tous mes habits et tous les coussins du divan.

Le lendemain matin, à cinq heures, le drogman me réveille. Nous avons une grande journée, me dit-il ; la route est longue, il faut partir de bonne heure. Il m'aide à m'habiller, car je ne puis me plier ; en attendant le café, je m'avance vers le village. Un chien veillait comme une sentinelle au milieu de la place qu'entourent les cabanes ; il donne aussitôt l'éveil ; vingt autres chiens lui font écho ; aussitôt deux hommes sortent avec leur fusil, regardant de tous côtés. Le jour n'est pas encore clair ; une méprise est facile ; je me hâte de rebrousser chemin.

A la porte de l'hospice, de nombreux enfants sortent d'un groupe de tentes ; ils sont sales, déguenillés, souffreteux ; je donne à un et les autres réclament, les mères même viennent tendre la main ; je ne suis délivré qu'en montant à cheval.

Je remarque à côté de l'hospice une vieille tour dans laquelle le gouvernement turc entretient quatre soldats pour la sécurité des voyageurs. A six heures, nous traversons la vallée, en route pour le Jourdain.

La vallée du Jourdain, depuis le lac de Tibériade jusqu'à la mer Morte, a trente lieues de lieues de long et trois ou quatre de large ; il est facile de l'arroser et d'en tirer tous les produits des pays tropicaux : dans un petit jardin à côté de l'hospice, j'avais remarqué des bananiers, des orangers ; on pourrait cultiver la canne à sucre, et probablement le café sur les coteaux. Au lieu de tout cela, on ne voit partout que buissons épineux que broutent quelques ânes, et quelques chameaux. Des gazelles, des lièvres, des perdrix, quelques hyènes et de nombreux chacals habitent aussi ces solitudes. J'y vois des merles à ailes rouges, et de nombreux milans. Sur quelques points, les buissons disparaissent, la terre est nue et blanchie par le sel que lui porte le vent de la mer Morte.

Nous laissons à droite le couvent de Saint-Érasme, tenu par les Grecs, et à gauche le couvent dit de Saint-Jean-Baptiste, que les Grecs ont restauré (1). Le drogman me fait remarquer un arbre qui

---

(1) Saint Jean-Baptiste vivait sur les bords du Jourdain, où il prêchait et baptisait. Les foules venaient à lui et le peuple lui demandait : « Que ferons-nous donc ? » Il leur répondit : « Que celui qui a deux tuniques en donne à celui qui n'en a pas et que celui qui a de quoi

Palestine. — Ville et lac de Tibériade.

couvre quelques ruines. Il marque l'endroit de l'ancien Galgalla, premier campement des Juifs dans la Terre promise. C'est là que la manne cessa de tomber; c'est là, dit-on, qu'on vit durant longtemps les pierres posées par Josué en souvenir du passage miraculeux du Jourdain.

Enfin, à huit heures, nous sommes sur les bords du fleuve célèbre, à l'endroit où saint Jean-Baptiste aurait baptisé Notre-Seigneur et où les Hébreux l'auraient passé à pied sec. Dans cet endroit, le lit est rempli de buissons, et la rive gauche est élevée de quelques mètres; le courant rapide a entraîné plus d'un pèlerin imprudent. La pente du fleuve est de huit mètres par lieue. On croit que c'est à ce gué que saint Christophe passait les voyageurs.

Il n'y a aucun pont sur le Jourdain; le gouvernement entretient une barque trois lieues en amont, où les voyageurs passent moyennant 30 centimes, et les moutons moyennant 10 centimes. Le Jourdain prend sa source au grand Hermon, traverse le petit lac Merou, le lac de Tibériade et se jette dans la mer Morte. La vallée de la Pentapole s'étant affaissée au moment où les villes furent englouties, cette eau reste sans issue, mais auparavant elle devait se jeter dans la mer Rouge. Le Jourdain, en certains endroits, a jusqu'à 5 mètres de profondeur; sa largeur est de 50 à 70 mètres.

Les montagnes de Moab que nous avons devant nous sont plus verdoyantes que celles de Juda. Le mont Nébo en face a reçu dans une caverne l'Arche d'alliance, le Tabernacle et l'Autel des parfums cachés par Jérémie et qui restent encore à trouver. C'est de là que Moïse aperçut la Terre promise avant de mourir et on suppose que son corps y est enterré.

Les plaines au delà des montagnes de Moab sont très fertiles. Les Bédouins y cultivent le blé que les chameaux portent à Jaffa, à Saint-Jean d'Acre et en Egypte. Il vient de se former dans ces plaines quelques chrétientés; mais on a de la peine à transformer leurs mœurs.

Chez ces populations, il arrive parfois des rapts : alors l'homme et la femme sont saisis et mis à mort sans pitié. Si le ravisseur

---

manger fasse de même.» Des publicains aussi vinrent à lui pour être baptisés et lui dirent : « Maître, que ferons-nous ? » Il leur dit : « N'exigez rien au delà de ce qui vous a été fixé. » Les soldats aussi lui demandaient : « Et nous, que ferons-nous ? » Il leur dit : « N'usez point de violence ni de fraude envers personne, et contentez-vous de votre paye » (S. Luc, III). La charité et les devoirs d'état seront toujours la base d'une bonne société chrétienne.

appartient à une autre tribu, les parents de la femme tuent celle-ci et la tribu du ravisseur doit aussi le mettre à mort ; si elle y manque, il y a contre elle guerre d'extermination. Certes, c'est là un terrible préservatif, mais c'est un préservatif. Dernièrement, le patriarche a dû demander au gouvernement les ruines d'une ville et y transporter une tribu pour la soustraire à la guerre meurtrière d'autres tribus à la suite d'un rapt.

Après nous être lavés dans l'eau trouble du fleuve, nous marchons sur ses rives ; après deux heures nous sommes au bord de la mer Morte. C'est une nappe d'eau transparente, mais, vue de loin, elle a la couleur du plomb fondu. Elle est longue de 25 lieues et large de 4 à 5, encaissée à droite et à gauche par des montagnes. Sa plus grande profondeur est de 340 mètres, et sa température varie de 16° à 24° Réaumur.

Le rivage vers le nord est de gravier et de sable ; il est parsemé d'épaves de bois charriées par le Jourdain. Aucun poisson n'y peut vivre. Les eaux sont tellement chargées de sel que le corps de l'homme ne peut s'y enfoncer que jusqu'aux épaules. J'avais observé le même phénomène au Lac salé en Utah, chez les Mormons : mais ici l'eau est encore huileuse, imprégnée de goudron, et d'un goût détestable. L'analyse donne sur 100 parties d'eau 6,95 de chlorure de sodium (sel marin), 3,98 de chlorure de calcium, 15,31 de chlorure de magnésie.

La mer Morte occupe l'ancienne vallée de la Pentapole où se trouvaient les cinq villes de Sodome, Ségor, Séboim, Gomorrhe et Adama, châtiées à cause de leur impureté. On connaît le colloque entre Abraham et le Seigneur, qui consentait à épargner ces villes si on avait pu y trouver dix justes. Loth, neveu d'Abraham, sa femme et ses filles, sortirent de Gomorrhe, avant qu'elle fût engloutie ; la femme, ayant désobéi aux ordres du Seigneur pour regarder derrière elle, fut changée en statue de sel. On trouve encore autour de la mer Morte des mines de sel gemme, et l'été les Arabes viennent en ramasser sur le rivage.

Nous avons en face de nous un petit îlot que les Arabes appellent Redjom-barh-el-Louth (le monceau de la mer de Loth).

Suivant le rivage vers l'Ouest, nous rencontrons quatre chameliers armés jusqu'aux dents, et plus loin un Arabe qui nous indique un raccourci. Nous égarons ainsi notre route et avançons sur des plateaux entrecoupés de ravins. Nos vaillantes bêtes marchent sur les talus comme de véritables chèvres. Enfin, après bien des détours, nous retrouvons le bon chemin, grimpons une montagne et apercevons dans le bas le minaret et la mosquée de Nébi-Moussa, grand pèlerinage des musulmans.

Saint Euthyme, au IVe siècle, fonda là un couvent que Chosroès ruina. Les Musulmans croient que Moïse y est enterré. Leur légende dit que le conducteur d'Israël, se croyant toujours nécessaire à son peuple, ne s'empressait pas de mourir, et que Dieu envoya quatre anges sous forme d'hommes creuser une fosse. Moïse, alors âgé de 120 ans, passant par là, leur demanda ce qu'ils faisaient, et eux l'invitèrent à descendre. La grande chaleur le décida à y entrer pour se mettre à l'abri du soleil ; alors un ange lui présenta une pomme d'or dont l'odeur l'endormit du sommeil éternel, et ils scellèrent la fosse. Or, on sait que Moïse n'est jamais entré dans la Terre Promise.

Les environs de Nébi-Moussa sont couverts d'une pierre blanche à l'extérieur, mais entièrement noire à l'intérieur. C'est un charbon de pierre goudronneux qui m'a paru bon à faire du gaz et du pétrole. Les habitants de Jérusalem y trouveraient un bon combustible, d'autant plus qu'ils ont déjà quelques moulins à farine marchant par la vapeur. On utilise ces pierres pour faire des tasses, des gobelets, et autres objets au tour et on les vend aux pèlerins sous le nom de pierres de la mer Morte.

Un petit garçon appelé Yaja (le vivant), vient au-devant de moi criant : Cavaja (Seigneur), je veux être ton domestique. — Alors conduis-moi dans la mosquée. — J'entre dans une cour entourée de chambres, probablement destinées aux pèlerins. Vers le centre, on me montre par la fenêtre une pièce surmontée d'un baldaquin au-dessous duquel brûle une lampe. Une étoffe couverte d'écritures arabes entoure le centre où on suppose être enterré Moïse.

Les alentours de la mosquée étant couverts de toute sorte de pourritures, y compris une chèvre morte, je m'éloigne d'une centaine de mètres pour le déjeuner. Trois femmes qui sont à quelque distance se voilent aussitôt le visage. Yaja m'apporte une cruche d'eau de la citerne, et dit à mon drogman : Dites à ce monsieur que je suis le domestique du grand prophète, alors il me donnera pour lui de l'argent. — Le prophète est mort et enterré et il n'a plus besoin d'argent. — Oui, dit le bambin, mais il en faut pour l'encens. — Comme il voit que je ne lui donne pas, il me montre un groupe

de Bédouins, et il ajoute : Ces Bédouins sont pauvres et ils ont donné de l'argent pour l'encens, et vous ne laisseriez rien ? N'ayant pas de monnaie, je prie le drogman de lui donner quelques sous.
— Est-il donc si pauvre, ce monsieur, dit l'enfant, pour qu'il vous prie de me donner quelques sous ? — Enfin, son père arrive poussant un âne devant lui, et portant une grande lance ; l'enfant l'informe du sujet de la conversation ; il me propose alors de me changer une pièce et je puis ainsi contenter le petit Yaja.

Nous laissons à gauche le tombeau du berger de Nébi-Moussa,

Jérusalem. — Le jardin de Gethsémani ou des Oliviers.

et gravissons la montagne d'où la vue s'étend sur la mer Morte, le Jourdain et la Mosquée. Le long de la route, sur tous les points d'où on découvre le minaret, les musulmans accumulent des pierres en souvenir de leur pèlerinage. Par-ci, par-là, nous apercevons quelques ruines d'anciens caravansérails, puis nous voyons reparaître les troupeaux. Une vingtaine de chevreaux, achetés et emmenés par deux bergers, cherchent toujours à revenir vers leurs mères et on les fait avancer à coups de pierre ; cela me rappelle la traite des noirs en Afrique. Les montagnes forment ici un véritable chaos. Le général Gordon, l'ancien gouverneur du Soudan, passa ici dix mois et a parcouru le pays en tous sens pour en lever le plan. L'Angleterre aurait-elle des projets sur la Palestine ?

Nous revoyons enfin la Fontaine des Apôtres, puis Béthanie, où les habitants sont rassemblés pour se partager un mouton.

Arrivés au village de Siloë, j'aperçois deux cavaliers s'avançant vers le Jardin de Gethsémani ; ils sont précédés d'un nègre, portant suspendus à un long bâton des vêtements et ornements de femme, et suivis de tout le village qui chante au son d'un tambourin composé d'une peau d'agneau tendue sur un plat de terre. C'est un convoi de mariage. Les deux cavaliers sont le fiancé et son beau-frère. Arrivés à la petite plaine, qui est entre le Jardin des Oliviers et le tombeau de la Sainte Vierge, ils exécutent une *fantasia*, courent vendre à terre l'un contre l'autre, cherchant à se désarçonner. Après quelque temps de cet exercice, le convoi retourne au village où l'époux va prendre l'épouse pour l'amener chez lui.

A la porte de Saint-Etienne, nous voyons aussi un long défilé de femmes vêtues de blanc ; elles viennent d'un champ voisin, où elles ont eu bal au son du tambourin, je ne sais à quelle occasion ; aucun homme n'est avec elles. Nous suivons les murs, passons à côté de la grotte de Jérémie, des cavernes royales, et laissons à droite les Tombeaux des Rois et les Tombeaux des Juges.

Enfin, vers le soir, tout transi de froid, je retrouve avec plaisir, ma petite cellule à Jérusalem.

Chapitre Dix-Neuvième.

Le bain turc. — Les pleurs des Juifs. — Leurs lamentations. — Mosquée d'Omar. — El-Aks. — Les colonnes de l'épreuve. — Départ pour Bethléem. — Le banquier Montefiori. — Le couvent Sainte-Croix. — Le couvent Saint-Élie. — Betgialla. — Le tombeau de Rachel. — Les Bethléemites et leur industrie. — Costume. — La ville de Bethléem. — La basilique de Sainte-Hélène. — La Crèche. — Le Christ et la régénération. — L'hospice des Franciscains. — La grotte de Saint-Jérôme. — Les Saints Innocents. — Les Carmélites. — Sœur Maria Crocifissa. — L'orphelinat de Dom Belloni. — Bet-gi-Mal. — Dom Bosco, son œuvre, sa méthode. — La fête de saint Joseph. — Les Sœurs de Saint-Joseph.

Mon rhumatisme persiste et augmente; la température est glaciale; il tombe une pluie mélangée de neige et de grêle. Je m'en vais prendre un bain turc. La salle du *sudarium* a 60 degrés : on la chauffe au moyen d'un four où on brûle de la fiente de chameau; un Arabe savonne et frotte le corps avec un gant d'étoffe rude; la propreté laisse à désirer; on se trouve ici avec des nègres, des jaunes, des Grecs et des Arabes : c'est peu engageant, mais, pour un remède, on ne regarde pas de si près.

Les chrétiens célèbrent le dimanche, les juifs gardent le repos le samedi, et les musulmans le vendredi; il en résulte une grand gêne pour les ateliers qui emploient des ouvriers appartenant aux trois religions. Le promeneur qui s'en va le samedi vers la porte de Jaffa peut voir les familles juives assises le long du chemin ou devant leur porte et distinguer quelques types de beauté remarquable.

Le vendredi, on peut voir ces mêmes Juifs allant pleurer au pied du mur qui soutient l'esplanade de la mosquée d'Omar, où était le temple de Salomon. Ce mur, en grosses pierres de trois mètres de long, remonte encore au temps du Grand Roi. Dans leurs lamentations, le Rabbin dit : A cause du palais dévasté; et le peuple répond : Nous sommes assis solitairement et nous pleurons. — A cause du temple qui est détruit. — Nous sommes assis solitairement et nous pleurons. — A cause des murs qui sont abattus. — A cause de notre majesté qui est passée. — A cause de nos grands hommes qui ont péri. — A cause des pierres précieuses qui sont brûlées. — A cause de nos prêtres qui ont trébuché. — A cause de nos rois qui les ont méprisés, etc. A chaque phrase le peuple répond : Nous sommes assis solitairement et nous pleurons. Puis le Rabbin chante : Nous vous en supplions, ayez pitié de Sion; et le peuple répond : Rassemblez les enfants de Jérusalem !

Le Rabbin. — Hâtez-vous, hâtez-vous, sauveur de Sion.
Peuple. — Parlez en faveur de Jérusalem !
R. — Que la beauté et la majesté entourent Sion !
P. — Tournez-vous avec clémence vers Jérusalem !
R. — Que bientôt la domination royale se rétablisse sur Sion !
P. — Consolez ceux qui pleurent sur Jérusalem !
R. — Que la paix et la félicité entrent dans Sion !
P. — Et que la verge de la puissance s'élève à Jérusalem !

Qui ne serait frappé du sort de ce peuple qui voit si bien vérifiées en lui depuis dix-huit siècles, les prédictions des prophètes qu'il vénère et qu'il lit encore tous les jours.

Une superbe mosquée construite par le calife Omar, qui conquit Jérusalem vers 636, occupe maintenant sur le mont Moriah l'emplacement de l'ancien temple de Salomon et de celui d'Esdras. On y voit le rocher sur lequel Abraham essaya de sacrifier son fils Isaac, et sur lequel l'ange s'arrêta dans l'aire d'Ornan le Jébuséen. Il venait de tuer 70,000 hommes pour punir David qui, dans son orgueil, avait voulu faire le dénombrement du peuple. Les mahométans l'ont en grande vénération; ils disent qu'il est détaché de terre et ajoutent diverses autres légendes et fictions fort curieuses.

Il n'y a pas longtemps qu'on peut pénétrer dans cette mosquée, moyennant un pourboire et l'accompagnement d'un cawas donné par le Consul. Près de la mosquée d'Omar, s'élève une autre mosquée en forme d'église européenne, appelée El-Aksa. Parmi ses nombreuses colonnes, deux sont rapprochées. On les appelle colonnes de l'épreuve, parce que, d'après les Turcs, les personnes

Égypte. — Alexandrie. — Aiguille de Cléopâtre.

qui peuvent passer entre les deux arriveront au ciel; celles qui sont trop grasses pour y passer en seront exclues. Le grand nombre de gens qui passent à travers les a déjà usées en partie. Au-dessous de l'esplanade, on visite de vastes souterrains, capables de loger 2,000 chevaux ou 1,500 chameaux.

Le 22 mars, le soleil sort à travers les nuages; je m'achemine sur un âne vers Bethléem. Le chemin est tellement rempli de boue qu'il est impraticable, et pourtant, chaque habitant est tenu à cinq journées de prestation, en nature ou en argent, pour l'entretien des routes. Il en sera toujours ainsi là où l'autorité n'est pas contrôlée; l'autorité alors abuse, car elle est aux mains d'hommes aussi fragiles que le commun des mortels.

Nous passons non loin des maisons que le riche banquier juif de Londres, Montefiori, a construits pour ses coreligionnaires pauvres. Nous laissons à gauche un grand moulin à vent; nous voyons la léproserie construite par les Prussiens, l'école des filles des Anglais et une vingtaine de maisonnettes européennes entourant une chapelle protestante. C'est une colonie prussienne qui importe ici ses métiers et diverses industries. Je vois d'une de ces maisons s'élever la fumée qui indique la présence d'un moulin à vapeur. Nous longeons ensuite des champs de blé et de lentilles en herbe. Les Arabes ont disposé partout de nombreuses piles de pierre, de telle sorte qu'une d'elles sortant au-dessus de l'herbe, apparaît comme une tête d'homme pour effrayer les oiseaux. Nous laissons au loin, à droite, le couvent de Sainte-Croix, appartenant aux Grecs. D'après la tradition, il marque l'endroit où aurait été coupé l'arbre qui a servi à former la croix du Rédempteur.

Le beau temps n'est pas de longue durée, la neige et la grêle, poussées par le vent, nous labourent la figure. Je vois un pauvre garçon de dix ans et une fille de douze, marchant pieds nus dans la boue, suivant l'usage du pays. La fille porte sur le dos, et suspendu au front par une lanière, un gros sac, et tousse fréquemment. Ces pauvres gens, malgré l'habitude de la souffrance, sont eux aussi de chair et d'os. Enfin, nous arrivons au vaste couvent de Saint-Élie et nous nous abritons sous une voûte. Un grand nombre de gens y sont déjà à couvert; par les *niet* et les *da* qui frappent souvent mon oreille, je comprends que la plupart de ces voyageurs sont Russes.

Enfin, l'orage passe et le soleil reparaît. Nos ânes reprennent leur chemin et galopent à qui mieux mieux, cherchant à se dépasser.

Après la belle villa du consul d'Autriche, nous apercevons, à droite, le village de Betgialla, avec les deux vastes constructions du séminaire latin et de l'école russe. Bientôt, nous atteignons la tombe de Rachel, et, deux heures après notre départ de Jérusalem, nous entrons dans la ville de Bethléem.

Elle compte environ 6,000 habitants, moitié Grecs, moitié Latins. Actifs et industrieux, ils confectionnent presque tous des chapelets en fruits de la Mecque, en olivier, en nacre, des croix et autres objets de piété, qu'ils vont vendre en Espagne, en France, en Italie, au Canada et dans les deux Amériques. On dirait leur ville en reconstruction, tellement grand est le nombre des maisons nouvelles.

Les Bethléemites portent un costume très simple et en même temps pittoresque. Les femmes ont sur la tête une espèce de toque couverte d'un voile qui prend sur les épaules, le tour du visage est orné d'une guirlande de pièces de monnaie d'or ou d'argent. La robe est une longue tunique bleue qui descend jusqu'à terre. Les hommes portent le turban ou un petit bonnet blanc; une tunique liée aux reins par une ceinture; l'hiver, ils mettent par-dessus un manteau, espèce de chasuble de grosse étoffe de laine rayée noir et blanc.

Les maisons, toujours couvertes en terrasse, sont tellement entassées sur un monticule, qu'on croirait voir une ville de 5 à 600 habitants. Mais chaque famille n'occupe qu'une chambre et souvent elle y vit avec l'âne ou le chameau.

Je m'achemine vers l'hospice des Pères Franciscains, où je trouve une belle église à trois nefs, de construction récente; elle remplace pour eux la basilique voisine élevée par sainte Hélène sur la grotte de la Nativité. Dans le temps, cette église était desservie par les Franciscains, mais les Grecs s'en sont ensuite emparés. Cette basilique est encore telle que sainte Hélène l'a faite; quarante belles colonnes en marbre avec chapiteaux corinthiens la divisent en cinq nefs; on voit encore une partie des mosaïques qui l'ornaient. Les fenêtres sont brisées et les oiseaux en profitent pour venir faire leur nid sous la voûte. Les Franciscains, pour conserver leurs droits, s'opposent au placement des fenêtres; les Grecs, à leur tour, interdisent dans la grotte le remplacement d'une dalle enlevée.

J'entre dans la grotte et vénère l'endroit où Jésus-Christ est né de la Vierge Marie. Un soldat turc y monte la garde, depuis qu'en 1862 les Grecs y mirent le feu. La tapisserie brûlée a été remplacée par une autre envoyée par le gouvernement français. A l'endroit de la Nativité, je lis ces paroles : *Hic, de Maria Virgine Jesus Christus natus est.* Il y a dix-huit siècles, en effet, un enfant naissait dans cette grotte et, peu après, le monde était renouvelé.

Cet enfant venait réparer le péché du premier homme et proclamer que les hommes, enfants du même Père céleste, sont frères, que celui qui possède n'est qu'un détenteur, un délégué, un économe, qui doit déverser son superflu sur ceux qui ne possèdent pas; il mettait en honneur le pardon des injures, le dévouement, le sacrifice, et en donnait l'exemple en mourant sur une croix pour le salut du genre humain ! Douze hommes du peuple, après lui, vulgarisaient sa doctrine, et aujourd'hui l'esclavage, les horreurs des jeux du cirque et autres cruautés ont entièrement disparu ou grandement diminué.

Il n'y a qu'un Dieu pour atteindre, par de si petits moyens, un si grand résultat.

La grotte de Bethléem, longue de dix à douze mètres, renferme le tombeau de saint Jérôme et la petite cellule où le docteur a vécu et a traduit la Bible. On y voit aussi le tombeau de son successeur saint Eusèbe, et celui de deux dames romaines, Paule et Eustochie, qui construisirent ici le premier couvent. A l'endroit où se tenait saint Joseph, je remarque un superbe tableau de l'école allemande. Saint Joseph dort et l'ange lui dit à l'oreille de prendre l'enfant et sa mère et de s'enfuir en Egypte, car Hérode cherche à le faire mourir. On sait que ce roi cruel fit tuer tous les enfants de Bethléem et des environs au-dessous de deux ans, parmi lesquels se trouva son propre fils. Ces innocentes créatures furent aussi ensevelies dans la grotte, mais, plus tard, tous ces corps furent transportés à Rome, pour les soustraire à la profanation des musulmans. L'histoire nous dit que lorsque César Auguste apprit le massacre des enfants, ordonné par Hérode, il dit: J'aimerais mieux être le pourceau que l'enfant de ce roi.

En quittant la sainte grotte, je me rends chez les Carmélites. Leur couvent est dans la campagne, de l'autre côté de la ville. Une petite Arabe, dont l'histoire est remplie de surnaturel, les a engagées à venir s'établir là, dans le but d'y prier et de faire pénitence pour l'Eglise et pour la France.

Elles sont venues du couvent de Pau, et la riche demoiselle qui avait fait les frais de la fondation de Pau a fait aussi ceux de la fondation de Bethléem et en projette de nouvelles. Quelques Pères Missionnaires de Bétharam leur servent d'aumôniers et construisent à côté du couvent une vaste maison en pierres de taille, qui sera certainement utilisée.

Le hasard me fit rencontrer dans les Pyrénées le prêtre qui avait été l'intermédiaire de cette fondation et voici ce qu'il me raconta :

Sœur Maria Crocifissa, nom donné à la petite Arabe, naquit en Palestine, mais, bientôt orpheline, elle fut confiée à un oncle, en Egypte. Là, travaillant aux champs, elle fut un beau jour quasi assassinée, et laissée pour morte avec la tête à demi tranchée. Une

Jérusalem. — La mosquée d'Omar. — L'église de Sainte-Anne.

dame lui apparut, recolla sa tête, et elle put revenir en Palestine où elle trouva une place de domestique à Jérusalem.

Accusée à tort d'un vol, elle fut mise en prison. A sa sortie, elle fut recueillie à Jaffa, par les Sœurs de Saint-Joseph, qui l'envoyèrent à un de leurs couvents, aux Indes.

Là, elle prédit à la Mission bien des faits extraordinaires, qui se vérifièrent, et, comme elle avait reçu les stigmates, beaucoup de curieux venaient à elle, ce qui gênait la communauté.

Jugeant qu'elle serait mieux dans une communauté cloîtrée, on la renvoya en Europe où elle entra dans l'ordre des Carmélites, qui l'envoyèrent à leur couvent de Pau. C'est là qu'elle conseilla la fondation de la maison de Bethléem.

L'entreprise était hérissée de difficultés, mais elle ne cessait d'encourager, prédisant toujours ce qui se vérifiait, jusqu'au jour où le dit abbé put conduire lui-même le petit essaim dans la ville de David.

Pour éloigner les curieux, le Patriarche avait défendu aux Carmélites de laisser voir la stygmatisée, mais Dom Belloni, son directeur, voulut faire pour moi une exception et me conduisit près d'elle.

La conversation roula sur les maux du temps, sur les péchés qui en sont la cause. Elle parlait avec simplicité ; mais, pour les choses surnaturelles et de l'autre vie, elle avait des accents comme si elles lui étaient présentes.

J'avais jadis observé le même phénomène à Rome, chez une sœur converse du monastère des Sept-Douleurs, à San Pietro in Montorio. Cette sœur avait vécu et était morte en odeur de sainteté. Aujourd'hui sœur Maria Crocifissa est passée à meilleure vie, et les Carmélites de Bethléem continuent à prier pour l'Eglise et pour la France !

Je quitte les Carmélites et les missionnaires pour visiter l'orphelinat de Dom Belloni. On instruit ici 90 orphelins internes des divers pays d'Orient, et 150 enfants externes de Bethléem. De plus, il y a à Bet-Gimal (maison de la beauté), à 5 lieues de Bethléem, 50 enfants occupés à une école agricole, où on cultive le tabac, l'olivier, la vigne, les céréales, et autres produits. Ici, les orphelins sont occupés aux métiers de sculpteurs, potiers, menuisiers, cordonniers, tailleurs, boulangers, fabricants d'objets de piété. Ils ont une bonne fanfare, et dans les heures de classe apprennent le français, l'italien, l'arabe, l'arithmétique, l'histoire, la géographie et l'histoire naturelle. On a même formé pour eux un petit musée instructif et intéressant. Une partie de l'argent qu'ils gagnent est déposé en leur nom à la caisse d'épargne, et ils le reçoivent à leur sortie, à dix-huit ans. Apprendre aux jeunes gens à gagner honnêtement le pain à la sueur de leur front, pour eux et leur famille, sera toujours de la charité bien entendue. A côté de Bet-Gimal, ces jeunes gens ont déjà formé quelques villages chrétiens, où règnent l'aisance et la vertu.

Le marquis de Bute, qui est venu deux fois ici en pèlerinage, a été libéral pour cette institution, dont il a bien vite reconnu la portée pratique. Le soin de la cuisine est confié à de pieuses jeunes filles de Pigna (Italie), qui font des vœux temporaires ; le linge est aux soins des Sœurs de Saint-Joseph.

On insiste pour que j'accepte l'hospitalité dans l'orphelinat même. Je soupe dans le réfectoire des enfants, et suis heureux de leur adresser quelques bonnes paroles d'encouragement. Après le repas ils font leur prière, et je crois faire plaisir au lecteur en rapportant ici en caractères latins leur *Pater* arabe avec traduction :

Abana illaẓi fi ilsamaouat. Litkadass ismak liati malakoutak litakon michytak cama fi ilsama quiẓalek alla illard Aglina koubẓena kafatina coul yom oua agfor lina ẓinoubina ouakattayana cama nagfor nouhon limen akta ouassa illena ouala tadkilna fi iltagiareb laken najina min ilcharir. Amin.	Notre Père qui êtes aux cieux. Soit sanctifié votre nom arrive votre règne, que soit faite votre volonté comme au ciel ainsi sur la terre. Donnez-nous notre pain suffisant pour chaque jour, et pardonnez-nous nos offenses et péchés comme nous pardonnons à qui a péché et nous a offensé et ne nous induisez dans les tentations, mais délivrez-nous du mal. Ainsi soit-il.

Lorsque Dom Belloni se sentit vieillir, pour assurer la continuation de son œuvre, il la confia à la Congrégation des Salésiens, créée par Dom Bosco. Ces bons Pères projettent en ce moment la création à Nazareth d'un orphelinat identique à celui de Bethléem. A Nazareth, en effet, les protestants ont multiplié écoles et orphelinats, pendant que tout manque aux catholiques.

Et puisque j'ai nommé Dom Bosco, le lecteur sera content de faire connaissance avec ce bon prêtre surnommé avec raison le Saint Vincent de Paul du XIXe siècle.

Il naquit dans un village des environs de Turin, en Italie. Dès ses premières années, il montrait une grande piété unie à beaucoup de vivacité et d'agilité.

Un saltimbanque étant venu s'établir dans le village, il donnait ses représentations le dimanche aux heures des offices. Le petit Jean voulut l'éloigner, et le saltimbanque le narguait, lorsque le petit bonhomme se prit à marcher sur la corde, à grimper sur la perche, à exécuter les autres exercices de l'acrobate. Piqué au vif, le saltimbanque voulut parier 20 fr. qu'arrivé au bout de la perche, il ne pourrait atteindre aussi haut que lui. L'enfant accepta le pari, et emprunta 20 fr. à un assistant. Arrivé au sommet de la perche, l'acrobate s'assit dessus, levant les bras avec un air de triomphe.

L'enfant à son tour, arrivé au bout de la perche, lança ses jambes en l'air se tenant sur ses mains. Il avait gagné le pari. Il ne voulut pas néanmoins accepter les 20 fr. sur la promesse que le saltimbanque quitterait le village le lendemain.

La mère, veuve, fit étudier son jeune fils et il fut reçu prêtre à Turin. Là, pendant qu'un matin il s'habillait pour célébrer la sainte messe dans l'église Saint-François, le sacristain mettait à la porte, en le maltraitant, un petit enfant. Dom Bosco l'en reprit, appela l'enfant, et après la messe il l'interrogea sur ses parents. Je n'en ai point, dit l'enfant. — Qui t'a appris le catéchisme? — Personne. — Veux-tu que je t'instruise. — Oui. — Alors, viens chez moi. Ce fut sa première recrue et par la suite un aide précieux.

En s'occupant des enfants abandonnés, Dom Bosco eut souvent l'occasion de les suivre en prison, et il vit que ces malheureux étaient presque toujours récidivistes, parce que, à leur sortie, personne ne s'occupait d'eux. Il obtint de pouvoir les instruire dans la prison et même de les conduire à la promenade. L'ascendant qu'il avait sur eux était tel que, sur plusieurs centaines, jamais un seul ne pensa à s'évader.

Le jeune prêtre était toujours suivi d'un grand nombre d'enfants et, comme ils étaient bruyants, on le chassait de partout; il finit par louer une prairie où il les confessait au bord du ruisseau; mais il reçut bientôt congé, parce que les enfants piétinaient l'herbe. Enfin il acheta un terrain dans le faubourg du Valdocco, sur lequel était une maison mal fréquentée. Les habitants voulurent le supprimer par un coup de fusil, mais il n'eut que le chapeau traversé par la balle; ils quittèrent la maison, et Dom Bosco en prit possession.

Une cabane fut sa première chapelle, et comme il développait le plan de ses projets de construction d'église et d'ateliers, ses confrères le prirent pour fou au point que deux d'entre eux furent chargés de le conduire discrètement au *Manicomio* ou hôpital des fous. Dans ce but, après avoir prévenu le directeur et le cocher, on se rendit près de lui, l'invitant à une promenade. Le saint homme se récusait; puis il eut l'air de vouloir céder, mais, dès que les deux compères furent dans la voiture, il ferma vivement et cria au cocher : *al manicomio*.

Celui-ci, croyant tenir sa proie, courut au galop à l'hôpital des fous où on coffra et soumit à la camisole et aux douches les deux

Bethléem.

prêtres qui, ne pouvant faire comprendre la méprise, devenaient toujours plus furieux.

Dom Bosco plaçait en apprentissage chez des patrons les enfants qu'il tirait de prison ; mais les ateliers chrétiens étaient rares.

Il finit par recevoir ceux qui étaient sans abri, et sa mère leur faisait la soupe. Les premiers reçus, durant la nuit, emportèrent les casseroles et les couvertures ; il fallut fermer la porte à clef ; mais le grand nombre se montra reconnaissant, et, réalisant ses vastes projets, Dom Bosco put établir à Valdocco, autour de la belle et vaste église de Marie Auxiliatrice, des ateliers dans lesquels aujourd'hui un millier d'enfants apprennent les métiers de cordonnier, de tailleur, d'imprimeur, de relieur, de graveur, de menuisier, de serrurier, etc. A côté, sont ceux qui font les études secondaires pour passer au Séminaire ou à l'Université.

Avec l'aide de ses premiers enfants, Dom Bosco établit la Congrégation de Saint-François de Sales, composée de prêtres et de laïques, qui lui permit de multiplier les orphelinats, non seulement dans toute l'Europe, mais encore en Asie, en Afrique et dans les deux Amériques.

Il adjoignit à ses enfants les Sœurs de Marie Auxiliatrice qui ont soin du linge et de la cuisine, dans les diverses maisons, et qui tiennent, à leur tour, de nombreux patronages dans lesquels elles instruisent les jeunes filles du peuple.

J'avais connu Dom Bosco, à Turin, en 1857, presque à ses débuts. Lorsque, en 1875, je voulus fonder, à Nice, un Patronage pour instruire les enfants abandonnés, je m'aperçus bien vite qu'il fallait, pour cette œuvre un personnel d'un grand dévouement et beaucoup d'argent pour le terrain, les constructions et autres frais.

Après avoir vainement frappé à la porte de diverses Congrégations en France, je me rendis auprès de Dom Bosco à Turin, et lui tins ce langage : « Partout, vous vous occupez des enfants délaissés, à Nice, nombreux sont ceux qui restent à l'abandon dans la rue ; voulez-vous venir leur donner vos soins ?

— Je le veux bien.

— Mais je dois vous prévenir que cette œuvre requiert beaucoup de monde et beaucoup d'argent, et que je n'ai ni un homme ni un sou à vous offrir.

— Dans les œuvres de Dieu, il faut voir seulement si elles sont nécessaires ou pas. Si elle ne sont pas nécessaires, il ne faut pas s'en occuper, mais, si elles sont nécessaires, il faut les faire ; les moyens matériels sont le surplus que Dieu a promis, et il tient sa promesse.

— Que ferez-vous donc ?
— Je vous enverrai deux prêtres.
— Et que feront ces deux prêtres ?
— En travaillant, ils verront ce qu'il faut faire.
— Et que faut-il leur donner ?
— Une chambre à l'abri de la pluie et un peu de soupe tous les jours. Je louai donc un petit rez-de-chaussée avec une vaste cave attenante, et l'œuvre, qui eut de si modestes débuts, compte aujourd'hui 300 enfants internes appliqués les uns aux études, les autres aux divers métiers. Un patronage externe reçoit tous les jeudis et les dimanches 200 enfants, et les Sœurs de Marie Auxiliatrice s'occupent de nombreuses jeunes filles.

La méthode qui réussit si bien à Dom Bosco consiste à gagner le cœur de l'enfant. Lorsqu'un gamin lui est amené par la police ou par une personne charitable, il le confie à deux des anciens qui ont pour consigne de le faire amuser, de ne jamais le froisser, de le rendre heureux. Si l'enfant se livre à ses habitudes de battre ou de blasphémer, ils lui diront que ses

Femme de Bethléem.

manières sont pour les mauvais sujets, mais que, pour lui, il veut être certainement parmi les bien élevés. En cas de rechute, ils relèvent son attention simplement en l'appelant par son nom ; l'enfant, habitué dans les rues à être rudoyé, s'étonne d'abord, puis, se sentant aimé, il aime à son tour, et il se surveille pour ne point faire de la peine à ceux qu'il aime.

S'il tombe dans quelque faute un peu grave, on attend plus ou moins longtemps, selon son caractère, jusqu'à ce qu'il l'ait oubliée, puis le maître ou le supérieur le prend à part et lui rappelle sa faute ; l'enfant, qui n'est plus sous le coup de l'émotion, est vite disposé à convenir du mal qu'il a fait, et, lorsqu'il comprend qu'il a mérité une punition, on lui laisse le choix de sa punition. L'enfant a le sens droit; s'il a donné scandale, il choisira la punition qui doit le réparer, mais il ne s'en prend qu'à lui puisque c'est lui qui se punit, et, à l'avenir, il se surveille mieux parce qu'il ne tient pas à se punir.

Le soir, après la prière, le supérieur, qui a reçu les rapports des surveillants des ateliers et des maîtres d'école, donne quelques avis, et les fait porter sur les manquements du jour sans désigner personne. Chacun prend ce qui est pour lui sans qu'il y ait froissement. Le cerveau travaille pendant la nuit, les conseils reçus se gravent, ils sont présents au réveil, durant la prière du matin et à la messe, pendant laquelle le plus souvent les coupables demandent à confesser leurs fautes.

C'est bien là le tact et la douceur de saint François de Sales !

Au moment où la démocratie allait se lever, Dom Bosco a été l'homme providentiel qui est allé à elle pour l'instruire, la civiliser, la christianiser. Nul plus que lui n'a été l'homme de son temps. Il a créé pour les adultes les écoles du soir, et, toujours pratique comme les saints, il ne s'est pas contenté d'instruire l'enfant abandonné, mais il lui a encore donné un gagne-pain dans le métier pour lequel il se sentait le plus d'aptitude.

Après sa mort, son œuvre a pris un plus grand développement et aujourd'hui c'est par cinquantaines qu'on ouvre, tous les ans, de nouvelles maisons dans les deux hémisphères. Veuille Dieu conserver à ses enfants l'esprit de leur saint fondateur, cet esprit d'amour, de douceur et de charité qui doit marquer le siècle de l'épanouissement de la dévotion au divin cœur de Jésus !

Mais revenons à mon récit de voyage et à la grotte de Bethléem.

Le 19 mars, fête de saint Joseph, je suis heureux d'en passer les premières heures à l'endroit où il reçut des mains de Marie l'Enfant Jésus. Beaucoup d'Arabes se pressent à la grotte ; les cérémonies des Latins succèdent à celles des Grecs ; c'est ici une fête chômée.

Je rends visite aux Sœurs de Saint-Joseph. Il y a huit ans, lors de ma première visite, elles venaient de trouver exposée sur les escaliers de leur maison une petite fille arabe. La caravane fournit le parrain et la marraine ; elle fut baptisée à la sainte Grotte avec de l'eau du Jourdain et reçut le nom de Pascaline. Je désirais revoir cette créature, mais elle était morte. Son parrain aussi, vice-président de la caravane, à la fin du pèlerinage, entra au Noviciat des Pères Jésuites et y mourut d'une fièvre typhoïde après deux ans. Les Sœurs de Saint-Joseph ont toujours à Bethléem un orphelinat et un externat, et les Pères Franciscains une école de garçons.

Chapitre Vingtième.

Départ pour Saint-Saba. — La grotte des bergers. — Hébron. — Le mont des Francs. — Les vasques de Salomon. — Les montagnes d'Engaddi et la grotte d'Odollan. — Le couvent de Saint-Saba. — L'église. — Les grottes des Solitaires. — Le torrent de Cédron. — Le Haceldàma. — Les lépreux. — La fontaine de Siloé. — Le mont du Scandale. — Le mont des Oliviers. — Les Carmélites. — La princesse de la Tour d'Auvergne. — Le *Pater*. — Le *Credo*. — Retour à Jaffa. — Les oranges. — Les Fellah. — Saint-Jean d'Acre. — Caiffa. — Le mont Carmel. — Nazareth. — Le mont Thabor. — Tibériade. — Le lac de Génézareth. — Cana. — Tyr. — Sidon. — Beyrouth. — Le Liban. — Damas. — En Terre Sainte tout est petit, tout est grand. — Départ pour l'Égypte.

Le temps semble s'améliorer; je me décide à faire une excursion au couvent de Saint-Saba. On me fournit un bon cheval arabe avec un guide qui prétend parler le français, mais à toutes mes questions, il répond : *oui, yes, bono, no sabe;* c'est tout son savoir. Il porte le turban et a la tunique des Bethléemites sur laquelle, à cause du froid, il a posé un manteau en peau de mouton. Il passe en bandoulière son fusil à deux coups et, à dix heures, nous voilà en route.

La campagne est cultivée en blé, lentilles et vignes; je vois des oliviers, des figuiers, des grenadiers. Des tours en pierre sèche servent d'abri aux gardiens, car ici, il faut que chacun garde son bien. Plus loin, vers la grotte où les bergers furent avertis par les anges de la naissance du Sauveur, nous apercevons par-ci, par-là, des troupeaux de moutons, de chèvres, d'ânesses ou de bœufs. Les sentiers sont détrempés et glissants, mais les chevaux arabes ne connaissent point d'obstacle. Nous rencontrons souvent des Arabes;

un *salamalec* prononcé avec grâce les fait sourire, et ils répondent toujours avec amabilité, *alec salam*.

Nous laissons à droite le mont des Francs, les vasques de Salomon et Hébron, traversons les montagnes d'Engaddi, où David se tenait caché dans les grottes et notamment dans celle d'Odollam, où il surprit Saül, et arrivons en vue de la mer Morte, qui nous apparaît au fond de la vallée comme un lac de plomb fondu.

Mon moucre mêle son chant monotone à celui des tourterelles et des merles. Vers une heure, à travers des sentiers bordés de précipicees, nous voyons au fond d'un ravin les deux tours qui servent d'entrée à la solitude du Saint-Saba.

Le torrent de Cédron est là profondément encaissé, et, dans les parois des rochers hauts de 100 mètres, on voit les nombreuses grottes qui servaient jadis de cellules aux solitaires. On dit qu'ils étaient 10,000 obéissant à un seul supérieur. Vers l'an 614 de notre ère, Chosroès, roi des Perses, qui mit à feu et à sang la Palestine, en fit autant de martyrs.

Arrivés à l'entrée, mon moucre tire le bouton d'une clochette; un gardien met sa tête à une fenêtre au haut de la tour, et avertit le couvent en sonnant une cloche. Un pope paraît à une porte à vingt mètres plus bas. Après dix minutes, on m'ouvre et on reçoit le permis de visiter que m'avait remis le patriarche grec de Jérusalem. Je descends de nombreuses marches, et arrive à une petite place sur le milieu de laquelle une coupole couvre le tombeau du moine saint Saba. Je fais mon déjeuner dans le divan avec les quelques provisions que j'ai apportées, et me laisse conduire par un moine à la visite du couvent. L'église, au centre, contient de magnifiques tableaux d'apôtres et de saints et des marbres riches et variés. Parci par-là je rencontre des moines, les uns bien portants, les autres exténués; ils jeunent et font maigre toute l'année, ils s'abstiennent même du poisson. Ils sont soixante dans le couvent et appartiennent au schisme grec. Ils demeurent la plupart dans des grottes naturelles ou taillées dans le rocher. Les roches étant là par couches horizontales de deux mètres, il suffit d'enlever un bloc pour avoir une grotte. La partie de rochers habitée par les moines est entourée d'une haute muraille. On me fait remarquer la grotte de Saint-Nicolaï, dans laquelle je vois deux caveaux remplis d'ossements de moines tués par Chosroès. Ce couvent est un labyrinthe, on monte et on descend en tous sens à travers les rochers et, vers l'est, on surplombe un précipice d'environ 100 mètres. On y voit quelques plantes, quelques légumes et, dans le roc, un dattier qu'on dit planté par saint Saba. De tous les temps et chez tous les peuples, il y a toujours eu des hommes qui ont eu du goût pour la solitude.

J'appelle mon moucre qui, maintenant restauré, ressemble à un beau David et *yalla! yalla!* lui dis-je (allons! allons!). Il sort le cheval de la grotte où il l'avait remisé, et nous nous acheminons vers Jérusalem, à trois lieues de distance.

La route suit le Cédron. La nature est toujours celle de Judée : montagnes rocailleuses où paissent les troupeaux et, par-ci par-là, un peu d'orge ou quelques oliviers. Nous laissons à droite un sentier qui traverse la Samarie et la Galilée pour rejoindre la Syrie, et arrivons au bas de la vallée de Josaphat. Nous laissons à gauche le *Haceldama* et, à droite, la maison des lépreux. Nous passons la fontaine, puis le village de Siloé; laissons à droite le mont du Scandale avec les temples taillés dans le roc par Salomon, traversons les cimetières musulmans et juifs, et arrivons au sommet du mont des Oliviers. L'endroit d'où Notre-Seigneur s'est élevé au ciel est maintenant renfermé dans une mosquée.

Non loin de là, la princesse de La Tour d'Auvergne a fait construire un carmel qu'occupent 14 Carmélites venues de Carpentras. La tourière est une négresse de Nubie, qui parle parfaitement le français. Au-devant du couvent, près de l'endroit où Jésus-Christ enseigna le *Pater*, la princesse a élevé un cloître à 30 portiques, sous lesquels on voit 30 plaques de marbre, portant gravé le *Pater* en 30 langues différentes. Sous ce cloître, se trouve aussi le caveau destiné à recevoir le corps de la fondatrice. Non loin de là, on descend dans une crypte, dans laquelle on croit que les apôtres ont composé le *Credo*. Lorsque j'en sors, le soleil se couche derrière Jérusalem, éclairant l'antique cité d'une lueur rougeâtre. Il est bien tard, lorsqu'à travers le dédale des rues étroites j'arrive à la Casa Nuova.

Le lendemain, ma dernière visite est pour le Saint Sépulcre. A neuf heures, je monte en voiture avec un curé canadien, en route pour Jaffa. Le gouvernement turc lève un droit de 3 fr. par voiture, de 1 fr. 25 par cheval et 0 fr. 75 par âne chaque fois qu'ils parcourent la route, afin de pourvoir à son entretien. Ce droit est donné à loyer pour 35,000 fr. l'an, et la route est toujours plus mauvaise. Aussi, les voitures ou charrettes ne peuvent avoir qu'un demi-ressort pour éviter d'être brisées et, dans ces conditions, le cahotement est insupportable. Nous rencontrons de longues files de chameaux qui portent les marchandises de Jaffa; parcourons la même route que j'ai déjà décrite en venant et, vers deux heures, nous sortons des montagnes de Judée. Nous nous arrêtons à une mauvaise auberge où, pour nous restaurer, on n'a que du pain, du fromage et des sardines à nous offrir. Il y avait bien non loin de là une auberge tenue par Howard, le touriste, mais nous l'ignorions, et le voiturier ne nous y conduisit point; aussi, lorsque vers six heures nous arrivons à Ramleh, mon estomac réclamait sa ration.

Je rends visite aux Sœurs de Saint-Joseph, qui instruisent 80 élèves, presque toutes musulmanes. Elles m'offrent leur souper : trois petits poissons pour les trois religieuses. J'en prends un, espérant trouver mieux le soir à Jaffa.

Le bateau du Lloyd autrichien est arrivé à Jaffa dans la journée, il a porté de nombreux pèlerins russes et roumains; nous en voyons défiler de longues caravanes à pied : ils portent sur leur dos des couvertures et leurs ustensiles de ménage. Souvent, les familles sont au complet : père, mère, vieillards et enfants; alors on prend un âne sur lequel monte la mère avec le bébé à la mamelle. Quelques bandes ont un pope à leur tête. Ces pèlerins déposent à Jaffa le montant du prix de retour, afin d'éviter qu'après avoir tout dépensé à Jérusalem, ils ne soient rapatriés aux frais du Consul.

Il est dix heures, lorsqu'à la lumière de quelques lampes à pétrole, nous parcourons les petites rues de Jaffa, et frappons à la porte du couvent. Un frère laïque se réveille, passe dans la serrure une grosse clef comme celle qu'on donne à saint Pierre, et nous introduit au réfectoire. Il n'a lui aussi que du pain et du fromage à nous offrir. Sur une grimace, il me dit : Je vais vous chercher mieux, et, nous apportant des abricots en compote : Voilà, dit-il, de la chair d'abricots.

Le lendemain, lorsque le soleil paraît à l'horizon, je mets la tête à la petite fenêtre de ma cellule; la mer, chose rare à Jaffa, est parfaitement calme ; le bateau autrichien charge encore des oranges et, autres marchandises; celui des Messageries maritimes vient d'arriver. La petite cour devant le réfectoire et la chapelle est encombrée de pèlerins arméniens conduits par leurs prêtres. Je passe une partie de la matinée à raccommoder mes habits et, après le déjeuner, un bon Arabe, Gabriel Akaoui, me conduit chez lui. Dans sa jolie

Vue intérieure du Saint-Sépulcre.

maison pavée en marbre, il me présente à sa vieille mère, et à sa sœur qui vient d'avoir un bébé, puis nous montons sur un âne et trottons dans la campagne vers son jardin. Nous avons de la peine à nous frayer la route à travers des troupes d'ânes chargés d'oranges. Après une demi-heure, nous arrivons dans un vaste enclos fermé par des haies de cactus ou de figuiers de Barbarie. Nous avançons sous de beaux orangers qui plient sous le poids du fruit. Akaoui estime qu'il en a 300,000; il vient de les vendre en bloc pour 7,000 fr. Un gardien, armé de deux vieilles pistoles, payé par l'acheteur, circule pour éloigner les voleurs. Les arbres sont petits, mais chargés d'oranges très grosses. On les obtient en plantant des boutures de limettes ou de citrons doux, sur lesquelles on greffe l'oranger. Ces orangers sont plus petits que ceux greffés sur le citronnier à orange amère, mais ils donnent un fruit plus gros, plus doux et produisent tous les ans au lieu de tous les deux ans. J'en ramasse quelques-uns qui ont 18 centimètres de diamètre. Je vois aussi de belles plantations de limoniers; les limons se vendent, comme l'orange, 30 fr. le mille. Des champs de grenadiers produisent de nombreuses grenades qu'on exporte en Égypte. Akaoui cultive encore l'olivier, le dattier et l'amandier; malheureusement, on ne sait pas faire la bonne huile; on attend que l'olive soit rance pour la presser; on s'excuse en disant que l'on manque de bons pressoirs.

Une *noria*, mue par une mule, monte l'eau par des godets qui se déversent dans un grand réservoir et va par des canaux arroser les oranges en été, une fois par semaine.

Le sol sous l'oranger est labouré cinq fois par an. Une famille musulmane ou *fellah* fait tout le travail et reçoit pour paye le douzième du produit. Quelques *fellah*, à force de travail, sont arrivés à acheter un peu de terrain, et sont devenus propriétaires, mais lorsqu'ils ont dû emprunter, leur propriété est bientôt passée au prêteur; les intérêts varient entre 10 et 100 % l'an.

Gabriel Akaoui veut bien me donner un jeune plant d'oranger que j'expédie à Nice, où il prendra place au jardin de ma villa de de Carabacel. Il me fera penser à la Palestine toutes les fois que je mangerai de ses fruits.

Lorsque je rentre en ville, le navire siffle après les retardataires. Pour arriver, je suis obligé de marcher sur les caisses, les sacs et les tonneaux encombrant le quai qui n'en est pas un. J'atteins enfin la barque qui porte les dépêches. La mer étant calme, elle passe entre deux rochers sur lesquels les lames ont brisé une embarcation il y a deux jours, et blessé grièvement tous les hommes qui la montaient.

A peine monté sur le bateau, celui-ci se dirige vers Saint-Jean-d'Acre, où nous abordons dans la journée.

Saint-Jean-d'Acre ou Akka, l'ancienne Acco de la Tribu d'Azer, après qu'elle fut prise par Ptolémée l'an 286 avant notre ère, s'appela Ptolomaïde. Les Croisés en 1191 la prirent après un siège de trois ans. 500,000 chrétiens périrent dans les 100 combats, et les neuf grandes batailles de ce mémorable siège. Depuis lors, les chevaliers de Saint-Jean s'y établirent, et l'appelèrent Saint-Jean-d'Acre. Aujourd'hui elle possède huit mille habitants. Après une visite aux quelques ruines et aux établissements religieux, je me dirige vers Khaïffa où j'arrive après deux heures et demie.

Le long de la plage de nombreuses barques échouées et abandonnées dans le sable y sont battues par les vagues. Telles devaient être les barques des Phéniciens, des Carthaginois, des Romains, et celles sur laquelle naviguait saint Paul lorsqu'il vint échouer à Malte.

On me fait remarquer des escargots munis de pointes, c'est le *Murus trumulus* qui fournissait la base tinctoriale de la fameuse pourpre phénicienne.

Nous traversons le Cison, qui se jette ici à la mer après avoir serpenté tout le long de la plaine de Zabulon, et, deux heures et demie après notre départ de Saint-Jean-d'Acre, j'arrive à Khaïffa, ville de 4,000 habitants au pied du cap Carmel.

Après une visite à l'hospice des Franciscains, je prends la rampe assez raide qui mène au haut du cap, et une heure après je descends au couvent des Carmes. Chemin faisant, je remarque dans la plaine diverses habitations européennes dont quelques-unes entourées de palmiers. Ce sont des colons allemands qui ont pu fuir la patrie en 1870, et éviter les corvées et les dangers de la guerre. Ils exercent divers métiers, et appartiennent à des sectes multiples. Une d'elles a pour évêque le cordonnier de l'endroit.

Lorsque j'arrive au sommet du cap, le soleil disparaît à l'horizon lançant dans le ciel ses dernières perles de feu.

Bientôt un phare à feu tournant laisse voir sa lumière intermittente. Construit sur l'ancienne maison de plaisance d'Abdallah Pacha, il est un des phares construits par Michel pacha, un Provençal que la Porte a autorisé à éclairer ses côtes à ses risques et périls. Les droits qu'il perçoit lui ont déjà valu une fortune de plusieurs millions de francs.

Le Mont Carmel, que les Arabes appellent Djebel-Mar-Elias, a cinq lieues de long et 600 mètres de haut. Il s'étend du sud-est au nord-ouest, et forme une chaîne qui se termine en promontoire dans la mer. D'après une tradition, c'est sur ce mont que Lamech aurait tué le fratricide Caïn. Les prophètes Elie et Elisée y avaient leur école. C'est là qu'Elie confondit les prêtres de Baal, et les fit périr au nombre de 450 (Rois, III — vxiii).

Les Carmes, disciples d'Elie, se maintinrent au cap Carmel à travers les siècles, mais ils y furent souvent massacrés.

Bonaparte qui, comme Cyrus, Cambyse, Nabuchodonosor et autres grands conquérants, voulut faire le tour de la Méditerranée, durant le siège de Saint-Jean-d'Acre, en 1799, transforma le couvent du Carmel en hôpital.

A son départ, les blessés qu'il y laissa furent tous massacrés par les Musulmans et laissés sans sépulture. Leurs os furent ensuite recueillis par les Carmes, et ils reposent aujourd'hui sous la pyramide qu'on voit en face la porte du couvent.

Le monastère actuel du Carmel est un des plus vastes de l'Orient; il jouit d'un des plus beaux points de vue du monde.

Les Pères me font bon accueil et, après le souper, je goûte dans ma cellule un repos dont j'avais grand besoin.

Le lendemain, après la visite du couvent, un des Pères veut bien se faire mon cicérone et me conduire à la visite des environs.

Nous descendons vers la mer à travers les rochers, par des sentiers abruptes, et par un escalier nous arrivons à une petite chapelle dédiée à saint Simon Stock. C'est à ce saint solitaire que la Sainte Vierge apparut et lui donna le scapulaire du Carmel depuis si répandu dans la catholicité.

Un quart d'heure plus bas, moyennant *bacchich* nous entrons à l'école des prophètes gardée par un Musulman. C'est une grotte de 14 mètres de long sur 7 de large et 6 de haut. D'après la tradition, la Sainte Famille, à son retour d'Egypte, aurait vécu là quelque temps.

L'Ordre du Carmel serait la continuation de l'école d'Elie, et il reconnaît en effet ce saint prophète pour son fondateur.

Continuant la descente, nous atteignons la mer où le pêcheur vient chercher les éponges et le corail.

Un peu plus loin, on arrive à la colline de Tel-el-Saucant. Saint Louis, roi de France, sur la nouvelle de la mort de sa mère, s'en retournait en France, mais son navire, surpris par la tempête, vint se briser sur ces rocs.

Continuant notre route au sud-ouest, nous traversons la vallée des Martyrs plantée de grenadiers et de citronniers, et arrivons à la fontaine de saint Elie, dont l'eau coule dans un réservoir taillé dans le rocher, réservoir qui, en 1228, fut trouvé rempli de Carmes martyrisés.

Enfin, nous atteignons le jardin des melons, ainsi nommé parce que, suivant une légende, saint Elie passant par là demanda à l'homme qui gardait un champ de melons de lui en donner un. Celui-ci lui ayant répondu qu'il n'y avait point de melons, mais seulement des pierres : qu'il en soit ainsi, dit le prophète, et à l'instant tous les fruits du jardin se changèrent en pierres. Depuis ce temps on trouve dans ce lieu des pierres qui ont la forme de melons, de poires, de pommes, etc.

De retour au couvent, j'y passe le reste de la journée, jouissant de la beauté de la vue, et repassant dans ma mémoire tant de grands souvenirs !

Le lendemain, de grand matin, je redescends à Khaïffa louer une voiture allemande pour me rendre à Nazareth.

Les Allemands seuls possèdent ces véhicules fatigants, mais qu'on est heureux de trouver faute de mieux. Il serait difficile de les rendre plus doux par des ressorts, car le cahotement les briserait ; la route, en effet, est bien plutôt une fondrière.

Mon conducteur, au sortir de la ville, lance son char dans un champ de blé. Je lui fais observer qu'il ferait mieux de faire un détour et de suivre la route pour ne pas s'exposer à des représailles de la part du propriétaire. Pour toute réponse il me montre son grand fouet pour me dire que le droit du plus fort est ici le meilleur.

Après bien des cahotements, vers le milieu du jour, nous arrivons à Nazareth, petite ville aujourd'hui de 6,000 habitants, où le Créateur et Sauveur du monde s'est fait homme, et a exercé, durant tant d'années, le métier de charpentier !

La petite maison qu'habitait la Sainte Famille n'est plus là ; le 10 mai 1291, les anges, probablement pour la soustraire aux hordes de Biburs-Boudokhar qui brûlèrent Nazareth, l'ont transportée à Tersate en Dalmatie, d'où, après deux autres migrations, elle est passée à Lorétte sur la côte italienne de l'Adriatique. C'est là que je l'ai vénérée plusieurs fois, passant de douces heures à méditer sur la vie simple et cachée des trois personnes qu'elle abrita.

A Nazareth, on voit une grotte dans le roc auquel la maison de Joseph était adossée, et qui devait être son arrière-boutique.

Visitant les divers établissements religieux, j'arrive à l'école tenue par les Sœurs de Nazareth. La supérieure, femme d'esprit et de cœur, réunit les élèves et veut que je leur parle de la France, puis elle me munit de médailles et d'images que je donne à chacune défilant devant moi. Toutes, en les recevant, me baisent la main ; je veux m'y opposer, mais la Sœur me dit : Ne le faites pas, c'est l'usage en Orient.

A mon grand regret, je ne vois aucun orphelinat de garçons pour les catholiques à côté des nombreux établissements élevés par les protestants.

Après avoir visité la fontaine de la Sainte Vierge, la synagogue et autres divers lieux que la tradition rattache au souvenir de Jésus, je quitte Nazareth et prends la route de Tibériade.

La Sœur m'avait donné pour guide Michel Titori, un arabe de six pieds de haut. Chemin faisant, il me raconte qu'il a passé sa jeunesse à dévaliser les caravanes de Musulmans qui vont à la Mecque; qu'il a été condamné à mort, qu'il s'est évadé, et après s'être établi à Nazareth il s'y est marié et ne vole plus parce qu'il s'est confessé.

Après une heure et demie de chemin à travers des brousailles dans lesquelles roucoulent les tourterelles, nous arrivons au pied du Mont Thabor où nous devons passer la nuit.

Ma jument gravit la raide pente avec peine ; je veux lui faire hâter le pas en la frappant de mon bâton : Ne le faites pas, dit Titori ; la pauvre bête aura demain son poulain.

A mesure que nous montons, la vue devient toujours plus belle. Du sommet elle s'étend sur la Samarie et la Galilée depuis la mer Méditerranée jusqu'au lac de Génésareth et au Grand Hermon.

Après une heure de montée, à travers bois, arrivés sur le plateau, nous jouissons d'un admirable coucher de soleil ; le spectacle est si beau que, comme saint Pierre, je balbutie : On est bien ici, faisons-y trois tentes..... C'est ici en effet que le Sauveur, laissant au pied de la montagne neuf de ses disciples, amena avec lui les trois qui devaient être les témoins de son agonie au jardin des Oliviers pour leur donner dans sa Transfiguration un avant-goût de sa gloire.

Le Mont Thabor, que les Arabes appellent Djebel-Tour, situé sur les limites des tribus de Zabulon et de Issachar, s'élève à 400 mètres au-dessus de la plaine, à 100 mètres au-dessus de Nazareth, et à 760 mètres au-dessus de Tibériade.

Isolé dans la plaine, et plus élevé que les autres montagnes de la région, il fut choisi à travers les siècles comme une forteresse naturelle. Les Juifs, les Romains, les Croisés et les Musulmans s'y fortifièrent tour à tour, et on voit encore les vestiges de leurs fossés et de leurs murailles. Depuis l'ère chrétienne, de nombreux couvents y furent bâtis et démolis. Aujourd'hui, au milieu des ruines, on voit sur le Thabor un couvent de Grecs non unis, et, sur le lieu de la Transfiguration, une chapelle desservie par les Franciscains qui y viennent en procession de Nazareth le jour de la fête. Je ne pouvais me rassasier de la douce contemplation, lorsque un coup de fusil vint me rappeler aux choses de la terre ; un chasseur venait d'abattre une superbe aigle impérial qui expirait près de moi.

Après avoir passé la nuit à l'hospice des Franciscains, de grand matin je suis sur le donjon pour jouir du lever du soleil, et lorsqu'il fait clair, Titori arrive et, me montrant un joli poulain qui tournoyait auprès de sa mère : Voyez, me dit-il, que je ne vous avais pas trompé ; c'est une petite jument que nous baptiserons *Taborina*, vous serez le parrain, et lui enverrez la selle.

Après la messe et le déjeuner, il faut penser au départ. Déjà Titori avait fait chercher un autre cheval, et c'est la douleur dans l'âme que je dois m'arracher à ce lieu enchanteur.

Arrivé au bas de la montagne, vers le champ de bataille de Debora et de Barac contre Sisara qui commandait les Madianites, on me montre Dabourich, le village où se tenaient les neuf apôtres, pendant que Jésus avec Pierre, Jacques et Jean était monté sur le sommet. C'est là qu'au retour Jésus les trouva ne pouvant chasser le démon de l'enfant muet, scène immortalisée par le pinceau de Raphaël ainsi que la Transfiguration, et toujours admirée au musée du Vatican.

Nous suivons longtemps la plaine de Zabulon, et arrivons à un puits d'eau blanchâtre qu'entourent des Bédouins armés de longues lances.

Non loin de là, on voit leurs noires tentes en poil de chameau formant un petit camp qu'ils transporteront plus loin lorsqu'ils n'y aura plus d'herbe à brouter ou des champs et des voyageurs à dévaliser. Heureusement, j'avais obtenu deux bachibouzouks dont la vue les tient en respect.

Plus loin, après le *Souk-el-Khan*, marché du Khan des marchands, je descend en zig-zag dans le *Ouadi-Besoum,* vallée des plus fertiles dont la verdure réjouit.

Enfin, après cinq heures de marche, je descends par une pente raide à Tibériade, au bord du célèbre lac de Génésareth.

Ce lac, appelé aussi mer de Galilée et lac de Tibériade, est situé à 230 mètres au-dessous du niveau de la Méditerranée : sa forme est ovale, il a environ cinq lieues de long sur deux de large et une profondeur maxima de cinquante-cinq mètres. Ses eaux sont douces et poissonneuses. Il est formé par le Jourdain qui en sort pour aller plus loin se jeter dans la mer Morte. C'est sur les bords de ce lac que se sont passés la plupart des faits relatés dans les récits évangéliques.

La ville de Tibériade, construite l'an 16 avant Jésus-Christ par Hérode Antique, n'existe plus aujourd'hui. On en voit les ruines au-dessus de la ville actuelle construite par les Croisés.

L'ancienne Tibériade était la capitale de la Trétrarchie. Lors du soulèvement des Juifs contre les Romains, Flavien Josèphe, qui en était le gouverneur, trouvant la ville en révolte, s'en empara avec sept soldats et 730 barques vides, dont il se fit suivre. Les habitants, croyant ces barques pleines de soldats, se soumirent et envoyèrent des otages. Josèphe obligea Clitus, chef des révoltés, à se couper lui-même le poignet.

La ville actuelle forme un parallélogramme d'environ un kilomètre de long. Sa population est de 3,500 habitants, chrétiens, musulmans et juifs. Or, comme le musulman a pour jour de repos le vendredi, que le Juif fête le samedi et que le chrétien s'abstient des œuvres serviles le dimanche, le patron qui emploie des ouvriers des trois religions est sûr de ne jamais les voir toujours ensemble au chantier.

Les juifs accourent aujourd'hui de toute part à Tibériade, envoyés par leurs rabbins. Ceux-ci disent que c'est parce que c'est du lac que doit sortir prochainement le Messie restaurateur du trône de David. Ils déclarent son avènement d'autant plus prochain que, l'or étant aujourd'hui accaparé par leurs banquiers, il doit être, entre

Le Mont-Carmel.

leurs mains, l'instrument de domination sur le monde. Les Juifs, en effet, ont toujours pris à la lettre les promesses de domination universelle que le Christ devait exercer par sa morale.

Le lendemain, je voulus faire une promenade sur le lac. Des bateliers me prirent sur leurs épaules pour me déposer dans leur barque et nous voguons gaillardement vers le nord.

Je visitai, sur la rive occidentale, d'abord, les ruines de Medidel, l'ancienne Magédan de saint Mathieu, puis la Dalmametha de saint Marc, en grec Madalah, patrie de sainte Marie-Madeleine. On n'y voit aujourd'hui que quelques misérables masures. Plus loin, j'arrive aux ruines de Bethaïde, patrie des apôtres Pierre, Philippe et André. Notre Seigneur y fit un grand nombre de miracles qui ne servirent point à la conversion de ses habitants.

Suivant toujours la côte occidentale, j'atteins Tel-Oum où fut jadis l'ancienne Capharnaüm située sur les confins de Zabulon et de Nephtali. C'est dans cette ville que Jésus passa la plus grande partie des trois années de sa vie publique; c'est là qu'il fit le plus grand nombre de ses miracles, qu'il prêcha la doctrine du Saint-Sacrement de l'Eucharistie. C'est à Capharnaüm que Pierre pêcha le poisson portant dans sa bouche la pièce de quatre dragmes et qui servit à payer le tribut. Cette espèce de poisson se trouve encore aujourd'hui dans le lac ; il a la forme de l'anguille, mais beaucoup plus court, il a la tête plate et de longues antennes. Les Chrétiens l'appellent poisson de saint Pierre et les Musulmans *Balbout*.

Tant de miracles ne convertirent point les habitants de Capharnaüm, et le Christ le leur reprocha amèrement par ces paroles : « Et toi, Capharnaüm, est-ce que tu t'élèveras jusqu'au ciel ? Tu seras abaissée jusqu'aux enfers, car si, dans Sodome, avaient été faits les miracles qui ont été opérés au milieu de toi, elle aurait peut-être subsisté jusqu'à ce jour. » (Mathieu, XI, 23).

Plus loin, je descends à Corasch, l'ancienne Corozaïm, sur le sol de laquelle passe aujourd'hui la charrue selon la prédiction de Jésus.

Nous voulions pousser jusqu'à Ebtiehha à l'entrée du Jourdain dans le lac, lorsqu'un vent violent descend du Mont Hermon et balaye le lac. Les bateliers font des efforts pour avancer, mais la barque reste sur place. Je prends moi-même une rame pour m'assurer de la force de résistance et je constate l'impossibilité de dominer les grosses vagues. Je comprends alors les récits évangéliques qui parlent si souvent des tempêtes de ce petit lac.

C'est avec peine et non sans danger que nous pûmes regagner Tibériade.

J'eus encore le temps, avant la nuit, de visiter les bains chauds d'Hamieth. On y arrive par trois quarts d'heure de marche le long du lac à travers les ruines de la Tibériade d'Hérode. Une eau chaude à 60 degrés, salée et sulfureuse, remplit un bassin de marbre dans lequel pataugent de nombreux Arabes de tout âge. Le matin, le bain est réservé aux femmes, l'après-midi aux hommes. On le prend pour les rhumatismes et les maladies de la peau.

Le lendemain, sur la terrasse du couvent, mes yeux parcouraient les bords du lac, pendant que ma mémoire évoquait les récits évangéliques. Je pris la plume et fixai mes impressions dans cette page que je transcris ici tout entière. O lac de Génésareth, mer de Galilée, qui as vu tant de merveilles, redis à mon âme les grandeurs et la bonté de Dieu, afin que mon cœur l'aime et le serve fidèlement. Capharnaüm, Corozaïm, Bethsaïde, vous n'avez pas correspondu aux grâces du Seigneur, et voilà que vous n'êtes plus, la charrue passe sur le sol que vous avez occupé. Montagnes des Généséens, vous avez vu l'esprit immonde entrer dans le troupeau de porcs et le noyer dans le lac ; montagnes d'au delà et d'au deça du lac, vous avez vu la multiplication des poissons et des pains, et toi, lac, tu as donné à Pierre le poisson qui portait dans sa bouche le statère pour le tribut : à deux reprises, à l'époque de sa vocation à être pêcheur d'hommes, et de sa vocation à paître les agneaux et les brebis, tu lui as fourni une pêche miraculeuse. Lac, tu as calmé tes flots à la parole du Seigneur, et tu t'es raffermi sous saint Pierre qui enfonçait par la peur. Redis-moi toutes ces choses et que mon âme loue et bénisse le Seigneur. C'est sur toi, que monté sur une barque, il instruisait les multitudes en paraboles qu'il expliquait ensuite à ses disciples. C'est sur tes bords qu'est née Marie de Magdala, l'illustre pénitente, et c'est sur tes bords qu'ont été choisis la plupart des apôtres.... J'aurais voulu atteindre la Syrie par les sources du Jourdain à travers l'Hermon. Quelques amis venaient de le faire. Seul, je craignis de m'aventurer dans ces solitudes où les Bédouins guettent toujours une proie. Je trouvai plus prudent de faire un détour et de gagner par mer le pied du Liban. Je retournai donc à Nazareth, mais en changeant de route, et passant cette fois par Loubich et Cana. Après une heure de marche, j'arrive à la célèbre plaine de Hittine, à l'endroit où Notre Seigneur multiplia les sept pains et les quelques poissons. C'est dans cette plaine que Lusignan perdit la célèbre bataille qui mit fin au royaume Latin. De là, on grimpe la montagne des Béatitudes qui s'élève à 50 mètres au-dessus de la plaine. C'est sur cette élévation que Jésus prêcha l'admirable Evangile des huit béatitudes, et qu'il enseigna le *Pater* à ses disciples.

De la montagne des Béatitudes, on voit, au nord, la ville de Saphet, située non loin du lieu où fut la ville de Nephtali, patrie de Tobie. Saphet compte aujourd'hui 4,000 habitants : juifs, chrétiens et musulmans. Continuant la route dans la plaine, on arrive, après une heure et demie de marche, au grand village de Loubich.

A la fin du siècle dernier, près de ce village, le général Junot fut attaqué par des Mamelouks supérieurs en nombre. Il se retira en bon ordre à Cana ; deux jours après, Kléber vint à son secours et rejeta ces Mamelouks au delà du Jourdain.

En quittant Loubich, après deux heures de marche j'arrive à Cana. Ce nom éveillait en moi le doux souvenir du premier miracle du Sauveur. Il avait été fait à la requête de sa mère à l'occasion d'une noce !

Je ne trouvai plus à Cana qu'un misérable village de 600 habitants entouré de plantations de grenadiers. L'endroit où, d'après la tradition, aurait eu lieu le miracle, est occupé par une chapelle appartenant aux Grecs schismatiques. On y voit deux grosses pierres creuses de cinquante centimètres de diamètre qu'on dit être celles qui furent remplies de l'eau changée en vin.

Le pope habite près de là une cabane de terre où je prends mon repas avec mes provisions. Il est heureux de les partager avec moi. Il m'a paru si pauvre !

En quittant Cana, j'arive après une demi-heure de route à El-Mesched, l'ancien Géttihépher de la tribu de Zabulon, patrie de Jonas. Ce prophète y fut enseveli après sa mort, et les Musulmans ont son tombeau en grande vénération.

Un peu plus loin est la fontaine du Cresson, près de laquelle, le 1er mai 1187, 540 Croisés furent massacrés par 7,000 cavaliers musulmans.

Vers le soir j'arrive à Nazareth, assez à temps pour voir une *fantasia*. De jeunes cavaliers partagés en deux camps courent sur les uns aux autres cherchant à se désarçonner. Le camp qui conserve des cavaliers à cheval demeure le vainqueur.

Revenu Saint-Jean d'Acre, je renonce à gagner la Syrie par

terre, car cette route demande quatre jours de marche. Le bateau à vapeur me ramènera à Beyrouth dans une journée en passant devant les ruines de Tyr et de Sidon. Ces noms rappellent deux des plus célèbres villes de l'antiquité dont il est bon de dire quelques mots.

On croit que Tyr eut pour fondateur Tyr VII, fils de Japhet, fils de Noé. 1445 avant Jésus-Christ, au temps de Josué, elle était déjà une ville forte. La ville, d'abord située sur la terre ferme, avait

Le couvent du mont Carmel.

un temple dédié à Hercule sur l'île d'Erycore, située en face. Hiram, le grand ami de David et de Salomon, joignit Tyr à Erycore par une grande jetée. L'an 720 avant notre ère, Salmasar et plus tard, vers l'an 606, Nabuchodonosor, la soumirent à leur empire. Elle avait alors, selon Pline, 19 milles de circonférence. Tyr s'était relevée de tous ces désastres lorsqu'Alexandre le Grand, vers l'an 332 avant Jésus-Chris, la ruina nouvellement. Elle se releva encore une fois, et, l'an 125 avant notre ère, les Tyriens se gouvernaient par leurs propres lois. 65 ans ans plus tard, Pompée en fit une province romaine.

— 246 —

Avec Sidon, Tyr fut longtemps la reine des mers; mais, comme par ses immenses richesses, elle aida à la corruption des peuples, son éclatante ruine prédite par les prophètes s'est réalisée et, aujourd'hui, c'est à peine si sur l'île d'Erycore on trouve, au milieu de nombreux débris, un village de 5,000 habitants.

Plus loin, on montre l'ancienne Sarepta où Élie se réfugia chez la veuve dont il multiplia l'huile et le pain, pendant les trois années et demie que la terre fut sans pluie. Ensuite on passe devant Saïda, entourée de superbes plantations d'orangers.

C'est l'ancienne Sidon fondée par Sidon, fils aîné de Chanaan, fils de Cham, fils de Noé. Josué la donna à la tribu d'Aser.

On croit qu'aux habitants de Sidon on doit l'invention de la navigation, de l'écriture, de la menuiserie, de la sculpture sur bois, de la fabrication du verre, de la taille des pierres et des ouvrages en fonte. Ils en donnèrent de beaux spécimens dans les travaux du temple de Salomon.

Sidon subit à travers les siècles à peu près les mêmes vicissitudes que Tyr sa voisine. Aujourd'hui, il ne reste de ses anciennes splendeurs que des ruines. La ville actuelle contient 12,000 habitants.

On montre encore un peu plus loin un village entouré d'arbres appelés Nubi-Sonnes. D'après une tradition, c'est là que le prophète Jonas, avalé par la baleine aux environs de Jaffa, aurait été déposé pour aller prêcher à Ninive.

Enfin, un peu après, on débarque à Beyrouth. Cette ville, située sur une presqu'île au pied du mont Liban et noyée dans la verdure, a un aspect pittoresque. L'arbre dominant est le mûrier qui donne lieu ici à une abondante récolte de soie.

On croit que Beyrouth est l'ancienne Géris, fondée par Gergeseus, onzième fils de Chanaan, fils de Cham, fils de Noé. D'autres pensent qu'elle fut fondée l'an 720 avant Jésus-Christ par Ittoboal, roi de Tyr et de Sidon. Elle subit, à travers les siècles, à peu près les mêmes vicissitudes que ces deux villes. Elle fut prise par Salucanosar, par Nabuchodonosor, par Alexandre le Grand, puis elle devint colonie romaine.

Ses habitants embrassèrent de bonne heure le christianisme. On croit que le fait suivant, raconté par Athanase, y contribua beaucoup. La ville renfermait un grand nombre de Juifs. Ceux-ci ayant trouvé un crucifix de bois oublié dans le déménagement d'un chrétien, le couvrirent d'outrages et, lorsqu'ils l'eurent percé, il en sortit du sang qu'ils recueillirent dans un vase. Ce sang, porté à leur synagogue, guérit tous les malades qui le touchèrent. Après enquête, on trouva que ce crucifix avait appartenu à Nicodème, le disciple caché du Christ qui le mit au tombeau.

En 1860, les Druses (mahométans) ayant multiplié dans le Liban les massacres des Maronites (chrétiens), la plupart de ceux qui purent échapper se réfugièrent à Beyrouth, devenu le quartier général de l'armée française envoyée pour rétablir l'ordre.

Aujourd'hui, Beyrouth est une ville à moitié européenne et compte 70,000 habitants. Ses environs sont pittoresques. M. Deschamps, ancien négociant et industriel établi dans le pays, se fait mon cicerone et me conduit à la visite des établissements de refuge et d'enseignement tenus par les Sœurs de Saint-Vincent-de Paul, par les Lazaristes, les Pères Jésuites, les Capucins, les Dames de Nazareth, etc. Quelques-uns, tels que ceux des Sœurs de Saint-Vincent-de-Paul et des Jésuites, ont une importance telle, qu'il est difficile de trouver leurs semblables même dans les grandes villes de l'Europe.

Je me décidai à passer le Liban. Une voiture publique, qui part tous les soirs et tous les matins, fait le trajet en onze heures. Je choisis le départ du matin pour jouir de la vue. Elle est aussi pittoresque que dans les plus belles parties de nos Alpes. Les hauts cèdres ont été presque partout coupés, mais on en voit encore de beaux spécimens.

Arrivés au sommet, on descend rapidement le versant sud et, après le parcours d'une plaine sillonnée par une fraîche rivière, on se trouve à Damas.

Cette ancienne capitale de la Syrie est une véritable ville musulmane. La Porte y tient une forte garnison; je vois partout les soldats s'exerçant au maniement des armes. Les nombreuses coupoles qui surmontent les maisons donnent à la cité l'aspect pittoresque des villes d'Orient. La plupart des maisons, comme celles de Pompei, ont leurs ouvertures dans une cour intérieure. Cette cour est ordinairement plantée d'orangers et citronniers, et un jet d'eau au milieu répand un peu d'humidité et de fraîcheur, bien nécessaire dans ces climats.

Damas est une des villes qui eut le plus à souffrir dans les massacres opérés par les Druses en 1860. On voit encore des endroits remplis des os des chrétiens de tout âge, martyrisés par ces fanatiques.

Les cimetières furent si encombrés de cadavres que des épidémies en surgirent pour multiplier les victimes.

La ville de Damas est coupée en croix par deux longues rues, dont une, encore aujourd'hui appelée la rue droite, possède la maison qu'habitait Ananie, le disciple fidèle qui rouvrit les yeux à Saul, surnommé Paul. Son énergie à prêcher le Christ lui valut la haine des Juifs qui, voulant le tuer, gardaient les portes de la ville pour l'empêcher de fuir; mais les disciples le descendirent le long des murs dans une corbeille et le firent évader. On voit encore aujourd'hui la maison par où la fuite a eu lieu.

Damas, jadis célèbre pour ses étoffes de soie et pour ses lames de sabre, est aujourd'hui bien distancée par l'industrie européenne. Je visite divers ateliers d'étoffes et de bijoux. Tout se fait par l'habileté de l'ouvrier d'une manière assez primitive.

La plupart des étoffes qui se vendent là comme étoffes de Damas viennent de Lyon, et les chibouks et les narghilehs sont faits à Paris.

J'aurais voulu visiter Baalbek et ses gigantesques ruines à deux jours de cheval, et Palmyre, dans le désert, à quarante heures de marche de Damas, mais le temps presse, je repasse le Liban de nuit, et arrive à Beyrouth assez à temps pour prendre le bateau qui me ramènera en Égypte.

En passant, je salue encore une fois la Terre Sainte.

Bien des voyageurs ont paru étonnés qu'un si petit coin de terre ait pu faire tant parler de lui; il n'est pas plus grand en effet qu'un de nos départements et, de certains points, on pourrait l'avoir presque tout entier sous les yeux; mais n'est-il pas dans les habitudes de la Sagesse divine de tirer du peu les grandes choses? Pour moi, ce qui m'a frappé le plus, c'est de voir que les mœurs et les usages s'y soient conservés tels, qu'en lisant sur place le Vieux ou le Nouveau Testament, on croirait ces livres écrits d'hier

Les Pères Franciscains, venus ici sous la conduite même de saint François en 1219, gardent les divers sanctuaires depuis plus de six siècles et demi et ont étendu leurs œuvres en Phénicie, en Syrie, en Arménie, en Thrace, à Chypre et en Égypte.

La mer continue à être calme, la nuit fut bonne; le matin, je me réveille à Port-Saïd au son d'une trompette. Ce sont des soldats anglais qui s'en vont probablement à la manœuvre.

Après quelques visites à Port-Saïd, je reprends le navire qui, le soir, lève l'ancre. Nous passons devant le phare de Damiette et, vers le milieu de la nuit, je me réveille, effrayé par un pétillement et une grande lueur rouge, qui me faisait croire le navire en feu. C'était un simple feu de Bengale, par lequel il saluait le navire de la même Compagnie qui venait en sens inverse.

Le lendemain dimanche, à six heures du matin, nous entrons dans le port d'Alexandrie, à travers de nombreux navires, la plupart anglais.

Chapitre Vingt-Unième.

Alexandrie. — La ville. — La place des Consuls. — L'aiguille de Cléopâtre. — Le collège Saint-François-Xavier. — Les Lazaristes. — Les Sœurs de Charité. — Les Frères de la Doctrine Chrétienne. — Les Pères Franciscains. — Les soldats anglais. — D'Alexandrie au Caire. — Le Delta. — Le Nil. — Les inondations. — Le bouton du Nil. — Les villages. — Les Fellahs. -- Costumes. — Mariage. — Mœurs. — Culture. — Arrosage. — Le camp d'Arabi. — Le canal de Mamoudieh. — Damanhour. — Le bacchich. — Kafr-el-Zayat. — Tantah et l'embranchement d'Ismaïlia et de Suez. — Les chemins de fer au désert. — Il faut utiliser l'Afrique. — Le Caire. — La ville nouvelle. — Le quartier arabe. — Les Dames de la Légion d'honneur. — Les institutions françaises. — Les Cophtes. — Le commerce du Soudan. — Nubar-Pacha. — Un avocat français. — L'administration de la justice. — Les œuvres de charité. — Les projets des Anglais. — Les Asinari.

ME voici sur la terre des Pharaons ! Ce qui frappe le plus celui qui débarque pour la première fois à Alexandrie, c'est la multiplicité et la variété des costumes, des langues et des couleurs : des Arabes en haillons, des nègres presque nus, des Grecs, Maltais, Syriens, Égyptiens, blancs, bruns, olivâtres, jaunes, noirs, criant, s'appelant, se disputant les voyageurs comme porteurs ou *cicerones*. On se croirait en plein carnaval de Nice ou de Naples. Le voyageur se rend à l. douane où on lui donne une *passe* contre sa carte ; il la remet au garde et entre dans la ville.

S'il parcourt le quartier arabe, il passe dans des rues étroites, sales, avec maisons en encorbellement. Il voit les bazars avec les vendeurs assis sur leurs jambes, fumant le narghileh et attendant stoïquement l'acheteur pour lui montrer l'étoffe ou le tabac. Dans le quartier européen, on se croirait à Marseille. Les maisons, à plusieurs étages, ont de beaux magasins et des fenêtres avec persiennes ; la place des Consuls est remarquable ; on y remarque la belle statue de bronze de Mahomed-Ali.

J'avais visité Alexandrie en 1876. J'y retrouve encore aujourd'hui la colonne de Pompée, mais l'aiguille de Cléopâtre a pris le chemin des Etats-Unis, comme l'obélisque, qui gisait à terre depuis des siècles, a pris celui de Londres. On sait que cet obélisque, remorqué sur un radeau, fut lâché en mer à la suite d'un tempête. On le croyait perdu, mais, rencontré par un autre navire, il fut racheté à celui-ci par le riche Anglais qui a tenu à le dresser sur les rives de la Tamise.

A Alexandrie, les Pères Jésuites ont ouvert un collège dit de Saint-François-Xaxier, où ils font l'éducation à une cinquantaine d'élèves. Sur le tableau d'honneur je lis des noms grecs, arabes, français, italiens, anglais. Le mélange des nations européennes est au moins aussi grand que celui des nations orientales.

Les Sœurs de Charité ont quatre établissements : la crèche et les Enfants trouvés, un orphelinat avec 90 garçons, l'hôpital civil, et leur école où elles instruisent 900 élèves, dont 120 internes. Cinq Sœurs sont occupées tous les matins à distribuer les remèdes à 500 malades pauvres qui se présentent à leur dispensaire.

Les Frères de la Doctrine chrétienne, venus ici en 1847, ont toujours un vaste établissement, dans lequel ils instruisent 900 élèves, dont la moitié internes. J'y vois théâtre et fanfare ; les bons éducateurs tiennent toujours grand compte des meilleurs moyens de récréation pour les enfants. Les Frères s'occupent partout spécialement d'instruction élémentaire et commerciale ; mais ici, par exception, ils enseignent aussi le latin et le grec. Leurs élèves subissent un examen devant une commission de notables français, présidée par le consul de France. Notre ministre de l'instruction publique, d'accord avec le ministre des affaires étrangères, a accordé au certificat de réception à cet examen l'équivalent de nos certificats de bacheliers ès lettres et ès sciences.

Les Pères Franciscains dirigent la paroisse de Sainte-Catherine et une maîtrise.

C'est dimanche ; je rencontre à tout instant des pelotons de soldats anglais en grande tenue, que leurs officiers conduisent au temple, ou à l'église s'ils sont catholiques.

C'est un soldat anglais qui monte la garde devant la Cour d'appel. Bien des fois j'ai entendu les expressions de regret des habitants, de ne pas voir les soldats français, car la France qui, par ses corps enseignants, avait élevé un si grand nombre d'Egyptiens, possède la sympathie de tout le pays.

Après ces quelques visites aux diverses institutions et à quelques amis, je monte en wagon pour le Caire.

Le chemin de fer traverse en partie le lac ou marais de Menzaleth, et entre bientôt dans la vaste plaine du Delta. Tel est le nom qu'on donne à la Basse-Egypte, parce que, entre le Caire, Damiette et Alexandrie, elle a la forme d'un triangle qui en grec est la lettre Δ ou D. Il a 60 lieues de base sur 42 de haut. C'est ce triangle que tous les ans le Nil féconde en débordant de juin à octobre, et en déposant un limon dans lequel le fellah jette son blé. Pour que l'inondation soit profitable, elle ne doit être ni trop forte, ni trop faible. Elle est bonne lorsque le Nil monte de 7 à 9 mètres; car il est assez encaissé dans ses rives. Lorsque l'inondation atteint cette proportion, les populations se livrent aux réjouissances dans une grande fête, car elles auront l'abondance.

Le Nil sort des grands lacs équatoriaux et se jette dans la Méditerranée, après un parcours de plusieurs milliers de kilomètres; son eau est douce et agréable; néanmoins, à la longue, elle fait pousser, surtout chez les étrangers, un bouton au front, dans le genre du bouton d'Alep. Les indigènes l'appellent *hamon-el-Nil*, lorsqu'il est petit, et *dimmel-el-Nil*, lorsqu'il est gros.

Je vois par-ci par-là de superbes bouquets de palmiers aux abords des villages. Ceux-ci sont généralement construits sur un terrain un peu élevé, afin d'éviter l'inondation. Ils se composent de misérables cabanes de terre enduite de fiente de vache ou de buffle, et couvertes de rameaux et de fumiers. Quelques-unes sont couvertes en coupole et en terre.

C'est dans ces pauvres cabanes que le fellah vit avec sa famille et ses animaux.

On sait que l'Egyptien, comme les autres Orientaux, fiance en général ses enfants très jeunes, souvent vers trois ou quatre ans. Les fiançailles ont lieu moyennent certains dons en nature, tels que bijoux et vêtements que les parents du fiancé donnent à ceux de la fiancée. Ceux-ci en retiennent pour eux ce qui leur plaît et donnent le reste à la fille qui, lorsqu'elle est en âge de se marier,

Le Caire. — Intérieur du palais de Gezireh.

doit passer dans la maison de l'époux. Si elle refuse, les parents doivent non seulement rendre les dons reçus, mais en ajouter d'autres pour une somme équivalente. Le mariage, dans ces conditions, aboutit fréquemment au divorce.

Les fellahs portent un petit bonnet blanc ou le turban et n'ont pour tout vêtement qu'une longue chemise liée à la ceinture. Les femmes y ajoutent un long voile bleu, le pantalon, et couvrent leur figure d'un mouchoir ou d'un foulard, de telle sorte qu'on ne leur voit que les yeux.

Ces pauvres gens travaillent dans les champs toute la journée. Je le vois guidant la vieille petite charrue de bois que tirent des bœufs, des ânes, des buffles et même des chameaux. D'autres sont occupés à l'arrosage, car certaines terres trop hautes, appelées *nobari* ou *charaki*, ne reçoivent pas l'eau de l'inondation. Ils le pratiquent de trois manières primitives : par le *chadouf* ou *delon*, espèce de couffe que deux personnes balancent sur l'eau de manière à la remplir et en jeter l'eau à côté à une certaine hauteur, d'où elle se répand dans les rigoles ; par le *trébuchet balançoire*, portant d'un côté un grand seau et, de l'autre, une pierre qui aide le *fellah* à relever le seau lorsqu'il est plein ; ou bien le *noria* mu par le buffle, l'âne ou le chameau, et consistant en une roue à double paroi et vide. Elle se remplit par des trous en entrant dans l'eau, et la déverse dans une caisse d'où elle passe dans les rigoles ; le mouvement lui est donné par un arbre à engrenage que tournent des animaux. Les Européens ont introduit, pour l'arrosage, la pompe à vapeur locomobile et le fellah la trouve, lui aussi, plus commode ; il la chauffe avec des résidus végétaux, de la paille et de la fiente.

Passé Ramleh, l'ancien camp d'Arabi a des fortifications en terre bien imaginées ; viennent ensuite des plantations de riz comme dans les plaines de Lombardie ; plus loin, les fèves sont à peu près mûres et le blé est en épi. Elle sont bien courtes, cette année.

Le long du canal de Mamoudieh, je vois plusieurs bateliers traînant leur grand bateau avec des cordes, aidés par le vent au moyen de voiles. Par-ci, par-là, quelques cheminées indiquent la présence d'usines ; on y égrène le coton. Dans les marais, de nombreux fellahs pêchent avec une sorte de filet, ou chassent le canard avec le fusil.

Près de Damanhour, qui possède plusieurs maisons à l'européenne, je remarque des mûriers, des figuiers, des orangers, quelques oliviers, beaucoup d'artichauts et de laitues. Celle-ci sont vendues en gare aux voyageurs qui les mangent feuille à feuille, comme les lapins, pour se désaltérer.

A Kafr-el-Zayat, où le train s'arrête vingt minutes, pour le déjeuner, je m'aperçois que, dans le change de monnaie, on donne beaucoup de pièces turques et égyptiennes fausses. Celles qui ne passent pas, on les donne en bacchich qu'on nous demande à tout instant.

A Tantah, qui a l'air d'une petite ville européenne, la voie se bifurque ; une ligne va vers Ismaïlia et de là à Suez à travers le désert. Lorsqu'on voit circuler les trains à travers ce sable parsemé de buissons, en tout semblable à celui du Sahara, on s'étonne qu'il y ait encore des gens pour discuter la possibilité de traverser par un railway les déserts africains.

Les Américains du Nord, au lieu de perdre leur temps en disputes théoriques, ont posé les traverses les unes après les autres et y ont placé les rails sur lesquels la locomotive leur a apporté l'eau. Là où le vent accumule le sable, ils ont fait des tunnels en planches, et, dans ce moment, le train de New-York à San Francisco, traverse en 48 heures le désert, en tout semblable à celui du Sahara, qui sépare la Névada des Montagnes Rocheuses.

Si la France ne se hâte de traverser le Sahara africain pour diriger sur l'Algérie les produits de l'intérieur de l'Afrique et ouvrir par là la voie à nos importations, ce commerce considérable prendra nécessairement une autre route, car depuis que l'Asie n'a plus de secret, l'Afrique est attaquée de toute part. Les capitalistes qui se ruinent en jeux de bourse auraient là un emploi plus fructueux de leur argent.

Pendant que ces pensées s'agitent dans mon esprit, la locomotive continue sa marche, traversant plusieurs fois le Nil sur de magnifiques ponts de fer, et enfin j'aperçois dans le lointain les Pyramides et un peu après je descends au Caire.

La température est ici bien plus élevée qu'à Alexandrie, mais l'air est plus sec et plus sain. J'avais visité le Caire, il y a huit ans. Je le trouve aujourd'hui bien plus européanisé qu'alors. Je vois bien les petits et vaillants baudets avec leur selle relevée sur le devant, marchant toujours au trot et au galop ; mais je n'aperçois plus de coureurs devant les voitures. Le quartier européen, aux environs du square de l'Ezbekyeh, s'est augmenté et régularisé ;

et le très joli quartier d'Ismaïlich s'est de plus en plus embelli de riches villas entourées de jardins gracieux. Les acacias et le sycomores ombragent les boulevards et les chemins ; de belles maisons, de grands hôtels s'élèvent de tous côtés. Le vieux Caire avec son labyrinthe de rues sales et étroites, ses nombreuses mosquées, ses multiples bazars, où se croisent les gens de tout costume et de toute couleur, conserve toujours le véritable cachet arabe.

Les diverses institutions françaises se sont accrues ou développées ; les Frères ont un bel établissement ainsi que les Dames ou Sœurs dites de la Légion d'honneur. Les Pères Jésuites au jardin Rossetti ont installé leur collège dans une maison de location. Mais ils vont bientôt le transporter sur un terrain à eux. Ils ont en ce moment 150 élèves et 25 séminaristes cophtes. Les Cophtes sont l'ancienne population indigène dominée actuellement par les Arabes.

M. Taillet, chancelier de notre consulat, me donne beaucoup de renseignements sur le pays, en ce moment si incertain de ce qui l'attend pour l'avenir. Nous avons environ 3,000 Français au Caire qui tiennent presque tout le haut commerce, et un plus grand nombre de sujets tunisiens et algériens. Le commerce du Soudan allait toujours en augmentant. On y importait les marchandises européennes et on en exportait l'ivoire, les plumes d'autruche et la poudre d'or. Malheureusement, le commerce français avec sa timidité et ses vues étroites n'avait pas su utiliser toutes les ressources de ce pays. On ne peut y réussir qu'en prolongeant les payements à 18 mois ; les bénéfices dépassent de beaucoup le 100 %. Les marchands anglais, plus pratiques, ont accordé tous les délais voulus.

Je rends aussi visite au président du Conseil des ministres, pour lequel j'avais une carte d'introduction. Il habite dans la ville une jolie maison entourée d'un magnifique jardin. J'y remarque de superbes bambous et l'ensemble des meilleures plantes tropicales. Il m'accueille poliment, parle volontiers de botanique et d'histoire naturelle, mais sur toute question touchant à la politique, aux combinaisons possibles, aux résultats probables, il a bouche close.

Je vois partout les jupes des soldats écossais, et rentré à l'Hôtel Royal, je ne trouve à table d'hôte que des officiers ou employés anglais, polis, réservés et froids.

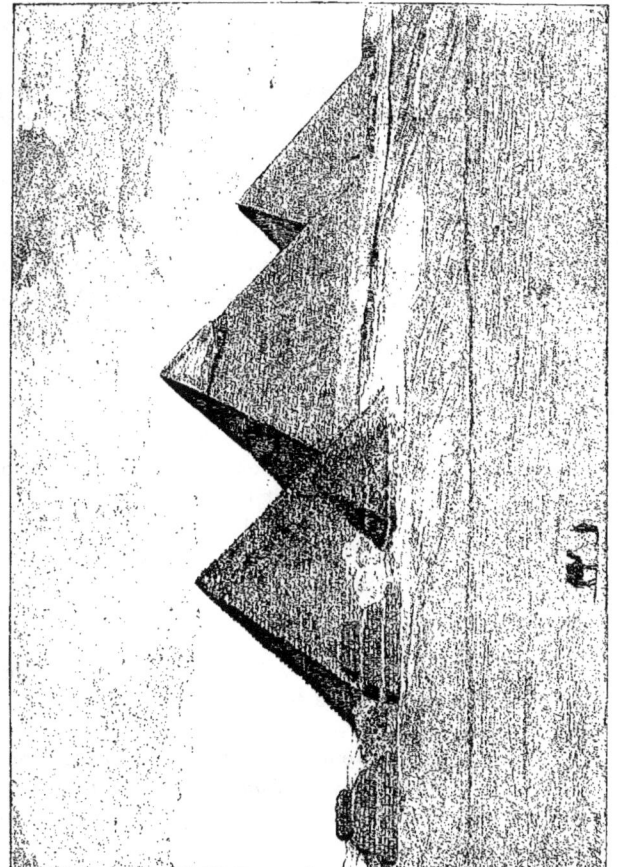

Le Caire. — Les Pyramides de Gisch et de Chéops.

Je passe la soirée chez un magistrat démissionnaire lors des décrets expulsant les Congrégations. Il a trouvé ici une situation largement compensatrice ; il est chargé de tout le contentieux des biens du Khédive, depuis longtemps sous séquestre et administrés comme gages au profit de M. de Rothschild par trois administrateurs : un Français, un Anglais et un Egyptien.

Il a fondé au Caire une Conférence de Saint-Vincent de Paul, comptant une soixantaine de membres des diverses communions catholiques : Latins, Grecs, Cophtes, Arméniens et Syriens.

Il me met au courant des institutions judiciaires. De nouveaux tribunaux inférieurs ont été établis pour les indigènes, et on projette d'autres réformes pour les tribunaux supérieurs et la Cour d'appel. Celle-ci est composée de membres pris dans les diverses nations européennes. Le code égyptien n'est que le code Napoléon, légèrement modifié, moins le statut personnel, et les successions qui sont réglés par les lois musulmanes. Le code de procédure civile et criminelle est une copie de nos codes français avec quelques améliorations.

La situation allait s'améliorant après le départ d'Ismaïl, renommé pour ses prodigalités. Le contrôle exercé conjointement par la France et l'Angleterre avait produit des économies et l'équilibre dans les finances. Les impôts étaient plus équitablement répartis et moins cruellement perçus. Peu à peu, l'usage de battre le fellah sous la plante des pieds pour le forcer à sortir l'argent caché allait en disparaissant. Un commencement de représentation initiait déjà les notables aux affaires publiques.

Tout cela a sombré dans la révolution qui a amené l'intervention étrangère. Qu'en résultera-t-il pour l'avenir ? *That is the question ?*

Il est minuit lorsque je rentre à l'hôtel. Dans la rue, une nuée d'*asinari* court après moi criant : *Bon boudi Monsieur fantasia*, cherchant à s'emparer de l'étranger pour le conduire je ne sais où. J'ai de la peine à m'en débarrasser.

Chapitre Vingt-Deuxième.

Les environs du Caire. — La caravane de la Mecque. — Le fils du grand Cheick. — Le marché. — Un convoi funèbre. — Le choléra. — Mustapha et son âne. — La gare de Boulaq. — Rencontre d'un Américain. — Les pyramides de Giseh et de Chéops. — Leur ascension. — Les Arabes et la prière. — Le sphinx et les caveaux. — Les steamers du Nil. — Les chiens et les ibis. — Les ruines de Memphis. — La statue de Rhamsès II. — Les briques égyptiennes. — Les pyramides de Dakour. — Le village et la pyramide de Sakkaraq. — Rien de nouveau sous le soleil. — La maison de Mariette Bey. — Le Sérapéum. — Les sarcophages des dieux Apis. — Visite de l'impératrice Eugénie. — Eclairage au feu de Bengale. — Le tombeau de Ti. — L'homme toujours et partout le même. — Nous traversons le Nil. — Les eaux sulfureuses d'Eloan. — Le bain du Khédive.

LE 24 mars, à sept heures du matin, le maître d'hôtel me confie à un ânier qui doit parler le français. Moustapha est son nom. Il prend un grand panier de provisions, car nous avons une longue excursion jusqu'aux pyramides de Sakkaraq et au Sérapéum.

Je monte sur le baudet et nous voilà partis. Bientôt, je m'aperçois que mon guide ne sait guère de français que *oui*, *non* et *yes*, à *droite*, à *gauche*; mais il prend souvent l'un pour l'autre. Heureusement, j'ai retenu quelques mots d'arabe, et, le langage des doigts aidant, nous finissons toujours par nous comprendre. Nous suivons le quartier d'Ismaïlieh où depuis longtemps déjà les fils du téléphone s'entrecroisent. Nous laissons à droite et à gauche les nombreux palais des khédives, des pachas et des beys et arrivons sur les bords du Nil que parcourent de grosses barques à voile. C'est là qu'il y a huit ans, j'avais rencontré la caravane des croyants se rendant à la Mecque.

Elle campait dans un bas-fonds sous de nombreuses tentes. Dans une d'elles, assez grande pour figurer une mosquée couverte d'inscriptions du Coran, une quarantaine d'Arabes se tenaient par la main et se balançaient en avant, en arrière, répondant à une espèce de litanie qu'entonnait le muphty. Lorsque leur corps et leurs poumons étaient épuisés, ils étaient remplacés par une autre bande qui se reposait à terre, et continuaient ce tintamarre toute la nuit. Je fus admis dans la tente du fils du grand cheick qui commande à la Mecque. C'était un bel homme de quarante ans, à l'œil vif, à la l'œil vif, à la parole aimable. Il nous offrit le café et nous engagea à rester jusqu'à l'arrivée de son père, qui devait passer à cheval sur le corps des pèlerins étendus à terre. Dans cette cérémonie, si quelqu'un meurt sous les pieds de l'animal, il est censé aller au ciel; s'il n'est que blessé, il doit revenir l'année suivante. Cet usage absurde et cruel a été, depuis, aboli.

Autour du camp, une quantité d'acrobates, de charmeurs de serpents, avaleurs de verre et d'étoupe allumées, exécutaient leurs prouesses devant de nombreux badauds.

Nous traversons le grand pont du Nil, à côté des casernes; laissons la longue avenue ombragée qui conduit aux pyramides de Giseh, passons près de l'embouchure du grand canal d'Ismaïlieh et nous nous dirigeons vers la gare de Boulaq pour prendre le train de la Haute-Egypte.

Au delà du pont, au marché très animé, je remarque tous les fruits et légumes d'Europe et d'Egypte, avec les innombrables confitures et conserves dont les Orientaux sont si friands. De longues files de chameaux charrient l'herbe fraîche; des femmes portent leurs produits sur la tête dans des paniers ou couffes; plusieurs les ont pleines de fiente desséchée, combustible du pays. Les charrettes, les ânes s'entrecroisent, se choquent; il faut s'égosiller à crier *oa, oa*, pour éviter de renverser quelqu'un. Parfois la confusion se complique de quelque enterrement; une procession d'hommes précède la bière couverte d'un linceul. Elle repose sur l'épaule de six porteurs; le convoi chante une espèce de litanie ou chant funèbre, triste et monotone. Les pauvres gens! comment font-ils, lorsque le choléra règne, pour porter ainsi à la dernière demeure 4 ou 500 personnes!

Enfin, nous arrivons à la gare. Mon Mustapha s'adresse à un contrôleur, armé jusqu'à la ceinture de son encrier et de sa plume

Égypte. — Tombeaux des Mameloucks.

de bois ; puis il pousse l'âne dans un wagon. Il me fait comprendre qu'il va chercher mon billet et me demande si je veux *premier étage ou deuxième étage ;* il voulait dire 1re ou 2e classe. Heureusement dans le wagon je me trouve en compagnie d'un vieil Américain. Il est propriétaire, à San Francisco, du *Cliff house*, sur les bords de l'Océan, au delà du parc. 25,000 personnes s'y rendent tous les dimanches en pique-nique et s'amusent à regarder les nombreux phoques qui se reposent sur les rochers. Il est accompagné de sa nièce et d'un Français, avec lequel ils ont fait l'excursion de la Haute-Egypte jusqu'à la première cataracte, et ont un cicerone français. Ils font la même excursion que moi ; j'aurai donc agréable compagnie.

Le train suit la voie sur une chaussée élevée de trois mètres, comme tous les chemins dans ce pays. Cette précaution est indispensable pour pouvoir circuler durant les mois où le terrain est inondé.

Nous arrivons bientôt non loin des pyramides de Giseh. Elles sont au nombre de trois. Celle de Giseh et celle de Cheops sont à peu près de même grandeur et hauteur. La troisième est beaucoup plus petite.

Celle de Cheops a encore toute sa pointe garnie de son dernier revêtement lisse ; l'autre a été décimée, et au sommet on se repose sur un petit plateau de quelques mètres carrés. La dernière paroi lisse a été enlevée, et on voit maintenant les divers rangs de pierre qui ont servi à les construire. Ils ont de 80 à 90 centimètres d'épaisseur et forment comme autant de gradins, par lesquels on grimpe jusqu'au sommet. Chacune des deux grandes pyramides a 200 mètres de côté au pied, et recouvre ainsi 40,000 mètres ou 4 hectares. La hauteur est de 142 mètres, mais, vu la largeur de la base, elles paraissent bien moins hautes. Un village arabe, au pied de ces pyramides, vit de l'argent que leur laissent de nombreux étrangers qui les visitent.

Chaque voyageur qui se décide à monter au sommet reçoit quatre guides ; deux le tirent en haut par les mains, les deux autres le poussent par derrière. Ce secours n'est pas de trop, car les jambes, peu habituées aux degrés de 90 centimètres, sont bientôt fatiguées.

Lorsque je gravis la pyramide de Giseh, à mon premier voyage en Egypte, nous partîmes à dix-huit, et nous n'arrivâmes que six sur le sommet ; les autres avaient perdu courage. L'ascension nous avait pris une bonne demi-heure.

Au sommet, un Arabe nous propose de redescendre et de gravir la pyramide en face, presque aussi haute, dans l'espace de dix minutes, moyennant un bacchich de un franc par personne, s'il arrive à temps. Montre en mains, il arriva en huit minutes et demie, et gagna son bacchich.

Les dames qui font l'ascension prennent un tabouret qui coupe en deux la hauteur des marches. J'avais apporté encre, plume, papier ; et de là-haut nous adressâmes tous une lettre à nos familles.

Egypte. — Un campement.

Du sommet, on jouit d'un panorama ravissant : d'un côté, le Nil et la bande verdoyante de terrain qu'il féconde, et de l'autre le désert, semblable à un immense océan à vagues de sable. Nous ne pouvions oublier qu'au pied de ces montagnes de pierre furent enterrés des soldats français ; ils succombèrent dans la bataille des Pyramides, où la cavalerie des Mameluks vint se briser contre le carré de baïonnettes. Bonaparte les harangua et les encourage par cette apostrophe poétique : Soldats, du haut de ces pyramides, quarante siècles vous contemplent ! — Pour nous, nous récitâmes une prière pour le repos de l'âme de ceux qui avaient péri, et les Arabes, nous voyant à genoux, s'y mirent aussi. La prière finie, ils réclamèrent une prière pour les Arabes. Ces enfants du désert ont l'esprit religieux très développé, et respectent toujours l'homme qui prie. Près de ces pyramides, j'avais visité le sphynx colossal taillé dans le roc, et j'avais pénétré dans les caveaux à côté.

Je ne veux pas laisser sans le raconter ici le stratagème par lequel les Arabes cherchèrent à m'exploiter. Sous prétexte de me faciliter la descente de la pyramide, ils passèrent à travers ma taille une longue ceinture par laquelle ils me retenaient, lorsque je sautais les marches, en sorte que je restais souvent suspendu à leurs bras. Mais, ce qu'ils cherchaient avant tout, c'était de me faire perdre du temps pour que, mes compagnons arrivés au bas s'éloignâssent et que, resté seul au milieu d'eux, ils pussent me rançonner à leur aise. La chose était d'autant plus à craindre que j'avais à ce moment assez d'argent sur moi. Ils ne cessaient de me répéter *Mosieu, grand bacchich* à nous. Je ne trouvai rien de mieux, pour me tirer de ce mauvais pas, que de tout leur promettre. Au pied de la Pyramide, ils me tenaient par les bras. Je demandais qu'on me laissât libre pour que je puisse les récompenser, et, pendant que je faisais semblant de chercher mon porte-monnaie je pris la fuite à toutes jambes vers mes compagnons assez éloignés. Mes quatre Arabes, un moment ébahis, finirent par chercher à me rejoindre, mais c'était trop tard : j'étais en sûreté !

Pendant que je rappelle ces souvenirs, la locomotive fuit et nous emporte. Nous laissons à droite les pyramides de Giseh, et à gauche les minarets du Caire disparaissent bientôt à l'horizon. La campagne est semée de blé, de pastèques, de maïs, de *ful*, espèce de pois chiche qui sert de nourriture aux chameaux. Toujours mêmes villages de terres, même fellahs tenant la charrue ou arrosant au trébuchet, ou au *noria*, ou à la couffe. Aux gares, de nombreux vendeurs et vendeuses d'eau vous présentent la gargouillette ou une outre.

Le long du Nil, nous voyons déjà quelques plantations de cannes à sucre, et plusieurs raffineries. Quelques bœufs s'effrayent au passage du train. Un chameau en se garant au bord du talus glisse et se renverse, entraînant les autres auxquels il est attaché. Enfin, après une heure, nous descendons au village de Bédrascine.

Le train continue jusqu'à Assiou où il arrivera vers le soir. De là, un steamer part deux fois la semaine et en quatre jours remonte le Nil, jusqu'à la première cataracte. Le voyageur visite dans l'excursion les ruines de Thèbes, Luxor et autres lieux intéressants. Le

Le Caire. — Aniers.

crocodile a disparu de ce parcours, effrayé par le mouvement et le bruit de l'hélice. A Bédrascine, j'aperçois de nombreux chiens se disputant la charogne d'un chameau. Les chiens, en Orient, sont des animaux publics ; avec les milans, les vautours et ici les ibis, ils sont chargés du nettoyage de la voirie et se nourrissent des résidus. Ces chiens généralement ont leur quartier d'où ils éloignent impitoyablement les chiens des autres quartiers.

Nous reprenons nos baudets et nous marchons à droite vers les ruines de Memphis.

Un superbe bosquet de dattiers couvre maintenant la place où s'élevait jadis cette grande ville. Elle fut fondée par Ménès Ier, roi d'Egypte, et avait 26 kilomètres de pourtour.

On ne retrouve que peu de ruines, des monceaux de poteries, des débris de statues, quelques inscriptions et la statue en pierre de Rhamsès II, renversée sur sa face. Cette statue colossale a plus de 10 mètres de haut. C'est là qu'on a retrouvé le poignet d'une autre statue qui devait avoir 20 mètres de haut. Il se trouve aujourd'hui au musée de Londres.

Nos ânes courent à qui mieux mieux, cherchant à se dépasser ; lorsqu'un se prend à brayer, les autres répondent, lançant dans le désert un long écho par trop musical. Par-ci par-là des usines à briques, que, encore aujourd'hui, l'Egyptien fait avec de la terre et de la paille, comme au temps des Hébreux.

Le long de la route les enfants qui se baignent en costume du père Adam sortent des mares pour nous demander *bacchich*, et les Arabes nous offrent des mains de momies, des morceaux de sculpture, des amulettes, des poteries et autres antiquités égyptiennes.

Nous laissons à gauche les quatre pyramides de Dachour, dont deux sont en pierres et les deux autres en briques, comme celles du Mexique. Elles n'ont pu résister à l'action du temps et sont aujourd'hui des amoncellements de terre.

Arrivés au village de *Sakkaraq*, à mon grand étonnement, je vois des enfants armés de bâtons en palmiers, noueux et recourbés au bout, frappant sur la petite boule de bois, jouant exactement le même jeu de *cuenca* que j'avais vu en Araucanie. Il n'y a que le nom de changé : ici on l'appelle *hidro*. Il n'y a donc rien de nouveau sous le soleil ; mais ces trouvailles, unies à bien d'autres, prouvent que dans les vieux temps il y a certainement eu communication entre ces peuples et les peuples lointains de l'Amérique.

Enfin, nous arrivons à la pyramide de Sakkaraq. Elle est en pierre, moitié plus petite que la grande pyramide de Giseh, et va en diminuant par étages au lieu d'incliner par une seule ligne. Elle tombe elle aussi en ruines et déjà on ne peut sans danger pénétrer dans l'intérieur.

Un peu plus loin nous trouvons la maison qu'avait fait construire M. Mariette, lorsqu'il surveillait les fouilles du *Sérapéum*. Elle est en briques de terre et paille, couverte en terrasse, et sera notre abri pour le déjeuner. Après un grand *salamalec* aux Arabes qui la gardent, nous y déposons nos provisions, puis, armés de bougies et de feux de bengale, nous marchons un peu de temps dans le sable du désert et descendons dans un creux pour passer sous la porte que nous ouvre un Arabe. Nous sommes dans le *Sérapéum*, sépulture des Apis ou bœufs sacrés. Il fut découvert par Mariette bey, directeur du musée, en 1850, et déblayé avec beaucoup de peine. Le sable qu'accumule le vent le couvre maintenant tout entier.

Le *Sérapéum* était un des plus beaux temples de Memphis. Une longue avenue de 200 mètres était flanquée de sphinx dont on retrouva encore 141. Les derniers étaient à 20 mètres sous le sable. Au bout de l'avenue, on trouva un hémicycle orné de statues de Pindare, Lycurgue, Solon, Euripide, Protagoras, Platon, Echyle, Homère, Aristote, avec leurs attributs. Enfin, les fouilles conduisirent à l'entrée des vastes hypogées ou tombes des Apis. Toutes ces ruines sont maintenant recouvertes de nouveau par le sable. Une partie des hypogées menace ruine, et on a dû les fermer. La partie qu'on visite consiste en une grande galerie de 195 mètres de long, taillée dans un roc tendre, espèce d'argile pétrifiée et dont les couches épaisses de 50 à 60 centimètres sont séparées par un cordon de calcaire cristallisé. A droite et à gauche de ces couloirs ou galeries s'ouvrent 24 grandes voûtes ou grottes, contenant chacune un immense sarcophage en granit poli. Ces sarcophages, d'un seul bloc, ont à l'intérieur environ 2 mètres de large sur 4 de long et 1^{m}50 de haut, l'épaisseur des parois est de 90 centimètres.

Le couvercle, d'une seule pièce, est épais d'environ 1 mètre. Quelques-uns de ces sarcophages sont remplis de hiéroglyphes qui ont servi à contrôler et à compléter la chronologie de Manethon ; d'autres ne sont gravés qu'en partie, et la plupart sont tout à fait lisses. On a retrouvé peu d'Apis. Le plus grand nombre de cercueils avaient été ouverts et profanés. Au fond de chaque grotte ou galerie latérale, on voit une autre excavation qu'on suppose destinée à recevoir la momie du *gromm* qui soignait l'Apis.

On a calculé que ces sarcophages pèsent chacun 800,000 kilogrammes. M. Mariette a essayé d'en transporter un au musée ; il a bien pu le sortir de la grotte, mais non pas de la galerie. Ils étaient donc bien ingénieux déjà, les hommes d'alors, pour transporter à de grandes distances des poids si énormes !

Dans un de ces sarcophages, on me montre une table qui servait à M. Mariette pour son déjeuner. L'impératrice Eugénie, lorsqu'elle vint, en 1869, assister à l'inauguration du canal de Suez, visita le monument et but le champagne dans ce sarcophage ; elle ne se doutait pas alors qu'elle resterait seule après avoir vu l'enterrement de tous les siens ! On voit encore dans la galerie les supports des torches pour l'illumination qui eut lieu à cette occasion.

Sur certains points on distingue encore le plâtre qui recouvrait la voûte et les parois. Sur celles-ci étaient 12,000 *stelles* où les pèlerins inscrivaient leur nom et leurs vœux. Les visiteurs en ont souvent enlevé, car il n'y a pas longtemps qu'on a placé une porte à l'entrée. Toutes celles dont les inscriptions étaient entières ont été portées au Louvre à Paris. On voit aussi de petites niches qui servaient à poser les lampes. Avant de partir, notre guide parcourt les galeries, un feu de bengale à la main, ce qui est d'un effet ravissant.

Le déblaiement du *sérapéum* a donné lieu à la découverte de 7,000 monuments qu'on voit aujourd'hui au Louvre à Paris, et à Boulac au Caire.

En sortant du Sérapéum, nous allons à une petite distance visiter le tombeau de *Ti*. Ici, comme à Giseh, nous sommes dans une nécropole ; les grands y avaient leur tombeau. *Ti*, qui, d'après l'inscription est appelé « l'un des familliers du Roi, chef des portes du palais, chef des écritures royales, commandant des prophètes », vivait à Memphis sous la VI⁰ dynastie. Sa femme Nefer-Hotep est appelée « palme ou délice d'amour pour son époux le semer Ti ».

Le tombeau, maintenant au-dessous du sable, se compose de plusieurs pièces sur les parois desquelles on voit de très belles sculptures rappelant les mœurs des Egyptiens. La plupart retracent la vie et les occupations de *Ti* dès son vivant. Il préside aux travaux de la ferme, conduit des parties de pêche ou de chasse ; d'autres sont relatives aux dons funéraires offerts plusieurs fois dans l'année

Égypte. — Le Caire. — Muphty lisant le Coran.

après sa mort. Ce qui frappe aussitôt, c'est la ressemblance des personnages avec le type de la population actuelle ; le costume est presque le même. Plusieurs portent les dons dans des *couffes*, comme de nos jours. Les instruments agricoles, les vases de terre sont déjà ceux d'aujourd'hui. Les barques à voile qui sillonnent le Nil sont en tout semblables à celles qu'on y voit encore ; les charpentiers qui les font emploient la scie, le ciseau, la hachette dans les formes actuelles ; mais on voit la lame en fer ou en pierre liée fortement au manche de bois comme les instruments primitifs, encore en usage chez les Indiens du centre de l'Amérique du Sud.

L'homme du temps de *Ti* était donc bien encore l'homme d'aujourd'hui ; et l'homme d'Egypte, celui des autres parties du globe !

Nous quittons à regret ces merveilles, pour consommer dans la maison de M. Mariette nos provisions, et renouveler nos forces.

Après le déjeuner, nous enfourchons nos bourriquets, et, sous un soleil de feu, nous galopons vers le Nil. Il faut le traverser pour rejoindre à Eloan le chemin de fer de la rive gauche. Il roule une belle eau blanche dans son lit large d'un kilomètre. Chaque ânier prend sa monture dans les bras et la hisse sur la barque ; cavaliers et montures nous passons sur la même nacelle à l'autre bord.

Il y a une lieue du fleuve à Eloan ; et à travers les sables, probablement par l'effet du mirage, on dirait que la distance n'est que d'un kilomètre. Nous trottons sur nos ânes et arrivons à la station avant l'heure du départ.

J'en profite pour visiter les bains thermaux. Je traverse la petite ville composée de villas destinées aux baigneurs ; on les loue de 100 à 400 francs pour la saison, qui est de deux mois. Presque pas de verdure, et un soleil brûlant ; rien que du sable de tout côté. La source est sulfureuse et chaude à 34°, mais l'eau dans les baignoires n'atteint que 30° centigrades et on la chauffe pour la faire monter à 37°. Dans l'établissement, un compartiment est réservé au Khédive. Il a son antichambre et son salon garnis de riches tapis et de damas de Lyon. Son bain renferme deux baignoires, deux cabinets de toilette et un appareil de douches. Les murs, selon l'usage oriental, sont recouverts de petites briques à desseins bariolés.

En revenant, je vois des groupes d'Arabes jouant à terre à une espèce de *marèle*, avec pierres blanches et rouges, à peu près comme je l'avais vu dans l'Hindoustan.

Chapitre Vingt-Troisième.

D'Elon au Caire. — Les carrières. — Les tombeaux. — La citadelle. — La mosquée de Mohamed-Ali. — Le puits de Joseph. — Le coucher du soleil. — Le chant du Muzzeïn. — Un enfant cicerone. — Les cimetières. — Les tombes des Califes. — La mosquée de Kaït-Bey. — Souvenir religieux. — Le général Kléber. — Retour à Alexandrie. — Le palais de Mex. — Départ pour l'Europe. — Navigation. — Le détroit de Messine. — Arrivée à Naples. — La quarantaine. — Le lazaret de Nisida. — La mission japonaise. — Les facchini. — Un salut à Rome. — Arrivée à Nice.

ENFIN le train part et la locomotive nous entraîne à travers le désert. A droite, nous avons des collines renfermant de belles carrières de pierre tendre ; c'est de là que sont sortis les blocs innombrables qui ont formé les pyramides, et les nombreuses villes anciennes et modernes de la vallée du Nil. A gauche, au loin, coule le fleuve. Par-ci, par-là, sur ses bords, quelques manufactures, et entre autres une fabrique de poudre qui n'a jamais fonctionné. Le terrain est parsemé de tombeaux musulmans, formés d'une pierre portant à chaque bout une pointe élevée.

Nous voyons au loin, sur un mamelon, une vingtaine de moulins à vent ; passons près des tombeaux du khédive et de sa famille, formant une douzaine de petits monuments à coupole ; jetons un coup d'œil sur ceux des mamelucks et descendons au Caire près de la citadelle.

Je monte en voiture et m'y fais conduire afin de la voir pour la seconde fois. Des soldats anglais en gardent l'entrée et occupent la plupart des bâtiments. Je visite encore la mosquée de Mohamed-

Ali. On ne me fait plus déchausser, mais on passe simplement sur mes souliers de légères pantoufles.

Ce monument élevé par Mohamed-Ali est grandiose. La cour a une belle galerie en albâtre et l'intérieur est aussi rempli de colonnes de marbre jaunâtre et transparent. La vaste coupole repose sur quatre piliers dans le genre des grandes mosquées de Constantinople ; de grands lustres pendent de toute part. Un beau tapis de Smyrne couvre le pavé. Dans un coin est le tombeau de Mohamed-Ali. Au dehors, les deux minarets sont très minces et fort élevés.

Je revois le puits de Joseph taillé dans le roc à la profondeur de 88 mètres. Un noria placé à l'intérieur monte l'eau à mi-hauteur et un noria extérieur l'y reprend et la monte au dehors, d'où elle est distribuée dans les divers édifices. Un plan incliné, tournant en spirale autour du puits, permet aux bœufs de descendre jusqu'au bas pour tourner le noria.

Je reviens sur l'esplanade d'où la vue s'étend sur la ville hérissée de minarets, et sur la vallée du Nil jusqu'aux Pyramides et au désert. C'est un des panoramas les plus curieux qu'on puisse voir. Près de là est l'endroit appelé le Saut-du-Mameluck. On sait que Mohamed-Ali voulant se débarrasser d'eux, les attira dans la citadelle et les fit tous massacrer. On dit qu'un seul s'échappa en sautant avec son cheval de plus de quinze mètres de hauteur.

Le soleil baisse, il ne dore plus de ses derniers rayons que le sommet des Pyramides, et des nombreux minarets.

Le muphty répète aux quatre points cardinaux son chant :

Dieu est grand. Il n'y a d'autre Dieu que Dieu. Venez à la prière, venez à l'œuvre salutaire. Dieu est grand. Il n'y a de Dieu que Dieu. Prière et salut à vous, vous qui par la beauté et l'élégance vous a fait Dieu perfectionner. O Notre Seigneur prophète de Dieu, prière et salut à vous, vous qui sur les infidèles vous a donné Dieu la victoire. O mon Seigneur prophète de Dieu. Prière et salut à vous, ô père des prophètes, le bien-aimé de Dieu (allusion à Abraham). Salut et prière à vous, ô principe des créatures de Dieu et la fin des prophètes de Dieu ; prière et salut soit à vous, ô prophète, à vous et à votre

Allah Akbar (bis).
Laylah illa allah (bis).
Haya ala ilsalah (bis). *Haya ala ilfalah* (bis).
Allah Akbar (bis). *Laylah illa allah. Ilsalat oulsalam alek alek yaman bilhoussin ouljamal kamalak allah seyedi iarassoul allah! Ilsalat oulsalam alek alek yaman ala ilkafirin nassarak allah sridi yarassoul allah! Ilsalat oulsalam alek ya abou ilanbia yakalil allah ilsalat oulsalem alek ya aoual halk illah ouakatemat roussel illah ilsalat oulsalam alek ayouha ilnabi. Alek ouala ablouka ouashabica ajmamin. Allahouma salli ouassallem onbarek ala seid ilmoursalin seidna Mouhamed ala al seidna*

Naples. — Le Vésuve.

Mouhamad yarabbi ouassalem ouabarek. Alla- famille et à vos amis tous. O Dieu, priez
houma an coul ilsababat Ajmabin. et saluez et bénissez le Seigneur des envoyés
Liamouat ilmouslimin ilfatbba. Notre Seigneur Mohamed, et les parents de
Notre Seigneur Mohamed. O mon Dieu ! saluez
et bénissez, ô mon Dieu, tous les compagnons
(du prophète), tous ensemble. (Récitez) pour
les âmes des morts musulmans la préface
(c'est-à-dire la prière mise à la préface du
Coran).

Je dis au cocher de se rendre à la tombe des Califes. Il comprend à peine le français, mais un petit Arabe, qui fréquentait l'école des Frères, monte sur le siège ; il sera mon cicerone. Nous redescendons en ville et suivons les vieux quartiers où grouillent d'innombrables enfants en guenilles à côté des cafés où l'Arabe aspire gravement son narghileh. Nous passons les portes et suivons le long des murs la route qui traverse les cimetières musulmans. Après bien des tours et des détours, nous arrivons à la mosquée de Kaït-Bey, le plus beau des nombreux monuments de ce quartier.

Elle est entourée de sales petites maisons habitées par des gens encore plus sales. On me passe les pantoufles habituelles et nous pénétrons dans l'intérieur. Je vois partout les marbres les plus riches. Galeries, sanctuaire et tombeaux, tout est d'un bel effet. Je remarque dans la salle du tombeau un morceau de rocher sur lequel est l'empreinte d'un pied humain. Si c'est celui de Mahomet, comme on l'assure, il avait des pieds de géant ; on croit que ce rocher a été apporté de la Mecque. A l'extérieur, la coupole et le minaret sont d'un effet ravissant.

Nous revenons sur nos pas et traversons une seconde fois la ville des morts. A un angle du chemin la voiture s'arrête ; mon petit cicerone descend et, à genoux près d'une tombe, la tête appuyée contre la pierre, fait sa prière, accompagnée de gémissements et de larmes. Lorsqu'il revient : Qu'est-ce que cette tombe ? lui dis-je. — C'est, répond-il, le tombeau de ma famille : mon père y a été enterré cet été, enlevé par le choléra. — C'est bien, mon enfant, prie toujours pour ton père.

Arrivés à la porte de la ville, nous la trouvons fermée, mais le cocher crie : *Ibrahim, efla, europée*, Ibrahim, ouvre, ce sont des Européens. La porte s'ouvre, et c'est à la lumière des nombreux becs de gaz, par le boulevard Mehemet-Ali, que je rentre à l'hôtel.

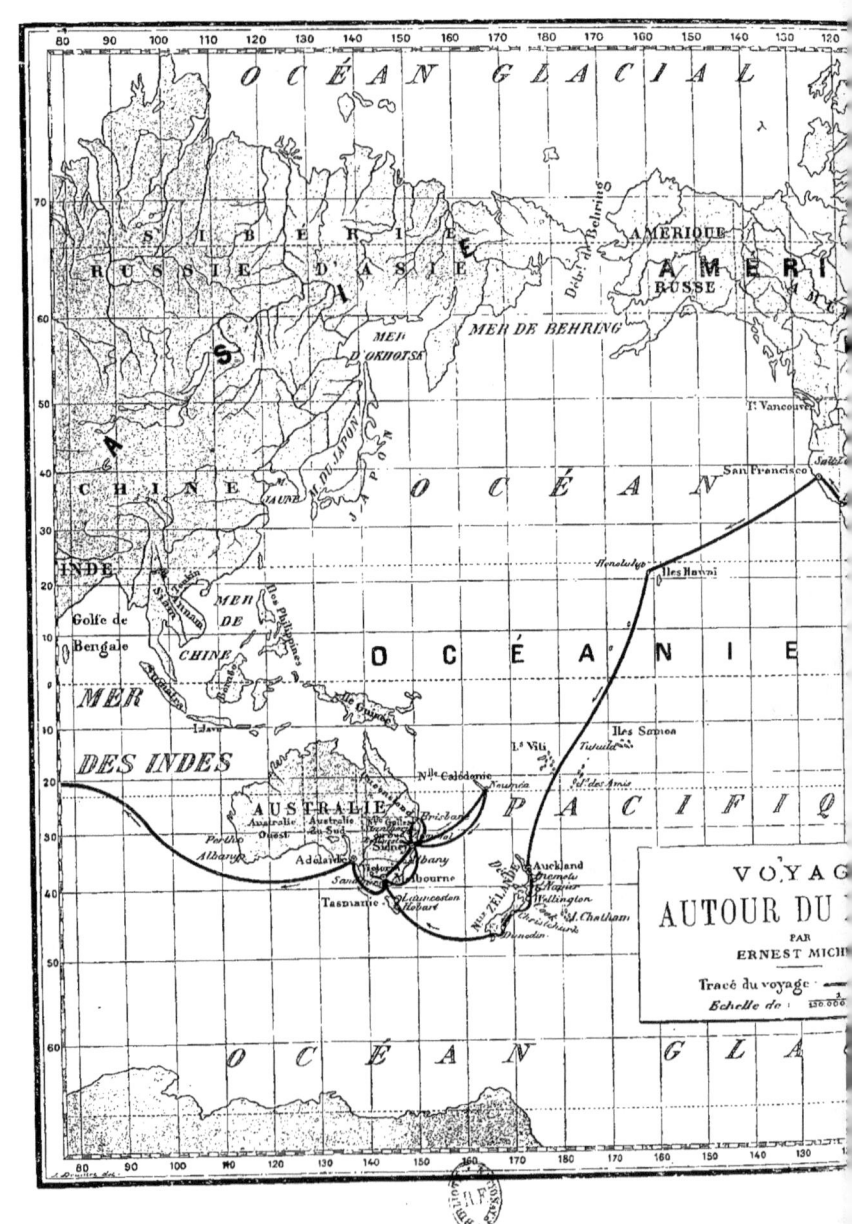

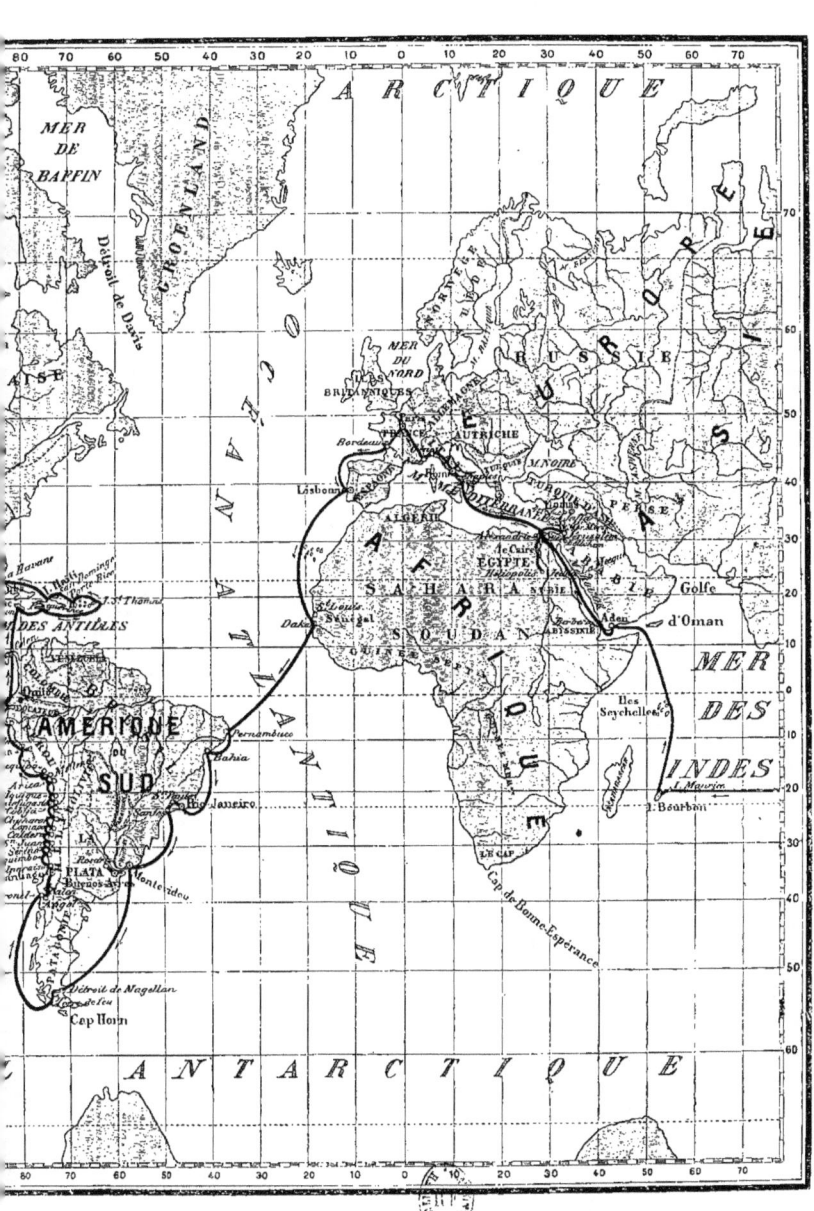

A ma première visite, j'avais admiré dans le musée de Boulaq les nombreux monuments réunis par notre compatriote Mariette bey. J'avais parcouru le vieux Caire et visité l'emplacement qu'on croit avoir été occupé par la maison de la sainte Famille durant son long séjour en Egypte. Aux environs du Caire, j'avais vu aussi le sycomore gigantesque, descendant de celui qui, suivant la tradition, se serait courbé à l'arrivée de l'Enfant de Marie, pour saluer son Créateur. J'avais vu l'emplacement d'Heliopolis, où, le 30 janvier 1800, Kléber refusant d'accepter les conditions d'une paix humiliante, avec 12,000 hommes livra bataille à 80,000 Turcs et les dispersa. J'avais aussi visité les diverses mosquées et institutions de bienfaisance ou d'enseignement. Le temps me manque aujourd'hui pour revoir encore une fois toutes ces choses, et après le dîner je me rends à la gare pour passer la nuit en wagon.

Le matin, je m'éveille à Alexandrie ; c'est le jour de l'Annonciation ; j'entends la messe à Sainte-Catherine et visite à l'église cophte le tombeau de l'évangéliste saint Marc, dont le corps a été transporté à Venise. Je fais encore quelques visites, et à neuf heures je suis sur le navire pour le départ.

En sortant du port, nous voyons à gauche le superbe palais de Mex, construit par Saïd-Pacha et maintenant abandonné. Ces princes de l'Orient ont leurs caprices. Si le caprice du successeur n'est pas celui du prédécesseur, il laisse facilement tomber en ruines ce qui a été fait avant lui. Le défaut passe du gouvernant aux pachas et aux beys, qui accumulent les dépenses, insouciants de payer cinq fois la valeur de ce qu'ils désirent, pourvu qu'ils l'aient tout de suite et qu'on ne leur demande l'argent que plus tard.

26 mars. — Nous longeons l'île de Candie, dont les montagnes, dominées par le dôme de l'Olympe, présentent les cimes blanchies de neige.

27 mars. — A la hauteur du cap Matapan, par le travers de l'embouchure de l'Adriatique, un affreux roulis nous secoue durant vingt-quatre heures, d'autant plus horriblement que le navire est presque vide.

28 mars. — Si nous avons peu de marchandises, le navire porte beaucoup d'être vivants ; des poules de Syrie et 80,000 cailles d'Egypte, avec d'innombrables caisses de tomates qui vont à Paris et à Londres.

Dès le matin nous apercevons le cap Spartivento et l'Etna, qui dresse jusqu'aux nues son cône fumant quoique couvert de neige. Dans l'après-midi nous passons le détroit et suivons avec la longue-vue les trains qui courent sur le rivage de la Calabre et de la Sicile. Ici Messine et ses hautes maisons, en face Reggio et de nombreux villages suspendus aux flancs des montagnes égayent la vue des passagers. Plus loin, Volcan et autres petites îles, puis Stromboli toujours fumant. La nuit seule nous enlève la vue de ces gracieuses scènes.

29 mars. — Le matin, à cinq heures, on nous réveille à Naples. C'est avec surprise que j'apprends là l'obligation des cinq jours de quarantaine.

Le navire me dépose, avec deux autres passagers, à l'île de Nisida, à 12 milles de Naples. Une famille anglaise, plutôt que de rester sur ce rocher, se décide d'aller à Londres pour revenir librement sur un autre navire. Du lazaret la vue est ravissante : d'un côté le cap Pausilippe couronné de pins parasols et couvert de vignes et d'oliviers; de l'autre, le vieux Pazzuoli, le Monte Nuovo et la Sulfatara. En face Capri, Procida et le Vésuve. Plus loin, Baïa avec ses monuments, ses grottes et ses antiques souvenirs, et à côté l'île d'Ischia qui, par les ruines de son tremblement de terre, a tant fait parler d'elle.

La scène change au dedans : la chambre est froide et nue, les rares meubles sont sales, les portes et les murs couverts d'inscriptions ordurières ; la nourriture grossière. On a un petit couloir au bord de la mer pour se promener et la vue de 1,100 galériens dans le bagne attenant pour se consoler.

Ces lazarets, remontant généralement au temps de la peste, sont vieux et ne répondent plus aux besoins de nos jours. Puisqu'on séquestre les passagers sous prétexte qu'ils viennent de pays infectés, il faudrait éviter de les rendre malades en les plaçant dans un séjour désagréable et sans confort. Le service est à l'unisson ; les domestique mal vêtus pensent faire vite lorsqu'ils vous apportent un objet une heure après qu'on l'a demandé ; et pourtant en 1re classe, on paie 13 fr. par jour : le prix des bons hôtels.

On me dit qu'à ce lazaret séjournèrent naguère les vingt japonais composant la mission militaire qui vint visiter l'Italie, la France, l'Autriche et l'Allemagne, pour étudier l'organisation de leurs armées. On sait quel profit ils ont retiré de leur voyage : leur récente guerre avec la Chine en est une preuve palpable.

Une famille anglaise, qui revient des Indes, se trouve prisonnière avec moi.

J'utilise mon temps à mettre en ordre mon journal de voyage. Vers le soir on vient m'annoncer qu'une dépêche ministérielle a supprimé toute quarantaine pour les provenances d'Egypte, et que nous sommes rendus à la liberté. Je referme ma malle et passe en nacelle sur la plage. Une curée de *facchini* se disputent mes paquets pour les porter à la douane, et s'épuisent en réclamations de pourboires ; c'est une réminiscence de l'ancienne *camorra*.

Une voiture me conduit à travers la campagne, où les arbres

Egypte. — Un café arabe.

bourgeonnent. A la petite ville de Fuori-Grotta, nous entrons dans le tunnel de Pausilippe, au-dessus duquel j'avais vu jadis le tombeau de Virgile. Nous longeons l'ancienne *Ghiaja*, aujourd'hui passeggio municipale, et à travers les rues étroites bordées de maisons à six étages, j'arrive heureusement à l'hôtel.

Je me repose deux jours à Naples, jouissant du spectacle toujours vieux et toujours nouveau de cette population mouvante et bizarre, et j'arrive à Rome pour voir des amis, leur parler, les entendre, et jouir encore une fois des émotions que donne la ville éternelle.

Ma première visite fut pour Léon XIII, qui m'accueillit avec

avec bonté, m'encouragea et me donna sa bénédiction, avec l'effusion de son cœur paternel.

Le 3 avril, je rentre à Nice pour une noce de famille, bénissant Dieu d'avoir conservé les miens et de m'avoir préservé de tout danger, de toute maladie, durant les onze mois de mon voyage!

Daigne ce Dieu de bonté conduire mes enfants comme il a conduit leur père dans le rude voyage de la vie et les préserver de tout danger, de tout malheur, pour les conserver à son amour!

Table des Sommaires.

CHAPITRE PREMIER

La Nouvelle-Galles du Sud. — Situation. — Surface. — Montagnes. — Rivières. — Climat. — Immigration. — Population. — Salaires. — Denrées et vêtements. — Poste, Télégraphe. — Travaux publics. — Terres. — Tramways à vapeur. — Instruction publique. — Religion. — Navigation. — Importation. — Exportation. — Revenu. — Dette. — Banques. — Caisse d'épargne. — Bétail. — Agriculture. — Minerai. — Sydney. — Port-Jackson. — Lane-Cove. — Villa Maria. — La messe de Noël. — Les missions de la Mélanésie et de la Micronésie. — Le jargon colonial. — Le beefsteak et le plumpudding. — L'alcoolisme. — Le pledge. — L'hôpital des fous. — Les Petits Frères de Marie. — Les casernes d'enfants.. 19

CHAPITRE DEUXIÈME

Le *boxing day*. — Paramatta River. — L'*intercolonial juvenile industrial exhibition*. — L'administrateur diocésain. — Les *young men christian associations*. — Les œuvres charitables. — Le Musée. — Les marsupiaux. — Les oiseaux. — Les reptiles. — Les poissons. — Ethnologie. — Minéraux. — Fossiles. — La cathédrale. — La partie inférieure de la baie ou Manly Beach. — Le vieux curé. — La pauvre veuve et les loyers. — Dialogue avec un député sur la question agraire. — L'hôpital Saint-Vincent de Paul................................... 30

CHAPITRE TROISIÈME

Bathurst. — L'administration diocésaine. — Le collège Saint-Stanislas. — Lithgow. — Un journaliste candidat. — Les mines de charbon. — Les usines. — Une poterie. — Les Montagnes Bleues. — La vallée d'Hartley. — Le grand zig-zag. — Mount Victoria. — La descente. — Le cœur de la mère. — Guerre aux lapins. — Encore les *building societies*. Le jour de l'an à Sydney. — Un orphelinat sur un vaisseau. — Système de dom Bosco appliqué par les protestants. — Un transport français en réparation. — L'école industrielle de Biloëla. — Départ pour le Queensland.................................... 39

CHAPITRE QUATRIÈME

New-Castle et les mines de charbon. — Maitland. — Le plateau de New-England. — Une famille irlandaise de retour d'Europe et d'Amérique. — Armidale. — L'union fait la force. — Les *publics doors*. — Une station de moutons. — Le lavage. — La tonte. — Les béliers. — En diligence à travers la forêt. — Gleen-Jnnes. — Les Chinois à Vegetable-Creak. — Les Kanguroos. — Le constable. — Les Italiens et le couteau. — Tenterfield. — Un gentleman et le whisky. — La veuve d'un squatter et ses cinq filles. — Les ours marsupiaux. — Les chiens sauvages. — Le public school sous la tente. — La forêt en feu. — Down fall. — Le bureau de poste et la fillette. — Les maisons casseroles. — Stanthorpe. — Le curé et sa *Perpetua*. — Un enterrement. — L'étain et les Chinois. — Départ pour Brisbane. — Warwick. — Towomba. — Gowrie. — Quatre voyageurs et l'amour-propre. — Arrivée à Brisbane.. 48

CHAPITRE CINQUIÈME

La colonie de Queensland. — Situation. — Surface. — Histoire. — Population. — Revenu. — Dette. — Importation. — Exportation. — Animaux. — Chemin de fer. — Télégraphe. — Climat. — Sécheresse. — Bois. — Géologie. — Religion. — Instruction publique. — Mines. — Industrie sucrière. — Armée. — Marine. — Gouvernement. — Justice. — Terres publiques. — Cure d'un rhume. — La ville de Brisbane. — Le jardin botanique. — Le palais du Parlement. — Le palais de ville. — Œuvres catholiques. — Musée. — La plantation de Clydescale. — Fabrication et prix. — L'importation des Canaques. — Main-d'œuvre. — La conserve de viande. — Une corderie à vapeur. — Départ. — Navigation. — Arrivée à Sydney. — La prison centrale. — L'hôpital. — Le jardin botanique.............. 63

CHAPITRE SIXIÈME

La Nouvelle-Calédonie. — Situation. — Dimensions. — Population. — Histoire. — Dépendances. — Les condamnés. — Produits. — Mines. — Poissons. — Guano. — Climat. — Bois. — Les Messageries maritimes. — Les câbles projetés. — Missions. — Coolies. — Arrivée à Nouméa. — La ville. — Le gouverneur. — Les Canaques. — Origine, coutumes. — Armes. Mœurs et usages. — Religion. — Les sorciers. — Les mécakèques. — Le tabou. — La prague. — La circoncision. — Villages. — Mobilier. — Les guerres. — La naissance. — Les médecins. — La mort. — Langage.. 77

CHAPITRE SEPTIÈME

L'hôpital. — Un dîner sous la voûte du ciel. — L'île Nou. — L'hôpital des condamnés. — Les ateliers. — La guillotine. — Les prisons. — Les évasions. — Les condamnés à deux cents ans. — Les cinq classes des condamnés. — Les mariages. — Les libérés. — Les hauts fourneaux et le nickel. — Départ pour l'intérieur. — Les maisons des colons. — Les femmes des libérés. — La vallée de la Dumbea. — Le bassin de Païta. — Le travail des condamnés. — Le bonheur parfait n'est pas de ce monde. — La plaine de Saint-Vincent. — Les préparatifs de la fête. — Exploits des forçats.................. 90

CHAPITRE HUITIÈME

Bouloupari. — Pourquoi les Canaques se révoltent. — Un blockhaus. — L'attente du cyclone. — Un chef canaque et son vœu. — Une plantation de café. — La main-d'œuvre des Nouvelles-Hébrides. — La vanille. — Les chevaux. — Un village indigène. — L'hôtel et ses chiens. — Exploits d'un évadé. — Le pénitentier de la Dumbea. — L'usine à sucre. — Les plantations. — L'élevage. — Les ateliers. — La briqueterie. — Les assassinats. — Les drames inconnus. — L'orphelinat de Saint-Louis. — L'usine. — Les plantations. — Les orphelines. — Les orphelins. — Une albinos. — Le bain dans la rivière. — Les premiers jours de la mission... 101

CHAPITRE NEUVIÈME

Les Sœurs de Saint-Joseph de Cluny et l'établissement de la Conception. — Le coco. — Un forçat parmesan. — La pirogue canaque. — La pêche. — Le village de la Conception. — L'industrie. — Le pilou-pilou. — L'orphelinat de Yahoné. — Le départ. — Les concessions de terre. — L'administration. — Contributions. — Importation. — Exportation. — Navigation. — Revenu. — Dépense. — Instruction publique. — Justice. — Clergé. — Gouvernement. — Une commission et ses propositions pour relever la colonie. — Il faut regarder de plus haut.— Les vraies réformes. — Un chef de loge.— Arrivée à Sydney. 114

CHAPITRE DIXIÈME

La Chambre des députés. — Les meetings. — Le ministre et les agitateurs. — Le jour de l'an des Chinois. — Le jeu des sapèques. — Les fumeurs d'opium. — Habitations chinoises. — Retour à Albury et à Melbourne. — Une comète. — Le Musée. — La galerie de peinture. — La Bibliothèque. — Les partis politiques. — Le suffrage quasi-universel. — Le Treasury. — Le Parlement. — Un rebelle devenu speaker. — Les premiers colons. — L'hôtel de ville. — Williamstown. — Départ. — La navigation. — Arrivée à Adélaïde............ 123

CHAPITRE ONZIÈME

La ville d'Adélaïde. — Les Sœurs Dominicaines. — Les Sœurs de la Merci. — Le jardin botanique. — Le Secrétaire d'Etat. — La colonie de South-Australia. — Situation. — Histoire. — Surface. — Population. — Revenu. — Dépense. — Exportation. — Chemins de fer. — Télégraphe. — Dette. — Contribution. — Climat. — Produits. — Armée. — Constitution. — Immigration. — Main-d'œuvre. — Système agraire. — La colonie de West-Australia. — Dimensions. — Histoire. — Population. — Bétail. — Revenu. — Commerce. — Voies de communication. — Constitution. — Système agraire........ 132

CHAPITRE DOUZIÈME

Arrivée à Port-Louis. — Le Port. — Aspect. — La ville. — Les Hindous. — Les Chinois. — Le sucre. — Les paris aux courses. — La campagne. — La ville et le jardin de Pamplemousse. — Le tombeau de Paul et Virginie. — La plantation de cannes de la Maison-Blanche. — Culture. — L'usine. — L'île Maurice. — Situation. — Dimensions. — Histoire. — La conquête. — Le code Napoléon. — Le système de Liberté. — Les cyclones. — Animaux. — Oiseaux. — Reptiles. — Arbres. — Fruits. — Légumes. — Fleurs. — Minéraux. — Population. — Langue. — Monnaie. — Produits. — Navigation. — Importation. — Exportation. — Armée. — Administration. — Religion. — Écoles. — Les dépendances. — Le départ.. 140

CHAPITRE TREIZIÈME

Arrivée à Saint-Denys. — Aspect. — Le débarquement difficile. — L'île de la Réunion. — Les deux Pitons. — Situation. — Surface. — Les ports de Saint-Paul et de Saint-Pierre. — Produits. — Administration. — Représentation. — Justice. — Instruction publique. — Assistance publique. — Exportation. — Importation. — Religion. — Œuvres catholiques. — Madagascar. — La ville de Saint-Denys. — Pourquoi Maurice avance et la Réunion recule. — Le Musée. — L'Epiornis de Madagascar. — Promenade aux environs de Saint-Denys. — L'hôpital communal. — Un mort faute de place. — Le directeur de la poste. — L'école des frères. — Leur géographie. — Les bonnes méthodes d'enseignement. — La navigation. — Un baron matelot. — Arrivée à Mahé. — Un service funèbre. — Les capucins. — Le jardin du gouverneur. — L'archipel des Seychelles. — Situation. — Histoire. — Climat. — Population. — Le coco de mer. — La tortue. — Produits. — Arbres. — Fruits. — Exportation. — Importation. — Les écoles. — L'assistance publique........................... 152

CHAPITRE QUATORZIÈME

Sous l'équateur. — Plus de bibliothèque. — La route et le *point*. — La navigation. — La machine. — La côte d'Afrique. — Le Race-Shenariff. — Le naufrage du *Meï-Kong*. — Le cap Guardafuï. — Les Somalis. — Le golfe d'Aden. — Le Yarra. — Arrivée à Aden. — Steamer-point. — La ville. — Le marché. — Les citernes. — Le camp. — Les forts. — Le Somalis et sa prière. — Les Parsis. — Les Hindous. — Les Arabes. — Les Juifs. — Les cafés Moka et le sultan de Hatge. — Cham-Cham. — Les vendeurs ambulants. — Les petits plongeurs. — Bab-el-Mandeb. — Le fruit de cythère. — L'île Périm. — La mer Rouge. — Les naufrages. — La baie de Massouah. — Les mauvais chants. — Suakim et le Mahdi. — Djeddah et la Mecque. — Le Dédalus et les phares................. 165

CHAPITRE QUINZIÈME

Le Sinaï et l'Oreb. — Les fontaines de Moïse. — Suez. — Les Arabes. — Un concert de bienfaisance au désert. — Le canal de Suez. — Les lacs Amers. — Le lac Timsah. — Ismaïlia. — Le mirage. — Kantara. — On nous barre la route. — Bal de consolation. — Les ibis. — Port-Saïd. — Le port. — La ville. — Son avenir. — Les Franciscains. — Les Sœurs du Bon-Pasteur. — L'hôpital. — Le Lloyd autrichien. — Arrivée à Jaffa. — Le débarquement.

— La ville. — Le peuple juif. — Palestine et Terre-Sainte. — L'hospice des Franciscains. — Les bazars. — Les écoles. — L'hôpital. — La prison. — La maison de Simon le Corroyeur. — La maison de Tabita. — Les colonies allemandes. — Les jardins. — Départ pour Jérusalem.. 177

CHAPITRE SEIZIÈME

Retour des Juifs. — La plaine de Saron. — Les villages. — Les fours. — Le mobilier. — La nourriture. — Rôle de la femme. — Lydda. — La tour des quarante martyrs. — Ramleh. — Les maisons de Nicodème et de Joseph d'Arimathie. — Le récit d'un nègre. — La traite en Nubie. — Bab-el-Ouâdi. — Il faut numéroter les os. — Le brigand Abougosc. — La vallée de Térébinthe et Goliath. — Saint Jean in Montana. — Kalounieh. — Arrivée à la Casa nuova. — La ville de Jérusalem. — Les murs. — Les constructions nouvelles. — Population. — Le Saint-Sépulcre. — Les pèlerins russes. — La clef du Saint Sépulcre. — Mission providentielle des Turcs. — La pierre de l'onction. — Le Calvaire. — Le Sépulcre. — Le crâne d'Adam. — Le Sacrifice d'Abraham. — La citerne de sainte Hélène. — La cérémonie de la Semaine sainte.. 184

CHAPITRE DIX-SEPTIÈME

L'hospice des chevaliers de Saint-Jean. — Les bazars. — Les Frères de la Doctrine chrétienne. — Les Sœurs de Saint-Joseph. — Les Sœurs de Sion. — L'arc de l'*Ecce Homo*. — Les orphelinats. — L'hôpital français. — Danse juive. — La voie douloureuse. — L'hospice autrichien. — L'église de Sainte-Anne et les missionnaires de Notre-Dame d'Afrique. — La vallée de Josaphat. — Le tombeau de Marie. — La grotte de l'Agonie. — Le jardin des Oliviers. — Les fouilles des Pères Dominicains. — Le Cénacle. — Le climat. — Une réception arabe......... 196

CHAPITRE DIX-HUITIÈME

Départ pour le Jourdain. — Béthanie et le tombeau de Lazare. — Aboutis. — Mon escorte Ali. — La route. — Les Bédouins et leurs exploits. — Le fort de Khan-el-Ahmar. — Le printemps — Le Kelt. — La vallée du Jourdain. — La fontaine d'Elisée. — La montagne de la Quarantaine. — Jéricho. — L'hospice des Grecs. — Le couvent de Saint-Jean-Baptiste. — Galgalla. — Le Jourdain. — Les Montagnes de Moab. — Chrétientés de Bédouins. — La mer Morte. — La Pentapole. — Redjom-bahr-el-Louth. — La mosquée et le pèlerinage de Nébi-Moussa. — Légende musulmane sur la mort de Moïse. — Le petit Yaja. — Le général Gordon. — Le village de Siloé. — Une fantasia à l'occasion d'un mariage..................... 203

CHAPITRE DIX-NEUVIÈME

Le bain turc. — Les pleurs des Juifs. — Leurs lamentations. — Mosquée d'Omar. — El-Aks. — Les colonnes de l'épreuve. — Départ pour Bethléem. — Le banquier Montefiori. — Le couvent Sainte-Croix. — Le couvent Saint-Élie. — Betgialla. — Le tombeau de Rachel. — Les Bethléemites et leur industrie. — Costume. — La ville de Bethléem. — La basilique de

Sainte-Hélène. — La Crèche. — Le Christ et la régénération. — L'hospice des Franciscains. — La grotte de Saint-Jérôme. — Les Saints Innocents. — Les Carmélites. — Sœur Maria Crocifissa. — L'orphelinat de Dom Belloni. — Bet-gi-Mal. — Dom Bosco, son œuvre, sa méthode. — La fête de saint Joseph. — Les Sœurs de Saint-Joseph............................ 215

CHAPITRE VINGTIÈME

Depart pour Saint-Saba. — La grotte des bergers. — Hébron. — Le mont des Francs. — Les vasques de Salomon. — Les montagnes d'Engaddi et la grotte d'Odollan. — Le couvent de Saint-Saba. — L'église. — Les grottes des Solitaires. — Le torrent de Cédron. — Le Haceldama. — Les lépreux. — La fontaine de Siloé. — Le mont du Scandale. — Le mont des Oliviers. — Les Carmélites. — La princesse de la Tour d'Auvergne. — Le *Pater*. — Le *Credo*. — Retour à Jaffa. — Les oranges. — Les Fellahs. — Saint-Jean d'Acre. — Caïffa. — Le mont Carmel. — Nazareth. — Le mont Thabor. — Tibériade. — Le lac de Génézareth. — Cana. — Tyr. — Sidon. — Beyrouth. — Le Liban. — Damas. — En Terre Sainte tout est petit, tout est grand. — Départ pour l'Égypte... 229

CHAPITRE VINGT-UNIÈME

Alexandrie. — La ville. — La place des Consuls. — L'aiguille de Cléopâtre. — Le collège Saint-François-Xavier. — Les Lazaristes. — Les Sœurs de Charité. — Les Frères de la Doctrine Chrétienne. — Les Pères Franciscains. — Les soldats anglais. — D'Alexandrie au Caire. — Le Delta. — Le Nil. — Les inondations. — Le bouton du Nil. — Les villages. — Les Fellahs. — Costumes. — Mariage. — Mœurs. — Culture. — Arrosage. — Le camp d'Arabi. — Le canal de Mamoudieh. — Damanhour. — Le bacchich. — Kafr-el-Zayat. — Tantah et l'embranchement d'Ismaïlia et de Suez. — Les chemins de fer au désert. — Il faut utiliser l'Afrique. — Le Caire. — La ville nouvelle. — Le quartier arabe. — Les Dames de la Légion d'honneur. — Les institutions françaises. — Les Cophtes. — Le commerce du Soudan. — Nubar-Pacha. — Un avocat français. — L'administration de la justice. — Les œuvres de charité. — Les projets des Anglais. — Les Asinari............... 250

CHAPITRE VINGT-DEUXIÈME

Les environs du Caire. — La caravane de la Mecque. — Le fils du grand Cheick. — Le marché. — Un convoi funèbre. — Le choléra. — Mustapha et son âne. — La gare de Boulaq. — Rencontre d'un Américain. — Les pyramides de Giseh et de Chéops. — Leur ascension. — Les Arabes et la prière. — Le sphinx et les caveaux. — Les steamers du Nil. — Les chiens et les ibis. — Les ruines de Memphis. — La statue de Rhamsès II. — Les briques égyptiennes. — Les pyramides de Dakour. — Le village et la pyramide de Sakkaraq. — Rien de nouveau sous le soleil. — La maison de Mariette Bey. — Le Sérapéum. — Les sarcophages des dieux Apis. — Visite de l'impératrice Eugénie. — Eclairage au feu de Bengale. — Le tombeau de Ti. — L'homme toujours et partout le même. — Nous traversons le Nil. — Les eaux sulfureuses d'Eloan. — Le bain du Khédive.................... 259

CHAPITRE VINGT-TROISIÈME

D'Elon au Caire. — Les carrières. — Les tombeaux. — La citadelle. — La mosquée de Mohamed-Ali. — Le puits de Joseph. — Le coucher du soleil. — Le chant du Muzzeïn. — Un enfant cicerone. — Les cimetières. — Les tombes des Califes. — La mosquée de Kaït-Bey. — Souvenir religieux. — Le général Kléber. — Retour à Alexandrie. — Le palais de Mex. — Départ pour l'Europe. — Navigation. — Le détroit de Messine. — Arrivée à Naples. — La quarantaine. — Le lazaret de Nisida. — La mission japonaise. — Les facchini. — Un salut à Rome. — Arrivée à Nice.................................. 271

Table des Gravures.

	PAGES
Frontispice	4
Sydney. — Port-Jackson	21
Indigène de la Nouvelle-Bretagne	27
Sydney. — Statue du Capitaine Cook	33
Queensland. — Mines d'or de Gympie	41
Australie. — Brisbane (Queensland)	49
Nouvelle-Calédonie. — Ancres de la Pérouse	57
Nouvelle-Calédonie. — Nouméa	66
Nouvelle-Calédonie. — Village Canaque	73
Adélaïde. — King William Street	81
Nouvelle-Calédonie. — Un guerrier	83
Nouvelle-Calédonie. — Chef indigène	85
Ile de la Réunion. — Salazie (station thermale). — Pont de la Savane	89
Ile de la Réunion. — Saint-Paul, entrée du Béanico	97
Ile de la Réunion. — Saint-Denys : Jardins de l'Etat	105
Ile de la Réunion. — L'hôtel de Ville le jour d'élections	111
Nouvelle-Calédonie. — Pêcheurs Canaques	115
Saint-Denys et le Cap Bernard	121
Village de Berbera en face d'Aden	125
Aden. — Les Fortifications	129
Australie du Sud. — Groupe d'indigènes	133
Australie Ouest. — Chef indigène	135
Aden. — Le Marché	137
Aden. — Les Citernes	145
Bœufs malgaches	153
Madagascar. — Indigène jouant du bob	155
Madagascar. — Musiciens	157

	PAGES
Passe de Fort-Dauphin	161
Somalis	170
Femme Somalis	170
Aden. — Parsi	171
Aden. — Officier de police	171
Tamatave	172
Jaffa. — La rade et la ville	179
Ile Sainte-Marie	181
Jérusalem. — Fumeur de Narghileh	187
Ramlech. — Vue Générale	189
Moine Arménien	191
Moine Grec	191
Jérusalem	193
Jérusalem. — Le Patriarcat latin	197
Jérusalem. — Femme fumant le Narghileh	199
Jérusalem. — L'Arc de l'Ecce homo sur la Voie douloureuse	201
Béthanie	205
Palestine. — Ville et lac de Tibériade	209
Jérusalem. — Le jardin de Gethsémani ou des Oliviers	213
Egypte. — Alexandrie : Aiguille de Cléopâtre	217
Jérusalem. — La mosquée d'Omar. — L'église de Sainte-Anne	221
Bethléem	225
Femme de Bethléem	227
Vue intérieure du Saint-Sépulcre	233
Le Mont-Carmel	241
Le Couvent du Mont Carmel	245
Le Caire. — Intérieur du Palais de Gézireth	252
Le Caire. — Les pyramides de Giseh et de Chéops	257
Le Caire. — Tombeau des Mamelucks	261
Egypte. — Un campement	264
Le Caire — Aniers	267
Egypte. — Le Caire : Muphty lisant le Coran	269
Naples. — Le Vésuve	273
Carte générale du Voyage	277
Egypte. — Un Café arabe	280

Limoges. — Imprimerie Marc Barbou & Cie.